新质生产力背景下
智能体医工农融合研究

XINZHI SHENGCHANLI BEIJING XIA
ZHINENG TI YI GONG NONG RONGHE YANJIU

国勇 许岩 王素◎著

中国纺织出版社有限公司

图书在版编目（CIP）数据

新质生产力背景下智能体医工农融合研究／国勇，许岩，王素著. -- 北京：中国纺织出版社有限公司，2025.7. -- ISBN 978-7-5229-2827-2

Ⅰ. G812；R199.2；F424

中国国家版本馆 CIP 数据核字第 2025XC9120 号

责任编辑：闫　婷　　责任校对：王蕙莹　　责任印制：王艳丽

中国纺织出版社有限公司出版发行

地址：北京市朝阳区百子湾东里 A407 号楼　邮政编码：100124

销售电话：010—67004422　传真：010—87155801

http://www.c-textilep.com

中国纺织出版社天猫旗舰店

官方微博 http://weibo.com/2119887771

三河市宏盛印务有限公司印刷　各地新华书店经销

2025 年 7 月第 1 版第 1 次印刷

开本：710×1000　1/16　印张：16

字数：250 千字　定价：98.00 元

前　　言

我们正站在一场深刻重塑人类生产、生活和健康方式的科技革命与产业变革的交汇点上。以人工智能、大数据、物联网、生物科技等为代表的新一代信息技术，不仅催生了"新质生产力"这一驱动高质量发展的核心引擎，更以前所未有的广度和深度，推动着体育、医疗、工业、农业这些传统上相对独立领域的深度融合（体医工农融合）。这种融合，绝非简单的叠加，而是依托智能技术实现的体系重构、流程再造与价值跃升，孕育着解决社会发展关键难题、提升全民健康福祉、优化产业结构和增强国家综合竞争力的巨大潜能。

《新质生产力背景下智能体医工农融合研究》一书，正是在这样的时代洪流中应运而生。本书旨在系统性地探索新质生产力理论框架下，智能体技术如何作为关键使能者，深度赋能并重构体育、医疗、工业和农业的边界，揭示其融合的内在逻辑、实践路径、面临的挑战以及未来的无限可能。

本书的核心立意在于：

新质生产力的核心特征——技术颠覆性突破、要素创新性配置、产业深度转型升级——为体医工农融合提供了强大的理论支撑和技术基础。智能体技术（intelligent agents）作为新质生产力的具象化载体和核心驱动单元，通过其感知、学习、决策和协同能力，正在深刻改变这四个领域的运行模式与服务形态。体育领域的智能监测与个性化训练指导、医疗领域的精准诊断与远程健康管理、工业领域的柔性智能制造与供应链优化、农业领域的智慧种植与精准养殖，无不彰显着智能体驱动的融合创新活力。这种融合，不仅是技术应用的交叉，更是数据、知识、服务与价值的深度互联互通，催生出如"运动处方赋能全周期健康管理""智能工厂即健康环境""精准农业即营养源头"等跨域协同的新模式、新业态。

本书的篇章结构，力求构建一个从理论到实践、从现状到未来的完整认知体系。

理论奠基：本书首先廓清新质生产力的内涵、特征及其在当代的演化路径，深入剖析智能体技术的理论基础与发展前沿。重点阐释新质生产力与智能体技术之间相互塑造、相互促进的辩证关系，并系统构建体医工农融合的跨学科理论基础，为后续研究奠定坚实的学理支撑。

技术赋能与应用创新：聚焦人工智能等智能技术的核心作用，详细展现其在体育（智能体育装备、运动健康促进、竞技表现优化）、医疗（智能诊断、辅助决策、个性化治疗、健康管理）、工业（智能制造、预测性维护、智能物流）和农业（智慧农场、精准种植/养殖、农产品溯源）等领域的颠覆性应用场景与突破性创新实践。本部分是融合得以实现的"技术引擎"全景图。

现状、挑战与机遇：全面梳理国内外体医工农融合发展的研究现状与实践探索，客观揭示当前融合进程中面临的核心挑战。同时，敏锐识别在挑战背后蕴藏的巨大发展机遇，并探讨切实可行的解决策略，为破除融合障碍指明方向。

前瞻与布局：基于对技术与趋势的深刻洞察，展望体医工农智能融合的未来图景，描绘其发展的关键方向与可能形态。更重要的是，从发展战略和产业政策层面，提出具有前瞻性、系统性和可操作性的政策建议与战略路径，为政府决策、产业规划和企业创新提供智力支持。

实践探索与模式凝练：通过精选国内外具有代表性的成功案例，进行深入剖析，提炼出多种行之有效的融合模式与实施路径。同时，直面创新实践中遇到的具体问题与挑战，提供宝贵的经验借鉴与反思。

总结与展望：系统总结全书核心观点与研究发现，并对体医工农智能融合这一宏大命题的未来发展进行开放性展望，激发更深层次的思考与研究。

本书期望达成的目标：

构建理论体系：为"新质生产力驱动下的体医工农智能融合"这一新兴交叉研究领域提供系统化的理论框架和概念体系。

描绘实践图景：全面展示智能技术在各领域深度融合的最新进展、创新模式与典型应用，勾勒融合发展的清晰脉络。

剖析核心问题：深度解析融合进程中的关键瓶颈、深层次矛盾与潜在风险，推动问题共识的形成。

提供决策参考：为政府部门制定促进融合发展的产业政策、科技政策、健康政策与人才培养政策提供科学依据和务实建议。

启迪产业创新：为企业、科研机构把握融合机遇、布局未来产业生态、开发颠覆性产品与服务提供战略指引和创新灵感。

促进跨界对话：搭建体育、医疗、工业、农业以及信息技术等领域专家、学者、从业者深度交流的思想平台。

体医工农的智能融合，是响应时代召唤、拥抱新质生产力的必然选择，是破解健康中国、制造强国、乡村振兴等重大战略命题的创新路径，更是塑造未来人类更健康、更高效、更可持续生活方式的关键探索。本书的出版，希望能抛砖引玉，激发更多的有识之士投身于这一充满活力与希望的交叉研究与实践领域，共同绘制新质生产力时代下体医工农融合发展的壮丽蓝图，为人类社会的进步贡献智慧与力量。

谨以此书，献给所有关注人类健康福祉、产业转型升级与未来社会发展的思考者、研究者和实践者。

全书由国勇、许岩、王素合著而成，其中，第一章、第二章和第三章由哈尔滨体育学院国勇撰写，约114千字，第四章、第五章、第六章第一节由哈尔滨体育学院许岩撰写，约66千字，第六章第二节至第五节、第七章由哈尔滨体育学院王素撰写，约65千字。本书的出版得到了高等教育科学研究规划课题（23GR0214）、黑龙江省"双一流"学科协同创新成果项目（LJGXCG2024－F22）、黑龙江省博士后项目（BSH2024-04）的支持。同时，本书在成书过程中得到了哈尔滨体育学院的郭谢蕾娅、田文慧、赵书云、王振、白英碧、魏蒙爱的帮助，在此一并表示诚挚的感谢。

著者

2025 年 6 月 10 日

目　　录

第一章

引言

一、研究背景与意义

（一）新质生产力的兴起与发展

新质生产力这一概念的诞生，顺应了时代发展的潮流。习近平总书记于2023年提出这一概念，为经济发展指明了新方向。在全球科技竞争白热化的当下，科技创新成为推动生产力变革的核心力量。大数据、人工智能（AI）、物联网（IoT）、区块链等前沿技术迅猛发展，深刻重塑了产业格局。以人工智能为例，其从理论研究逐步走向广泛应用，催生出智能制造业、智能服务业等新兴产业，大幅提升生产效率与产品质量（周文，何雨晴，2024）。这些新兴产业依托科技创新，不断突破传统生产模式的局限，为新质生产力的发展注入强大动力。

在政策层面，各国政府纷纷出台支持科技创新的政策，加大对科研的投入，鼓励企业与高校、科研机构合作，加速科技成果转化。我国也将科技创新置于国家发展全局的核心位置，实施创新驱动发展战略，为新质生产力的发展营造了良好的政策环境（胡莹，2024）。新质生产力在不同产业领域已取得初步应用成果。在能源领域，新能源技术的发展使太阳能、风能等清洁能源的利用更加高效，推动能源产业向绿色低碳转型；在交通领域，新能源汽车和智能交通系统的出现，提升了出行效率，减少了环境污染（管智超，付敏杰，杨巨声，2024）。

（二）新质生产力对体育、医疗、工业和农业的影响

在体育领域，新质生产力带来了智能装备和训练方法的革新。智能运动手环、智能跑鞋等装备能实时监测运动员的运动数据，如心率、运动轨迹、卡路里消耗等，帮助运动员更好地了解自身状态，制定个性化训练计划（王子朴，秦丹，刘海元，等，2022）。借助虚拟现实（VR）和增强现实（AR）技术，运动员可进行沉浸式训练，模拟各种比赛场景，提升应对复杂情况的能力。一些足球俱乐部利用VR技术让球员在虚拟环境中进行战术演练，增强球员对战术的理解和执行能力。新质生产力还促进了体育赛事的转播和观赛体验的升级，5G技术和高清转播设备的应用，让观众能更清晰、流畅地观看比赛，甚至可以通过虚拟现实技术实现"身临其境"的观赛感受。

医疗领域同样深受新质生产力的影响。远程医疗借助互联网和通信技术，打破了地域限制，使患者能远程接受专家会诊，偏远地区的患者也能享受到优质医疗资

源（王璐，马峥，许晓阳，等，2019）。智能诊断系统利用人工智能算法分析医学影像和患者数据，辅助医生进行疾病诊断，提高诊断的准确性和效率。一些医院采用的人工智能医学影像诊断系统，能够快速识别医学影像中的异常，为医生提供诊断建议，缩短诊断时间。新质生产力还推动了医疗设备的智能化发展，如智能康复设备可以根据患者的康复情况自动调整治疗方案，提高康复效果。

工业领域是新质生产力的重要应用场景。智能制造通过数字化、网络化和智能化技术，实现生产过程的自动化和智能化控制，提高生产效率和产品质量（胡莹，2024）。互联网将工业生产中的各个环节连接起来，实现数据的实时共享和分析，优化生产流程，降低生产成本。某汽车制造企业通过工业互联网平台，实现了生产设备的远程监控和故障预测，提前进行设备维护，减少了停机时间，提高了生产效率。新质生产力促进了工业产品的创新，智能家电、智能穿戴设备等产品不断涌现，满足了消费者对智能化生活的需求。

新质生产力为农业带来了智慧农业和精准种植的变革。农业物联网技术通过传感器和智能设备，实时监测土壤湿度、温度、养分等信息，实现精准灌溉和施肥，提高水资源和肥料的利用效率（胡莹，2024）。无人机在农业中的应用越来越广泛，可用于农田测绘、病虫害监测和农药喷洒等工作，提高农业生产效率。在一些大型农场，无人机能够快速完成农田测绘任务，为精准种植提供数据支持。新质生产力推动了农产品的智能化加工和销售，通过物联网和大数据技术，实现农产品的溯源和质量监控，提升农产品的市场竞争力。

（三）体医工农融合在新质生产力背景下的重要性和必要性

在新质生产力背景下，体医工农融合对于提升产业竞争力具有关键作用。通过融合，各产业可以共享技术、人才和市场资源，实现优势互补，共同创新（王子朴，秦丹，刘海元，等，2022）。体育产业与医疗产业融合，开发出运动康复产品和服务，满足人们在运动损伤预防和康复方面的需求，拓展了两个产业的市场空间。工业与农业的融合，能够为农业提供先进的生产设备和技术，提升农业生产的智能化水平，同时也为工业开辟了新的市场领域（管智超，付敏杰，杨巨声，2024）。

实现人民对美好生活的向往是体医工农融合的重要出发点。随着生活水平的提高，人们对健康、体育、工业、农业产品等的需求日益增长。体医融合可以提供更科学的健康管理方案，促进人们的身心健康；工农融合能够保障农产品的质量安全，提供丰富多样的农产品，满足人们对高品质生活的追求（胡莹，2024）。

体医工农融合是推动经济可持续发展的必然选择。融合发展能够促进资源的高效利用和循环利用，减少浪费和环境污染（周文，何雨晴，2024）。在农业生产中，利用工业技术实现农产品的深加工，提高农产品附加值，同时减少废弃物排放。融合发展还能催生新的产业形态和经济增长点，带动就业，促进经济的可持续增长。

二、研究目的与问题

（一）明确本书的研究目标

本书旨在深入研究新质生产力背景下智能体医工农融合的理论与实践，探索其发展规律和未来趋势，为相关领域的发展提供理论支持和实践指导。具体目标包括构建智能体医工农融合的理论体系，分析其内涵、特征和发展模式；探讨智能体医工农融合的实践路径，涵盖技术创新、产业发展、人才培养等方面；研究智能体医工农融合对社会经济发展的影响，评估其经济效益和社会效益；预测智能体医工农融合的未来发展趋势，提出相应的发展策略和建议。

（二）探讨体医工农融合的理论基础

体医工农融合的理论基础涉及多学科领域。体育学作为其中的重要组成部分，具有综合性和交叉学科属性，其发展与医学、工学等学科密切相关。体医融合学科源于防治慢性病、健康促进的现实需求，其理论基础包括运动生理学、运动医学等，旨在通过体育活动促进身体健康，预防和治疗疾病（王子朴，等，2022）。运动生理学研究运动对人体生理机能的影响，为体医融合提供了科学依据，如研究发现适量运动可以提高心血管功能、增强免疫力等。

医工融合学科以生物医学工程学为代表，其理论基础包括工程学、医学等，致力于将工程技术应用于医学领域，解决医学中的技术难题（王子朴，等，2022）。在医疗器械研发中，运用工程学原理设计和制造出更先进的医疗设备，如核磁共振成像仪、心脏起搏器等。

体工融合学科则是在"新工科"的背景下发展起来的，其理论基础包括体育学和工学，通过将工学技术应用于体育领域，推动体育产业的发展和创新（王子朴，等，2022）。在体育赛事转播中，运用5G、8K等技术，提高转播质量和观众体验。

农学与医学、工学的融合也有其理论基础。农学与医学的融合可以在农产品质量安全检测、农业生态环境健康等方面发挥作用，涉及食品安全学、环境医学等理论；农学与工学的融合则涉及农业工程学、工业设计等理论，推动农业生产的机械化、智能化发展（周文，等，2024）。在农产品质量检测中，运用免疫学、分子生物学等技术，快速准确地检测农产品中的有害物质；在农业生产中，引入工业机器人和自动化设备，提高生产效率和质量。

（三）探索体医工农融合的实践路径

在实践路径方面，体医工农融合需要从多个角度进行探索。在技术创新方面，要加强体育、医疗、工业和农业领域的技术研发和创新，推动多学科交叉融合。在体育领域，研发新型的运动装备和训练技术，如智能运动手环、虚拟训练系统等；在医疗领域，创新医疗技术和设备，如人工智能辅助诊断系统、微创手术机器人等；在工业领域，发展智能制造技术，提高生产效率和产品质量；在农业领域，研发农业智能化技术，如智能灌溉系统、无人机植保技术等（王子朴，等，2022；周文，等，2024）。

产业发展方面，要培育和发展体医工农融合的产业集群，推动相关产业的协同发展。建立体医融合产业园区，吸引健康管理、康复医疗、体育用品制造等企业入驻，形成完整的产业链；发展体工融合产业，推动体育科技与制造业的融合，生产具有高科技含量的体育产品；促进农业与工业、医学的融合，发展农产品深加工、农业生态旅游等产业（王子朴，等，2022；周文，等，2024）。

人才培养方面，要加强跨学科人才的培养，提高人才的综合素质和创新能力。高校应开设与体医工农融合相关的专业和课程，培养既懂体育、医疗，又懂工业和农业的复合型人才；加强产学研合作，为学生提供实践机会，提高学生的实践能力和创新能力（王子朴，等，2022；周文，等，2024）。

（四）分析体医工农融合的未来发展趋势

随着新质生产力的不断发展，体医工农融合也将呈现出一系列新的发展趋势。智能化将成为体医工农融合的重要发展方向，人工智能、大数据、物联网等技术将在体育、医疗、工业和农业领域得到更广泛的应用。在体育领域，智能运动设备可以实时监测运动员的身体状况和运动数据，为训练和比赛提供科学依据；在医疗领域，智能医疗系统可以实现远程诊断、智能护理等功能，提高医疗服务的效率和质量；在工业领域，智能制造系统可以实现生产过程的自动化、智能化控制；在农业领域，智能农业设备可以实现精准种植、养殖，提高农业生产效率和质量（周文，等，2024）。

绿色化也是体医工农融合发展的趋势之一。随着人们对环境保护意识的提高，体医工农融合产业将更加注重绿色发展，推广绿色技术和产品。在体育领域，推广绿色体育场馆建设，采用环保材料和节能设备；在医疗领域，发展绿色医疗技术，减少医疗废弃物的产生；在工业领域，推行绿色制造，降低能源消耗和环境污染；在农业领域，发展生态农业，减少农药、化肥的使用，保护农业生态环境（周文，等，2024）。

国际化趋势也将日益明显。随着经济全球化的发展，体医工农融合产业将加强国际合作与交流，引进国外先进技术和经验，提升产业的国际竞争力。体育赛事的国际化发展，将促进体育科技的国际交流与合作；医疗领域的国际合作，将推动先进医疗技术的共享和应用；工业和农业领域的国际合作，将促进产业的升级和创新（周文，等，2024）。

三、研究方法与资料来源

（一）文献综述法

文献综述法是本研究的重要方法之一。通过对国内外相关文献的系统梳理和分析，了解新质生产力、体医工农融合等领域的研究现状和发展趋势，为本研究提供理论基础和研究思路。在收集文献时，广泛查阅了学术数据库，如知网、万方、谷歌学术等，检索关键词包括"新质生产力""体医融合""体工融合""医工融合""体医工农融合"等，筛选出与研究主题相关的文献约100篇。对这些文献进行分类整理，分析不同学者的观点和研究成果，总结体医工农融合在理论和实践方面的研究进展，找出研究的空白点和不足之处，为后续研究提供方向。

（二）案例分析法

案例分析法用于深入研究体医工农融合的实践案例。选取具有代表性的体医融合、体工融合、医工融合以及体医工农融合的案例，如首都体育学院的体医工融合高精尖创新中心、一些医疗机构与企业合作开展的医工融合项目、农业智能化发展的成功案例等。通过对这些案例的详细分析，了解体医工农融合在实践中的应用模式、取得的成效以及面临的问题。分析首都体育学院体医工融合高精尖创新中心的建设背景、研究方向、实践成果等，总结其在推动体医工融合学科发展和解决实际问题方面的经验和启示。

（三）实地调研法

实地调研法是获取第一手资料的重要途径。对体育院校、医疗机构、工业企业、农业园区等进行实地调研，与相关领域的专家、学者、管理人员和从业人员进行面对面交流，了解体医工农融合在实际工作中的开展情况、存在的问题和需求。在对体育院校的调研中，了解体医工融合相关专业的教学和科研情况，以及学生的培养模式；在对医疗机构的调研中，了解医工融合技术在临床实践中的应用和效果；在对工业企业的调研中，了解智能制造技术在体育用品制造、医疗器械生产等领域的应用；在对农业园区的调研中，了解农业智能化发展的现状和需求。通过实地调研，获取真实可靠的信息，为研究提供有力支持。

（四）资料来源及数据收集过程

资料来源主要包括学术文献、案例资料和实地调研数据。学术文献通过学术数据库进行收集，对筛选出的文献进行仔细阅读和分析，提取相关信息和观点。案例资料通过网络搜索、行业报告、企业官网等渠道获取，对典型案例进行深入分析，总结其经验和教训。实地调研数据通过设计调查问卷、访谈提纲等方式进行收集。在调查问卷设计中，涵盖体医工农融合的各个方面，包括技术应用、产业发展、人才需求等；在访谈提纲设计中，针对不同调研对象，提出有针对性的问题，深入了解他们对体医工农融合的看法和建议。在数据收集过程中，均对收集到的数据进行整理和分析，确保数据的真实性和可靠性。

四、书籍结构安排

（一）各章节主要内容概述

本书共分为多个章节。第一章为引言，主要阐述研究背景与意义，介绍新质生产力的兴起及其对体育、医疗、工业和农业等领域的影响，阐述体医工农融合在新质生产力背景下的重要性和必要性；明确研究目的与问题，探讨体医工农融合的理论基础、实践路径和未来发展趋势；介绍研究方法与资料来源，包括文献综述法、案例分析法、实地调研法等，说明资料来源及数据收集过程；概述书籍结构安排，使读者对全书内容有一个整体的了解。

第二章将深入探讨新质生产力与智能体技术的理论框架，分析新质生产力和智能体技术的内涵、特征、演化过程和形成机制，阐述其在经济社会发展中的作用和地位。研究新质生产力与智能体技术的互动关系，描述了新质生产力对产业升级和创新发展的影响和贡献。

第三章聚焦人工智能技术在体医工农的应用与创新，对人工智能概念进行了概述，分析了体育领域的智能体育与运动健康和医疗领域的智能化改革，说明了人工智能、运动、运动和健康信息学的融合为未来的运动和医疗保健服务带来了巨大的希望。

第四章聚焦体医工农融合的理论基础、现状与挑战，分别从体育学、医学、工学和农学的角度分析其融合的理论依据，罗列国内外研究依据，并总结体医工农融合的挑战与解决策略。

第五章分析体医工农融合的未来发展趋势与战略路径，得出体医工农融合将以智能体为核心，推动医疗、农业、工业等领域的深度变革和协同创新，并为全球性挑战提供解决方案、推动社会的可持续发展。

第六章详细研究体医工农融合的实践探索，包括国内外案例分析、多源流理论及代谢组学视角下的体医工农融合探索、融合模式与路径、创新实践与挑战。以期通过实践探索，推动体医融合的高质量发展，为人民群众提供全方位、全周期的健康服务。

第七章为总结与展望，提出体医工农融合未来发展的策略和建议，为相关领域的发展提供参考。

（二）章节之间的逻辑关系

各章节之间存在着极为紧密且环环相扣的逻辑关系。引言部分作为全书开篇之章，犹如大厦基石，为后续内容筑牢根基。它以清晰且富有条理的笔触，缓缓引出研究主题，深入且全面地介绍研究背景，细致阐述研究目的，详尽说明研究方法，还精心规划了结构安排，让读者在阅读伊始便对全书框架与研究方向有了清晰认知。

新质生产力与智能体技术的理论框架章节，其作用不容小觑，它为后续研究体医工农融合提供了不可或缺的时代背景和坚实的理论支撑。在此章节中，先是深入探讨新质生产力和智能体技术在当下时代发展进程中的重要性，分析其在推动社会进步、产业革新等方面所发挥的关键作用；接着，通过对市场动态、技术发展趋势等多方面的研究，精准阐述新质生产力的发展趋势，如新兴技术在生产力提升中的应用走向等；最终得出结论，清晰说明体医工农融合是顺应新质生产力发展潮流的必然选择，让读者理解两者之间的内在联系与发展的必然性。

人工智能技术在体医领域的应用与创新章节，延续了对新质生产力与智能体技术的探讨，对智能体育与运动健康和医疗领域的智能化改革做了系统分析，为下文的体医工农实践性探索提供了依据。

体医工农融合的理论基础现状与挑战章节，从理论的深度层面出发，运用多学科交叉的研究方法，深入剖析体医工农融合的依据和内涵。从医学、体育学、农学、工学等多学科视角，探寻各领域融合的可行性与必要性，挖掘其中蕴含的内在逻辑和理论价值，为后续实践路径的研究提供了精准且全面的理论指导，让后续实践路径的探索有了坚实的理论依据。

未来发展趋势与战略路径章节，运用科学的评估方法和大量的数据支撑，全面评估体医工农融合的发展趋势与战略路径。从经济增长、就业机会创造、产业结构优化、社会健康水平提升、生活品质改善等方面为后续研究提供了案例和数据支撑。

体医工农融合的实践探索章节，紧密基于前文的理论基础与战略路径分析展开。从技术层面探讨如何运用前沿科技，如大数据、人工智能、生物技术等，促进体医工农各领域在技术上的相互渗透与融合创新；在产业层面，研究如何构建体医工农融合的产业生态，推动产业协同发展，包括产业布局优化、产业链延伸等；在人才培养层面，思考如何调整教育体系，培养复合型人才，满足体医工农融合发展对人才的需求，此章节是理论与实践的深度结合，为实际操作提供了具体思路与方法。

总结与展望章节，对全篇研究内容进行系统梳理，得出研究结论，为相关领域的发展与延伸提供了参考。

第二章

新质生产力与智能体技术的理论框架

第一节 新质生产力的概念、特征与演化

一、新质生产力的定义及其经济学基础

生产力作为人类社会发展的根本动力，贯穿于人类历史的各个阶段。从原始社会的简单生产方式，到农业社会的定居与耕作，再到工业革命带来的机器生产，生产力的演变不仅改变了人类的生存方式，也深刻影响了社会结构和经济模式。进入21世纪，信息技术的迅猛发展再次推动了生产力的质变，进而形成了新质生产力。新质生产力（new quality productivity）是指在新时代背景下，以技术创新为核心驱动力，通过数字技术、生物技术、新能源技术等新兴技术的广泛应用，实现生产要素的高效配置和生产方式的深度变革，从而推动产业转型升级和经济高质量发展的新型生产力形态。传统生产力以劳动、资本和土地为主要要素，注重规模扩张和资源投入；而新质生产力更强调技术的创新驱动、数据要素的价值挖掘以及产业间的协同创新。

从经济学的视角看，新质生产力的形成与传统生产力的转型密切相关。以亚当·斯密的"看不见的手"理论为基础，现代经济学家们进一步发展出关于知识与技术在生产力提升中的关键作用理论。亚当·斯密通过"看不见的手"揭示了市场机制在资源配置中的重要性，而在现代经济中，知识和技术的作用逐渐成为推动经济增长和转换生产力的核心力量。新质生产力正是在技术创新的推动下，通过新技术的引入和应用，实现生产效率的提升和生产方式的变革。例如，智能制造、人工智能和自动化技术的应用，正在重塑传统行业的生产模式，降低生产成本，提高产品质量。这种转型不仅改变了企业的生产流程，也促进了产业结构的优化升级，推动了经济的高质量发展。

二、新质生产力的关键特征

生产力作为现代经济发展的核心，具有一系列独特的关键特征。这些特征不仅反映了其本质属性，也展示了其在推动经济转型与升级中的重要作用。新质生产力

具有如下 4 个关键特征。

（一）技术创新驱动

新质生产力的核心在于技术创新，尤其是人工智能、大数据、区块链、生物技术、新能源技术等新兴技术的应用，正在不断改变传统生产方式。这些技术的应用也促进了信息流、资金流和物流的高效整合，使得生产过程更加智能化、灵活化，从而提升了资源利用效率。

技术创新不仅限于产品和生产工艺的改进，还包括管理模式的创新。现代企业通过引入先进的管理理念和工具，如精益生产、敏捷管理等，不断优化内部流程，提高整体运营效率和响应速度。此外，数字化转型使得企业能够实现全方位的数据监控与分析，支持决策的科学化与精准化。

技术创新的驱动作用不仅局限于企业内部，还贯穿于产业链的上下游。通过技术的扩散与协作，企业能够与供应商、客户及合作伙伴形成创新生态系统，共同推动产业链的升级与优化。这种跨企业的技术合作，不仅增强了企业的创新能力，也提升了整个行业的竞争力。

（二）产业升级与转型

随着技术的不断进步和市场需求的变化，传统产业面临着转型的压力，而新兴产业则为经济增长提供了新的动力。新质生产力不仅局限于传统产业的改造，更在于推动产业向高附加值、高技术含量的方向发展。通过技术创新和模式创新，生产模式从大规模生产转向个性化定制，促进了制造业与服务业的深度融合。

产业升级表现为从低附加值产业向高附加值产业转型。以制造业为例，传统的劳动密集型和资源密集型产业正逐渐向高技术、高附加值的智能制造业转型。这一过程不仅提高了产品的技术含量和附加值，也推动了产业结构的优化与升级。此外，产业升级还体现在服务业的快速发展上。随着经济的发展和人们生活水平的提高，服务业在国民经济中的比重不断上升。特别是在信息技术的推动下，数字服务、金融服务、健康服务等新兴服务业态应运而生，为经济增长提供了新的动力源泉。根据国际劳工组织（ILO）的数据，服务业在全球就业中的比例逐年上升，成为推动经济增长的重要引擎（ILO，2022）。

另外，产业升级也意味着产业之间的融合与协同发展。新质生产力强调不同产业之间的跨界合作，通过数据共享与资源整合，实现协同创新。这种融合不仅提高了各产业的资源利用效率，还促进了新的商业模式的形成。如医疗、农业与工业的深度融合，推动了智慧农业与精准医疗的发展，提升了整体产业的竞争力。

（三）跨界融合

跨界融合是新质生产力的重要特征之一，体现了不同领域、不同产业之间的相互渗透和协作。这种融合不仅为企业提供了新的发展机遇，也推动了技术与模式的创新。新质生产力打破了传统行业的界限，强调产业之间的跨界融合，推动了体、医、工、农等多个领域的协同创新，打破了产业边界。通过数据共享与技术互通，形成了新的产业生态系统，推动了全社会的资源优化配置。通过多领域协同创新实现资源的优化配置和协同创新，创造出新的产业形态和商业模式。

跨界融合还体现在技术的交叉应用方面。各领域的技术在应用过程中相互借鉴，形成了新的技术组合。人工智能和医疗技术的结合，提升了智能医疗设备和远程医疗服务，提升了医疗服务的效率与精准度。农业与信息技术的融合，推动了智能农业的快速发展，催生了精准施肥、智能灌溉等新型农业模式。

跨界融合还体现在商业模式的创新上。新质生产力推动企业通过合作与共享的方式，创新商业模式，实现资源的最优配置。例如，平台经济的兴起使得企业可以通过互联网平台与用户直接连接，创造出新的价值链，降低了运营成本，提高了市场响应速度。这种商业模式的创新，不仅提高了企业的盈利能力，也为消费者提供了更多的选择与便利。

在新质生产力的背景下，各行业之间的界限逐渐模糊，信息流动更加自由和迅速，知识与信息的共享和扩散速度显著提高。通过建立开放的创新平台和合作机制，企业能够及时获取外部的知识与技术，提升自身的创新能力。这种开放式的创新模式，成为推动新质生产力发展的重要动力。

（四）绿色可持续发展

新质生产力强调绿色生产与可持续发展理念，即在实现经济增长的同时兼顾社会责任和环境保护，注重生态环境保护和资源的高效利用，推动经济向低碳、环保的方向发展。这一特征反映了现代社会对经济发展质量的更高要求。

绿色可持续发展的理念是社会责任感的体现。随着全球对环境保护的重视，企业在生产过程中越来越关注能源的消耗和废弃物的处理。通过引入清洁生产技术和绿色管理理念，企业能够降低对环境的消极影响，实现可持续发展。许多企业通过实施循环经济模式，将废弃物转化为资源，减少对自然资源的依赖。企业在追求经济利益的同时，也在关注员工的福利、消费者的权益和社会的整体利益。社会责任的履行不仅提升了企业的形象与信誉，也为企业的长期发展奠定了基础。

新质生产力的关键特征包括技术创新驱动、产业升级与转型、跨界融合和绿色可持续发展。这些特征不仅构成了新质生产力的基本框架，也为经济的高质量发展提供了新的动力。通过对新质生产力特征的深入分析，可以更好地理解其在现代经济中的重要性，进而为后续探讨智能体技术与新质生产力的互动关系奠定基础。这些特征的相互作用与协同发展，将为实现经济的可持续增长提供新的路径与可能。

三、从传统生产力到新质生产力的历史演变

(一) 传统生产力的特征与局限

传统生产力的形成经历了漫长的历史过程，主要分为农业经济、工业革命和信息化3个阶段。

首先，农业经济阶段。在农业社会，生产力的发展主要依赖于自然资源的开发与利用，生产方式以自然经济为主，个体劳动者基本依赖于人力和动物力进行生产。生产的效率较低，受限于自然条件和技术水平，经济活动以自给自足为主。这一阶段的生产力特征包括：①资源依赖性强：农业生产受气候、土壤等自然条件的制约，生产效率的提升主要依赖于土地的扩张和耕作技术的进步。②劳动密集型：生产过程主要依赖人力，缺乏机械化和自动化的支持，导致劳动生产率较低。③技术水平低：农业生产技术相对原始，主要依赖于传统耕作方法和经验积累。

其次，工业革命阶段。18世纪末至19世纪初，工业革命的到来标志着生产力的重大飞跃。机械化生产的投入，使得生产效率大幅提升，工业化成为推动经济增长的主要动力。此阶段的生产力特征包括：①机械化：引入蒸汽机等机械设备，生产过程实现了机械化，生产规模大幅扩大，企业逐渐形成。②分工与协作：随着生产规模的扩大，分工逐渐细化，形成了流水线生产，显著提高了劳动生产率。③资本积累：资本的集中与积累，促进了工业投资与技术创新，为生产力的进一步提升奠定了基础。

最后，信息化阶段。20世纪末，信息技术的迅猛发展引发了信息化革命，生产力的提升不仅依赖于物质资本的积累，更依赖于信息和知识的传播与应用。此阶段的生产力特征包括：①信息技术的普及：计算机、互联网等信息技术的广泛应用，使得信息的获取与传播变得更加高效，数据驱动决策成为可能。②知识经济的兴起：知识和信息成为重要的生产要素，企业的核心竞争力逐渐向知识管理转变。③全球化与网络：经济活动日益全球化，企业通过网络资源的全球配置与协作，生产模式日趋多元化和灵活化。

尽管传统生产力在不同阶段中都取得了显著的发展，但也存在着如资源依赖性强、技术水平低、环境影响大等局限性，无法满足快速变化的社会需求和可持续发展的要求。这促使人们探寻新的生产力形态，即新质生产力。

（二）新质生产力的形成机制

新质生产力的形成是一个复杂的过程，涉及技术创新、产业升级、政策引导、市场需求等多方面因素的相互作用。

技术创新是新质生产力形成的核心动力。技术进步不仅提供了新的生产工具和方法，还改变了生产过程中的组织形式与管理模式。具体来说，大数据、云计算、人工智能等数字技术的广泛应用，使得企业能够实现智能化生产，提高决策的科学性与效率。新型材料的研发与应用，有助于提高产品的性能和生产过程的效率，推动产业的技术升级，而自动化设备的引入与智能制造的推广，使生产过程更加灵活、高效，同时还降低了人为错误，提高了产品质量。

新质生产力的形成与产业结构的优化升级密切相关。产业升级是指从低附加值的产业向高附加值的产业转型，具体表现在：①传统产业的改造：通过技术改造和管理创新，提升传统产业的竞争力，实现高效、绿色的生产模式。②新兴产业的崛起：以信息技术、生命科学、新能源等为代表的新兴产业快速发展，成为新的经济增长点。③服务业的扩展：服务业的比重逐渐上升，特别是金融、医疗、教育等高附加值服务业，推动了经济结构的转型升级。

政府政策和市场需求共同推动新质生产力的形成与发展。通过制定相关政策，鼓励技术创新、产业升级和绿色发展，为新质生产力的形成创造良好的环境和条件。随着消费者对产品质量、服务质量和环保要求的提高，市场对新技术、新产品的需求不断增长，推动企业向新质生产力转型。随着全球市场的竞争加剧，企业不得不提升自身的技术水平和生产效率，以维持市场份额和竞争优势。

新质生产力的形成是技术创新、产业结构优化升级、政策支持和市场需求等多因素相互作用的结果。技术创新为新质生产力提供了核心动力，产业结构优化升级为其提供了重要支撑，而政策支持和市场需求则为其创造了良好的外部环境。这些因素相互促进、相互制约，共同推动了生产力从传统模式向新质模式的深刻转变。未来，随着技术的进一步发展和市场需求的不断变化，新质生产力将继续演化，成为推动经济高质量发展的关键力量。

（三）新质生产力的演变趋势

新质生产力的演变趋势反映了经济、科技、社会等多方面的变化，主要向以下5个方向进行演变：①智能化与自动化的发展：随着人工智能、物联网等技术的不断发展，生产过程将越来越智能化和自动化。这一趋势将推动生产效率的提升，降低生产成本，并实现个性化定制和柔性生产。②绿色可持续发展：在全球气候变化与资源短缺的背景下，绿色可持续发展成为新质生产力的重要目标。企业将在生产中更加注重资源的节约和环境的保护，推动循环经济和低碳经济的发展。③跨界融合与创新：新质生产力的形成与跨界融合密不可分，特别是在体、医、工、农等领域的深度融合，将产生新的商业模式和创新机会。通过数据共享与技术互通，不同领域间的协同创新将极大提升整体生产力水平。④全球化与区域化的协调发展：全球化带来的经济一体化与区域化的发展趋势并存。企业在全球范围内配置资源，同时在本地市场进行深耕，通过灵活的运营模式应对全球竞争。⑤人本管理与社会责任：新质生产力的演变不仅关注经济效益，还将更加重视社会效益与人本管理。企业将致力于提升员工的参与感与幸福感，同时承担起更多的社会责任，促进社会的可持续发展。

四、总结

传统生产力到新质生产力的转变不仅是科技进步的结果，更是社会需求、市场变化与环境压力共同作用的结果。新质生产力的概念、特征与演化反映了经济发展从传统到现代的转型过程。通过对新质生产力的系统阐述，我们可以更好地理解其在当今经济中的重要性，以及其在推动经济高质量发展中的作用。这为后续章节中深入探讨智能体技术与新质生产力的关系奠定了坚实的理论基础。

第二节　智能体技术的基础与发展

一、智能体技术的核心：人工智能、物联网、大数据

智能体（AI agent）是人工智能领域的一个重要概念，指的是能够自主感知环境、做出决策并执行行动的系统。它具备自主性、交互性、反应性和适应性等基本特征，能够在复杂多变的环境中独立完成任务。智能体通过感知环境中的变化（如通过传感器或数据输入），根据自身学习到的知识和算法进行判断和决策，进而执行动作以影响环境或达到预定目标。其核心在于自主学习和持续进化，以更好地完成任务和适应复杂环境。智能体技术的发展依赖于人工智能、物联网和大数据的深度融合。这三大核心技术相互协作，为智能体赋予了强大的感知、决策和执行能力，使其能够在复杂环境中自主运行并完成多样化任务。

首先，人工智能作为智能体的"大脑"，使得智能体能够进行学习、推理和决策。通过深度学习等先进技术，智能体能够从大量数据中提取信息并优化其行为模式。例如，谷歌的 AlphaGo 利用人工智能技术，在围棋比赛中战胜了人类顶级棋手，展现了其在复杂决策中的强大能力。AlphaGo 的成功不仅在于其算法的复杂性，更在于它能够从数百万局棋局中学习并总结出最佳策略。这种能力使得智能体能够在许多领域中处理复杂的问题，如医疗诊断、金融预测和自动驾驶等。

其次，物联网是智能体的"感官"，通过大量的传感器和设备将物理世界的数据实时传输到智能体，使其能够感知环境并做出相应的反应。例如，智能家居系统通过连接各种家电，实现了对家庭设备的智能控制，从而提高了用户的生活便利性和舒适度。在智能家居系统中，用户可以通过手机应用远程控制家中的灯光、温度和安保系统，甚至可以通过语音助手来实现这些操作。这种感知能力不仅提升了用户生活质量，还推动了家庭自动化的发展，使得家居生活更加智能化。

最后，大数据为智能体提供了丰富的背景信息和历史数据，通过数据分析，智能体能够识别、预测趋势，并在复杂环境中做出更为精确的决策。例如，亚马逊利用大数据分析消费者的购物行为，从而进行个性化推荐和精准营销，提升了客户体

验和销售额。亚马逊通过分析用户的浏览历史、购买记录以及评价反馈，能够及时调整其商品推荐策略，从而提高用户的购买意愿。这种基于数据的决策方式，不仅提升了商业效率，还提升了消费者的购物体验，使得个性化服务成为可能。

三者的结合形成了智能体技术的核心，使其具备强大的感知、分析和决策能力，实现自主行为。在这一框架下，智能体可以在各个领域发挥出巨大的潜力。例如，在医疗领域，智能体可以通过分析患者的历史健康数据和实时监测数据，提供个性化的治疗方案，并在紧急情况下快速做出反应。在制造行业，智能体能够通过传感器实时监控生产线的状态，预测设备故障，从而减少停机时间，提高生产效率。

未来，随着技术的不断进步，智能体技术将持续演化，推动更广泛的应用场景的出现，进一步改变我们的生活和工作方式。随着5G等高速度网络的普及，物联网设备的连接更加迅速，人工智能算法的运算能力不断提升，对大数据的处理能力也在不断增强。这些因素共同推动着智能体技术的飞速发展。未来智能体将不再局限于家庭或工业应用，而是将广泛渗透到交通、教育、农业等各个领域。在交通领域，智能体可以实现智能交通管理，优化交通流量，减少拥堵，提高出行效率。在教育领域，智能体能够根据学生的学习情况，提供个性化的学习方案和辅导，提升教学效果。在农业方面，智能体可以通过实时监测土壤和气候条件，优化作物的生长环境，提高农作物的产量和质量。

总的来说，人工智能、物联网和大数据的结合为智能体技术的快速发展提供了强大的动力。随着这些技术的不断成熟和普及，智能体在未来的应用将更加广泛和深入，必将推动社会的全面变革，改变我们的生活、工作和学习方式。每一个技术的进步都将为人类带来新的可能，而智能体技术正是这些可能性的源泉。

二、国内外智能体技术的发展现状

随着人工智能、物联网和大数据技术的飞速发展，智能体技术已成为全球科技创新的重要方向。智能体技术不仅在理论研究上取得了显著进展，更在实际应用中展现出强大的潜力和价值。在全球范围内，智能体技术的发展势头强劲，各国在这一领域的研究和应用不断深化，涌现出了一系列成功的案例。这些案例不仅展现了智能体技术的先进性和灵活性，也为未来的发展提供了宝贵的经验和启示。

（一）国际发展现状及案例分析

1. 谷歌公司自动驾驶汽车

谷歌的自动驾驶汽车项目是智能体技术在交通领域应用的一个典型案例。谷歌于2009年开始研发自动驾驶技术，利用人工智能算法和大量传感器数据，汽车能够自主导航、避障和决策。谷歌的自动驾驶汽车配备了激光雷达、摄像头和传感器，这些设备实时收集周围环境的数据。通过深度学习算法，汽车能够识别交通标志、行人和其他车辆，做出相应的驾驶决策。经过数百万英里的测试，谷歌的自动驾驶汽车在复杂城市环境中表现出色，大幅降低了交通事故的发生率，提升了交通效率。该项目不仅推动了智能交通的研究，也引发了全球范围内对自动驾驶技术的关注和投资。

2. 亚马逊的智能物流系统

亚马逊在智能物流领域的探索是另一个成功案例。亚马逊通过应用物联网和大数据技术，打造了高效的智能物流系统。亚马逊的物流中心配备了大量传感器和机器人，这些机器人能够自主导航、搬运货物。通过大数据分析，亚马逊能够实时监控库存，并根据客户需求预测物流需求。这种智能物流系统显著提高了仓储和配送的效率，缩短了交货时间。亚马逊的 Prime 会员服务中，客户可以享受到同日或次日送达的体验，这在很大程度上依赖其智能物流系统的支持。

3.IBM 的沃森医疗

IBM 的沃森医疗是智能体技术在医疗领域的重要应用。沃森医疗通过人工智能分析海量的医疗数据，辅助医生进行诊断和治疗决策。沃森医疗利用自然语言处理和机器学习技术，分析患者的病历、基因组数据和最新的医学研究，能够快速提供治疗建议。在某些癌症治疗案例中，沃森医疗的诊断准确率甚至超过了经验丰富的医生。通过这种智能体技术的辅助，医生能够更快、更准确地制订个性化的治疗方案，提高了患者的治愈率。

（二）国内发展现状及案例分析

在国内智能体技术的发展同样蓬勃，许多企业和机构在这一领域取得了显著的成就，以下是几个具有代表性的案例。

1. 阿里巴巴的智能零售

阿里巴巴在智能零售领域的探索是一个值得关注的案例。通过结合人工智能和大数据，阿里巴巴实现了线上线下的无缝连接，创造了智能购物体验。阿里巴巴的"新零售"战略，通过大数据分析消费者的购物习惯，利用人工智能算法优化库存管理和商品推荐。其线下门店配备了智能购物车和自助结账系统，提升了顾客的购物体验。这一模式不仅提升了顾客的满意度，还显著提高了销售额。阿里巴巴在全国范围内推广的"盒马鲜生"门店，结合线上线下的购物体验，成为智能零售的标杆。

2. 腾讯的智慧医疗

腾讯在智慧医疗领域的布局也是一个成功的案例。通过"腾讯医典"和"腾讯云"等平台，腾讯推动了医疗健康行业的智能化。腾讯利用人工智能和大数据技术，开发了智能问诊系统，能够根据患者的症状提供初步的医疗建议。同时，腾讯的医疗平台整合了医院资源，实现了在线挂号、咨询和支付等功能。在疫情期间，腾讯的在线问诊服务帮助了大量患者快速获取医疗建议，减轻了医院的压力。此外，腾讯还通过数据分析帮助医院优化了排班和资源配置，提高了医疗服务效率。

3. 华为的智能城市解决方案

华为在智能城市建设中的应用案例展示了智能体技术在城市管理中的巨大潜力。华为通过物联网和大数据技术，推动智能城市的建设。华为的智能城市解决方案涵盖交通管理、环境监测、公共安全等多个方面。通过部署传感器和监控设备，实时收集城市运行数据，利用大数据分析优化城市管理。在多个城市的试点中，华为的智能城市解决方案有效提升了交通疏导能力，降低了环境污染，增强了公共安全管理。例如，在某些城市的交通管理中，通过智能信号控制系统，交通拥堵情况得到了显著改善。

智能体技术的快速发展正在深刻改变我们的生活和工作方式。从国际到国内，众多企业和机构在智能体技术的研究和应用中取得了显著成就。以上案例充分展示了智能体技术在交通、物流、医疗、零售和城市管理等领域的广泛应用和巨大潜力。这些成功案例不仅为智能体技术的未来发展提供了宝贵的经验和启示，也为全球科技创新和产业升级注入了新的动力。随着技术的不断进步，智能体将在更多领域发挥更大的作用，为人类社会创造更多的价值。

（三）总结与展望

通过以上国内外的案例分析，我们可以看到，智能体技术正在迅速改变各个行业的运作模式，提升效率和服务质量。在自动驾驶、智能物流、智慧医疗和智能零售等领域，智能体技术的应用已经取得了显著成效。未来随着技术的不断进步和应用场景的不断扩展，智能体技术必将迎来更大的发展机遇。随着技术的成熟，智能体技术将与更多领域进行深度融合，推动智能制造、智能农业、智能教育等新兴领域的发展。随着智能体技术的普及，相关的伦理和法律问题也将逐渐显现，如何制定合理的监管政策，保障用户隐私和数据安全，将成为重要课题。智能体技术的发展需要国际的合作与交流，通过共享经验和技术，推动全球范围内的智能体技术进步，引领各行各业的创新与变革。

三、智能体技术在不同领域的应用现状

智能体技术在多个领域的应用逐渐成熟，不仅提高了各行业的生产效率和服务质量，还推动了社会的数字化和智能化进程。接下来将对 6 个主要领域中的智能体技术的应用进行简述。

1. 智能家居

智能家居是智能体技术应用的一个重要领域，通过物联网技术将家居设备连接起来，实现智能控制和自动化管理，用户可以通过智能手机应用控制家庭中的灯光、温度、安防等设备。以谷歌的 Nest 智能家居系统为例，该系统通过学习用户的生活习惯，自动调节家庭温度，从而有效节省能源并提高居住的舒适度。此外，亚马逊的 Echo 智能音箱，能够通过语音助手 Alexa 控制整个智能家居系统，提供了更加便捷的操作体验。

2. 智能制造

在工业领域，智能体技术正通过物联网和大数据分析优化生产流程，提高生产效率和产品质量。以西门子在其"数字化企业"战略中的应用为例，通过将生产设备与云端数据平台连接，西门子能够实时监控生产线的运行状态，使用数据分析预测设备故障，从而减少停机时间和维护成本。此外富士康也引入了智能机器人进行自动化组装，不仅提高了生产效率，还降低了人工成本，进一步推动了智能制造的发展。

3. 智慧城市

智慧城市的建设离不开智能体技术的支持，智能体技术通过数据收集与分析能

够提升交通管理、环境监测和公共安全等方面的效率。如阿姆斯特丹市利用智能交通系统，通过实时数据分析优化交通信号灯的控制，减少了交通拥堵，并提高了公共交通的准时率。此外，城市环境监测系统则通过安装传感器监测空气质量和噪声水平，以便及时采取措施改善城市环境，实现可持续发展。

4. 医疗健康

在医疗领域，智能体技术的应用正在改变传统的医疗服务模式，智能诊断系统和远程监护技术提升了医疗服务的效率和准确性。如 IBM 的 Watson 可以分析大量医疗数据，帮助医生快速做出诊断决策，特别是在癌症治疗领域，Watson 能够根据患者的基因组信息和病历，推荐个性化的治疗方案。此外，远程监护设备可以实时监测患者的生命体征，医生通过数据分析及时干预，有效降低了患者的住院率和医疗成本。

5. 金融服务

智能体技术在金融行业的应用也日益广泛，通过大数据分析和机器学习，金融机构能够实现风险控制、欺诈检测和个性化金融服务。如 Ant Financial 利用大数据分析建立了信用评分系统，通过分析用户的消费行为、社交网络等信息，为用户提供个性化的贷款和理财建议。此外，还有许多银行引入了智能客服系统，利用自然语言处理技术回答客户的常见问题，提高了客户服务的效率和满意度。

6. 教育领域

除了上述领域，智能体技术在教育领域的应用也逐渐显现。智能教育平台如 Knewton 和 Duolingo，通过学习者的数据分析能够提供个性化的学习方案和实时反馈，帮助学生更高效地掌握知识。还有虚拟现实技术在课堂中的应用，为学生提供了沉浸式的学习体验，使学生能够在模拟环境中进行实践操作，从而提高学习效果。

四、总结

智能体技术作为一个跨学科的领域，正在不断推进各行各业的数字化转型，提升效率，降低成本。未来随着技术的不断进步，智能体技术将在更多领域发挥作用，推动社会的全面智能化发展。各行业应积极拥抱这一变革，以把握未来发展的机遇。

第三节　新质生产力与智能体技术的协同进化

一、新质生产力对智能体技术发展的推动

新质生产力不仅是传统生产力的延续，更是通过对生产要素的重新配置和优化，实现更高层次的生产效率和产品质量。新质生产力的崛起与智能体技术的发展相互交织，形成了一个动态的、相互促进的关系。新质生产力以创新驱动、数字化转型和跨界融合为核心特征，为智能体技术的发展提供了广阔的空间和强大的动力，而智能体技术的创新和应用又反过来推动了新质生产力的进一步提升。这种互动关系不仅深刻影响了经济发展的模式和路径，还对社会结构和人类生活方式产生了深远的影响。新质生产力的核心特征在于创新驱动、数字化转型和跨界融合，这些特征为智能体技术的发展提供了肥沃的土壤。与传统生产力相比，新质生产力强调的是知识、信息和技术在生产过程中的重要性。通过对生产要素的数字化和智能化管理，新质生产力能够实现资源的最优配置，提高生产效率。这一新的生产力形式，推动了智能体技术的快速发展。在智慧农业中，智能体技术通过实时监测土壤湿度、温度和作物生长状况，实现精准灌溉和施肥，提高了农业生产效率和可持续性。

随着新质生产力的崛起，生产过程中对智能体技术的需求日益增加。智能体技术如人工智能、机器学习、自动化等，成为提升生产力的重要工具。例如，在制造业中，企业通过引入智能机器人和自动化生产线，不仅提高了产品的生产效率，还降低了生产成本。特斯拉作为电动汽车制造的先锋，其生产模式充分体现了新质生产力对智能体技术的推动作用。特斯拉在生产过程中大量采用智能机器人，结合大数据分析，实时监控生产流程，优化生产效率。其中特斯拉的"Gigafactory"不仅是一个生产基地，更是一个智能化的工厂，所有的生产设备和流程都通过网络连接，形成一个高度互联的智能体系统。通过对智能体技术的引入，特斯拉不仅提高了生产效率，还在质量控制方面实现了更高的标准。

新质生产力的数字化转型为智能体技术提供了丰富的应用场景和数据资源。数

字技术的广泛应用使得企业能够通过智能体技术实现生产流程的优化和管理效率的提升。跨界融合的趋势促使不同领域的技术相互渗透和协同创新，为智能体技术的跨领域应用提供了广阔的空间。

此外，新质生产力的发展还通过政策支持和市场需求为智能体技术的发展提供了有利的外部环境。政府出台的一系列鼓励创新和数字化转型的政策，为智能体技术的研发和应用提供了资金支持和政策保障。同时，消费者对智能化产品和服务的需求不断增加，也推动了企业对智能体技术的投入，加速了技术的商业化和普及化。

二、智能体技术对生产力提升的贡献

智能体技术的发展，促进了生产力的提升，智能体技术通过对生产流程的优化、资源的高效配置，为各行各业带来了深远的影响。智能体技术作为新质生产力的核心驱动力，通过多种方式显著提升了生产力水平。

智能体技术通过优化生产流程和提高生产效率，直接推动了生产力的提升。在制造业中，智能体技术可以实现生产设备的自动化控制和智能化管理，减少生产过程中的浪费和错误，提高生产效率和产品质量。以亚马逊的物流管理为例，亚马逊利用智能体技术优化其物流管理，采用机器人和自动化系统，提高了仓储和配送的效率。亚马逊通过数据分析能够预测消费者的购买行为，提前做好库存准备，从而减少了仓储及物流成本，提高了整体生产力。

同时，智能体技术还通过数据分析和决策支持，帮助企业更好地进行资源配置和生产计划，从而提升整体运营效率。企业可以通过大数据分析预测市场需求，优化库存管理，减少库存积压和缺货现象。此外，智能体技术还通过跨界融合和创新应用，推动了新兴产业的发展和传统产业的升级。在农业领域智能体技术正逐步改变传统的农作方式，通过应用无人机、传感器和物联网，智慧农业实现了精准施肥、灌溉和病虫害监测。如某些农场使用无人机进行作物监测，实时收集数据，分析土壤湿度、养分含量和作物生长情况。这种数据驱动的农业管理方式，显著提高了农业生产的效率和可持续性，并减少了资源浪费。

智能体技术还可以通过自动化、智能决策和数据分析等手段，提升生产力。以制造业为例，智能化生产线可以通过实时数据监控，及时调整生产参数，避免资源浪费。此外，智能决策系统可以对市场需求进行分析，帮助企业快速响应市场变化，从而提高竞争力。

智能体技术在多个领域得到了广泛应用，无论是制造业、服务业，还是农业和医疗，智能体技术都在不断推动生产力的提升。在医疗领域，智能体技术辅助医生进行疾病诊断和治疗方案制定，提高了医疗服务的质量和效率。在金融领域，智能体技术通过实时数据分析，帮助金融机构做出更为精准的风险评估和决策，如Black Rock 的 Aladdin 平台结合智能体技术，为金融行业提供全面的投资管理、风险管理、交易和数据控制解决方案，显著提升了金融服务的效率和质量。智能体技术的广泛应用不仅提升了企业的竞争力，还推动了整个经济体系的升级和转型。

三、两者互动的经济与社会影响

新质生产力与智能体技术的互动关系不仅在经济层面产生了深远的影响，也在社会层面带来了诸多变革。新质生产力强调通过信息技术、人工智能、大数据等技术手段，实现生产方式、管理模式和商业模式的全面创新。智能体技术则通过自主学习和数据分析等，提高生产效率和决策能力。以下将详细探讨这一互动关系所带来的经济与社会影响。

(一) 经济影响

1. 生产效率的提升

新质生产力与智能体技术的结合显著提升了生产效率。在制造业中，智能机器人能够替代人工完成重复性高且危险的工作，减少了人为错误和事故发生的可能性。通过实时数据分析，企业能够对生产过程进行动态调整，进一步优化效率。汽车制造企业也可以通过引入智能生产线，缩短生产周期，同时提高产品合格率，不仅降低了生产成本，还提升了市场竞争力。

2. 产业结构的优化

新质生产力与智能体技术的互动促进了传统产业的转型升级。以传统制造业为例，智能体技术的引入使得企业能够实现智能制造，推动了高端制造和智能制造的快速发展。与此同时，数字经济的崛起带动了新兴产业的形成，如人工智能、物联网和大数据等领域，形成了新的经济增长点。据统计，智能制造领域的市场规模在过去五年中增长了200%以上，显示出了产业结构优化的显著成效。

3. 市场竞争的加剧

智能体技术的广泛应用使得市场竞争愈加激烈，企业必须不断进行技术创新，以保持竞争优势。电商平台通过数据分析和推荐算法，能够精准满足消费者需求，提升服务质量。传统零售商在面临这样的竞争压力时，往往需要进行数字化转型，以适应新的市场环境。这种竞争不仅体现在产品和服务上，也体现在成本控制和效率提升上，最终促使整个行业不断进步。

4. 就业结构的变化

一方面，自动化和智能化使得某些传统岗位减少，尤其是低技能工种受到影响。另一方面，新技术的应用催生了新的职业需求，如数据分析师、人工智能工程师和网络安全专家等。这要求劳动力市场进行相应的调整，提升技能培训和教育，以适应新的就业形势。联想的紫领工程通过系统培训和技术升级，帮助员工从传统的一线操作员成长为具备人工智能技术和数据分析能力的复合型人才。这种转型不仅提升了企业的生产效率，还为员工提供了新的职业发展路径。还有 TCL 通过引入人工智能图像识别技术，实现了面板生产的智能化检测。其模拟数字转换器技术（ADC 技术）能够自动判断并修复缺陷，检测效率提升了 12 倍。这种技术的应用不仅减少了对传统检测工人的需求，还催生了对人工智能工程师和数据分析师等高技能岗位的需求。此外，企业也需要在技术转型过程中加强与员工的沟通，共同应对行业变革带来的挑战。

5. 区域经济发展的不平衡

新质生产力的提升与智能体技术的应用可能导致区域经济发展的不平衡。发达地区由于技术基础设施完善、人才资源丰富，能够更快地实现技术应用和产业转型，吸引更多投资。而欠发达地区则可能因缺乏技术支持和人才储备，面临发展滞后的压力。这种不平衡可能加剧社会经济的差距，影响区域的整体发展，如中国东部沿海地区在数字经济和新质生产力的发展上明显领先于中西部地区。长三角和珠三角地区凭借完善的数字基础设施和丰富的科技人才资源，迅速实现了智能制造、人工智能和大数据等新兴产业的集聚和发展。这些地区不仅吸引了大量高科技企业，还通过智能体技术的应用推动了传统产业的数字化转型。相比之下，中西部部分地区数字基础设施不足和人才短缺，难以快速融入数字经济的发展浪潮，导致区域间经济发展差距进一步扩大。

总的来说，新质生产力与智能体技术的互动推动了经济结构的优化和产业升级，促进了新兴产业的崛起和传统产业的转型，包括传统的劳动密集型产业逐渐向技术密集型、知识密集型产业转变。随着智能体技术的广泛应用，企业的生产效率显著提高，经济增长方式也由规模扩张转向质量提升。如智能制造和智慧农业的兴起改变了传统制造业和农业的生产模式，提高了产业附加值和竞争力。同时，智能体技术的应用还推动了数字经济的发展，创造了新的经济增长点和就业机会。人工智能和大数据分析的广泛应用催生了大量与数据处理、算法开发和智能设备维护相关的就业岗位，然而这种互动所带来的劳动市场需求转变和区域发展不平衡加剧的现状更需要去解决。

（二）社会影响

1. 生活方式的改变

新质生产力与智能体技术的互动改变了人们的日常生活，使生活方式更加多样化。智能家居的普及使得家庭生活更加便捷，用户可以通过手机或语音助手控制家中的设备。智能医疗技术的应用使得远程医疗服务成为可能，患者可以在家中通过视频与医生进行沟通，减少了就医的时间和成本。这些变化提升了生活质量，使得人们的生活方式更加智能化和便利化。

2. 社会关系的重塑

随着智能体技术的应用，人际交往的方式发生了变化。社交媒体和在线平台的兴起，使得人们的交流更依赖于数字技术，但这种数字化沟通虽然提高了沟通的便利性，但也可能导致人际关系的疏远。面对面交流的减少，可能会影响人们的社交技能和情感连接，带来一定的社会孤立感。

3. 教育与人才培养的转型

传统教育模式面临挑战，必须培养具备数字素养和创新能力的人才，新质生产力与智能体技术的发展推动了教育体系的转型。许多高校和职业培训机构开始开设与人工智能、数据科学等相关的课程，以适应市场需求。教育的数字化使得学习资源更加丰富，在线教育平台为学生提供了灵活的学习方式，促进了个性化和终身学习的理念。

高等教育在推动教育与科技融合方面发挥着关键作用。随着数字化技术的广泛应用，高校正在通过革新育人模式，培养适应新质生产力需求的创新型人才。北京邮电大学通过建设大模型赋能的编程教学平台"码上"，探索了人工智能技术在教育中的应用，推动了个性化学习和创新思维的培养。这种转型不仅提升了学生的数字素养，还为未来社会培养了具备跨学科知识和创新能力的复合型人才。

职业教育也在积极适应新质生产力的发展需求。通过与企业的深度合作，职业院校开设了大量与人工智能、大数据和智能制造相关的课程，培养学生的实践能力和创新精神。一些职业院校通过校企合作，建立了智能工厂实训基地，让学生在真实的工作场景中学习和实践，提高其就业竞争力。

随着技术的快速迭代，终身学习成为适应社会变化的重要方式，教育数字化转型为终身学习提供了丰富的资源和灵活的学习方式。在线教育平台提供了从基础课程到高级技术培训的多样化课程，满足不同年龄段和职业背景人群的学习需求。此外，政府也在积极推动数字素养教育，通过开展教师数字化能力培训和学生课程共享等方式，提升全民数字素养。

4. 社会公平与数字鸿沟

尽管新质生产力与智能体技术的应用带来了便利，但也可能加剧社会不平等。不同地区人群在技术获取和应用能力上的差异，可能导致数字鸿沟的加深。缺乏技术基础设施和教育资源的地区，其发展可能滞后于其他地区。在城乡之间，数字鸿沟表现为网络接入、数字设备拥有率和数字素养的显著差异。农村地区基础设施建设不足，网络覆盖不全面，导致居民难以享受与城市居民同等水平的数字服务。农村地区的网络速度和稳定性不足，影响了在线教育、远程医疗等公共服务的普及。因此，政策制定者需要关注这一问题，通过技术普及和教育改革，促进社会的公平与包容。

四、总结

新质生产力与智能体技术之间的互动关系是当代经济和技术发展的重要特征，这种互动关系为现代经济与社会发展带来了深刻的影响。新质生产力为智能体技术的发展提供了广阔的空间和强大的动力，而智能体技术的创新和应用又反过来推动了生产力的进一步提升。两者的互动不仅促进了经济的转型升级，也在社会层面引发了深刻的变革。随着技术的进一步发展，这一互动关系将继续深化，为人类社会的可持续发展提供新的动力，然而这一过程中也伴随着就业结构的变化、区域经济发展的不平衡、数据隐私和安全问题、社会公平的挑战等问题。政策制定者、企业和社会各界应积极应对这些挑战，推动技术与经济社会的和谐共生，确保技术进步能够惠及更广泛的人群，促进社会的可持续发展。

第三章

人工智能技术在体医工农的应用与创新

第一节　人工智能与体医融合

一、人工智能旨在自动化人类决策

人工智能已成为我们这个时代最具变革性的技术之一，它重塑了行业，增强了人类的能力，并突破了机器的极限。其典型的任务包括学习、推理、解决问题、感知和语言理解（Russell et al.，2021）。

（一）历史草图

人工智能的旅程始于 20 世纪中叶，1955 年，John McCarthy 等在为次年达特茅斯会议提出的提案中创造了"人工智能"一词（McCarthy et al.，1955）。这一时期标志着人工智能的乐观开端，研究人员为机器模拟人类智能设定了雄心勃勃的目标。早期的人工智能研究主要集中在符号方法上，试图将人类知识编码到机器中。然而，事实证明，人类认知的复杂性是一项艰巨的挑战，因此，人们意识到实现真正的人工智能需要的不仅仅是编写明确的规则。

（二）机器学习

机器学习（ML）在 20 世纪下半叶的兴起标志着人工智能领域的重大转变。机器学习是人工智能的一个子集，专注于开发算法，使计算机能够从数据中学习并根据数据做出预测或决策。这种方法与基于规则的方法不同，为通过数据驱动的学习实现人工智能提供了一条新途径（Bishop，2006）。机器学习领域大致可分为 3 个"支柱"：①监督学习：学习从输入数据 x 中预测标签 y，即类（分类）或数量（回归）。②无监督学习：在输入数据 x 中查找隐藏的关系，例如聚类或低维表示。③强化学习：了解在哪种状态下采取什么行动来达到最佳结果。

（三）深度学习

深度学习（DL）涉及具有许多层（因此是"深"）的（人工）神经网络，它们通过多级抽象来学习数据的表示。这种方法近年来在计算机视觉、自然语言处理和其他需要复杂特征提取的领域取得了重大进展（Bishop et al.，2024）。

（四）自然语言处理

自然语言处理（NLP）是人工智能的一个领域，专注于使用自然语言在计算机和人类之间进行交互。自然语言处理的目标是使计算机能够理解、解释和生成人类语言。自然语言处理技术已经从基于规则的系统发展到机器学习和复杂的深度学习模型，显著提高了机器处理和理解人类语言的能力。

（五）大型语言模型（LLMs）和提示工程

大型语言模型，例如 ChatGPT，代表了自然语言处理的前沿。这些模型在庞大的文本数据集上进行训练，学习在给定前一个标记的情况下预测序列中的下一个标记。这种培训使他们能够生成连贯且与上下文相关的文本、翻译语言、回答问题，甚至编写代码。提示工程已成为利用大语言模型的一项关键技能，涉及设计指导这些模型产生所需输出的输入（提示）。它需要了解模型的能力和局限性、创造力和战略思维。

二、人工智能正在推动革命性的进步

人工智能正在推动革命性的进步，并正在改变运动和健康的格局。人工智能的快速发展正在不断重塑这些领域。本研究的目标是增强大众对人工智能在运动和健康方面的变革潜力的理解。为了开始探索，我们深入研究了更广泛的数字化转型领域：人工智能在体育科学中的作用。我们从 Lenhard 开始，他研究了人工智能对体育科学的深远影响。他的研究深入探讨了人工智能在数字化中的作用，同时也分析了这种转变的影响和意义。此外，Lenhard 还揭示了人工智能对该领域内科学实践的影响。接下来，Latzel 和 Glauner 阐明了人工智能赋能的学术写作的未来。他们的研究探讨了人工智能如何重塑各个学科的研究和写作，重点是体育科学。Menges 研究了人工智能在耐力运动中的应用。她展示了人工智能驱动的技术如何彻底改变训练，以及人工智能如何协助教练和运动员进行除训练外的决策过程，包括比赛选择和策略制定等要素。

人工智能能增强运动环境中的医疗和健康相关方面，我们将在运动的医疗和健康方面的人工智能部分中重点介绍这一点。需要注意的是，这部分的重点不是医疗保健领域的一般应用，它包括无数其他工作。本研究的重点是与运动相关的健康方面，这与运动科学有很大的交集。Kemmler 首先探讨了跌倒预防策略以及基于人工智能的预防跌倒技术如何预防老年人的跌倒。了解基于传感器的人工智能概念如何提高训练的安全性和有效性，即使在无人监督的环境中也是如此。接下来是 Owen

和 Evan 的研究，他们通过人工智能技术的镜头展示了伤害预防的未来发展前景。他们介绍了人工智能如何不仅提高预测准确性，还丰富了我们对影响运动相关损伤的多方面因素的理解。之后，关于体育运动中的兴奋剂问题，这是一个长期存在的问题，其涉及滥用违禁物质来提高成绩。在此背景下，Rahman 和 Maass 的论文探讨了使用生成建模来创建合成血液样本数据，旨在增强反兴奋剂分析。他们提出了一种方法，不仅用于数据增强，还用于解决有关运动员生物数据的道德问题。

在研究了人工智能对医疗和健康的影响之后，我们的注意力转向了人机交互（HCI）领域。Speicher 和 Berndt 阐明了人机交互的关键作用，提供了有关人工智能如何影响运动表现、伤害管理和医疗保健的见解。他们倡导以人为本的设计原则，以提升用户参与度和不断发展的领域中的成果。随后，Gillmann 展示了体育数据中的不确定性的重要性。她概述了不确定性的感知可视化如何有助于提高体育运动中机器学习预测的可靠性和决策过程的准确性。关于动作捕捉和反馈系统，Stetter 和 Stein 重点介绍了机器学习在人体运动生物力学分析中的应用以及相关的挑战。它们展示了 3 种主要的机器学习范式（监督学习、无监督学习和强化学习）如何用于生物力学，以及机器学习如何支持对人体运动的理解。Baldinger、Lippmann 和 Senner 概述了当前技术和应用，重点介绍无标记动作捕捉技术。此外，他们对技术有效性的研究结果进行补充，并总结了未来研究的主要挑战和通过机器学习与预测分析的实际示例，最后一部分展示了人工智能如何重塑体育的未来，并解锁性能优化和战略洞察的新领域。Vives、Lázaro、Guzmán、Crespo 和 Martínez-Gallego 探讨了机器学习技术的最新发展及其对网球比赛的分析，包括一个展示预测建模结果的实际示例，该示例利用 Hawk-Eye 和跟踪系统等新技术。然而 Randrianasolo 则有不同的观点，该观点侧重于如何通过关键数据分析彻底改变体育预测。例如，无须大量历史数据即可预测结果，如 2020 年男子欧洲杯和 2021 年美国女子公开赛所证明的那样。Smyth、Feely、Berndsen、Caulfield 和 Lawlor 探讨了机器学习如何通过移动设备和可穿戴传感器的个性化训练来提升业务马拉松跑步成绩。Barbon Junior、Moura 和 da Silva Torres 继续深入研究数据驱动方法在足球比赛分析中的潜力，概述了自动化数据收集、转换和分析的系统通道，通过人工智能提供对球员交互和表现的理解。另有研究利用人工智能来分析青年体育背景下人才识别和发展过程中的大数据，概述了人工智能增强招聘策略的潜力，并强调了这一不断发展的领域中的关键优势、劣势、机会和威胁。当我们站在探索和创新的这个关头时，重要的是要承认这些只是人工智能在这些领域所具有的巨大潜力的一部分。技术的不断发展使新的突破不断出现，突破我们目前所掌握的界限，以上研究所展示的方法和结论只是一个开始，人工智能对运动和健康的现实影响尚未完全显现。真正的考验不仅在于人工智能驱动型解决方案的独创性，还在于它们与日常实践和既定知识的整合。必须弥合理论、科学和实际应用之间的差距，以充分发挥这些技术的潜力。

让我们保持好奇心并关注人工智能技术未来将如何在这些领域中发挥作用，以及上述研究方法将在多大程度上付诸实践。如今，数字化主要从人工智能的角度进行讨论。本节将重点分析体育科学中的人工智能如何在更广泛的数字化运动中发挥作用，数字化运动又在数学化中占据何等特殊的地位。

标签人工智能比机器学习方法更古老。当这个标签于 1956 年在达特茅斯的一次会议上首次提出时，它应该主要避免与当时流行的控制论术语有任何联系，正如会议组织者之一 John McCarthy 后来提醒的那样（1988）。在 20 世纪 50 年代，人工智能的拥护者认为遵循明确的规则是智能的关键。由于数字计算机是一种可以轻松快速地处理此类规则的机器，因此预计人工智能将在可预见的时间内超过人类。人工智能没有达到这些期望是一个来之不易的教训。即使是国际象棋计算机，尽管游戏完全由正式规则定义，但成功也有些有限。当 Deep Blue 最终战胜长期世界冠军 Kasparov 时，这不是基于对棋步的深入分析，而是基于输入机器的现有游戏的大型数据库。然而掌握语言的尝试，就像生成翻译一样，是一个难以破解的难题，主要是因为语言的使用一直存在非正式化的语法。因此，乐观情绪发生了逆转，导致了 20 世纪 80 年代的 "人工智能冬天"。实际上，人们可以看出在第一个（20 世纪 70 年代末）和第二个 "人工智能冬天"（20 世纪 80 年代末至 90 年代初）人工智能领域重新定位了自己。20 世纪 90 年代的一个主导派别将 "在世界上行动" 作为表征智能行为的主要标准——拿一杯咖啡而不洒出来，而不是下棋。这种机器人转向产生了关于智能特征的新解释，与人工智能是什么或应该成为什么的新愿景有关（Pfeifer & Scheier, 2001；Brooks, 2002）。然而，虽然机器人转向对人工智能来说是一个新的开放性市场，但最近的讨论更加广泛，被称为人工智能的第二波浪潮，已经上升了十多年。第一波符号人工智能以符号规则为导向——哲学家 Haugeland（1985）将这种方法称为 "好的老式人工智能"——GOFAI。基于这个术语，Smith

(2019) 对第一波（GOFAI）和第二波（连接主义，神经网络）人工智能进行了深思熟虑后的区分。与逻辑符号的立场格格不入，而且几乎与之矛盾，当前的第二波浪潮是由统计方法推动的。现在，有关规则的知识并不重要。相反，这些知识的差距，即使是巨大的缺口，也可以通过对大量数据集的统计分析来弥补。简而言之，可以将第二波人工智能浪潮与数据转向联系起来。

最近，大型语言模型（LLMs）在翻译文本方面表现出了人工智能和语言专家都没有预料到的熟练程度。此外，大型语言模型如 ChatGPT（由美国公司 OpenAI 提供）或其他人工智能软件愈加被关注，因为许多人发现了其优秀的使用效果，此外，所有互联网用户都可以轻松使用这些模型的接口（这并不意味着它们是免费的）。

以上所有示例都有一个共同点，即规则（用于分类、用于语言）不是显性的，而是隐式定义的。使鸟看起来像黑鸟的是用 Blackbird 标记的图像的共同点——与标记不同的图像（非 Blackbird）的"共同点"形成鲜明对比。这同样适用于语言。语法规则基本上被跳过了。相反，机器生成的句子与数据库中的句子相似（当然，相似性的概念远非微不足道）。人工翻译的处理方式会非常不同，或者更准确地说，描述他或她的工作会非常不同：翻译单词、了解语法、考虑措辞等。机器学习方法只是假设现有的翻译以某种方式包含所有这些知识。

简而言之，机器学习使大型数据集的统计评估成为可能，如果有足够的数据，机器学习会得出令人惊讶的好结果，最近使用大型语言模型 ChatGPT 的经验也证明了这一点。

第二节　体育领域的智能体育与运动健康

人工智能的普遍性（与深度神经网络一起工作）源于这些网络的灵活性。从数学上讲，这些网络的学习意味着调整与输入—输出行为匹配的函数。使用昂贵的计算设备（例如使用大型语言模型），实际上需要调整数十亿个参数。为了以有意义的方式做到这一点，需要大量的数据，如 ImageNet 上的 1400 万张手动注释图像，或者 OpenAI 编译的大量文本库（以完全非开放的方式）。因此，人工智能中的数据转向虽然揭示了数据中包含的隐性信息非常丰富，但数据也带来了新的瓶颈。问题是，哪些字段有足够的可用数据？没有关于需要多少的正式规定。目前，乐观主义盛行，谈论"令人兴奋的可能性"已成为许多出版物的话题（Torgler，2020）。然而，区分预期成果和实际成果并不简单。例如，Perl 指出，在实际实践中，有许多的数据几乎从未获得过（Perl，2009）。在某种程度上，数据是关键（除了复杂的理论），并且可以通过软件包访问分析工具，因此人工智能运动对科学和商业都很有吸引力。运动科学就是一个很好的例子。例如，Dindorf 等（2023）警告说，科学研究应该加快速度，不要落后于商业应用。人们普遍认为，体育科学中的人工智能至少与（科学）建模一样受商业应用驱动。Chmait 和 Westerbeek（2021）等将点球成金作为人工智能在体育科学中的起点，因为它为如何创建数据和（商业上）使用它们提供了一个引人注目且有影响力的例子。本节的后续内容将分为 3 个部分。第一部分将人工智能置于数字化的背景和更广泛的数学化历史中。它从伽利略著名的自然之书结论开始，表明机器学习的数学化发生了深刻的转变。第二部分探讨了关于仿真模型的相关研究。第三部分侧重于认识论，认为认识的不透明性是数字化的重要组成部分，尤其是人工智能的重要组成部分。

一、数学化—数字化—人工智能

首先是关于术语的部分。由于不同传统的重叠，术语变得复杂。人工智能正在处理由人类完成则被视为基于智能的任务，例如下棋、寻找回家的路线、识别面孔或写论文。正如引言中提到的，人工智能从操纵逻辑规则开始。人工智能最近的成功大体上来自深度学习，即多层人工神经网络（ANN）的使用。同时，机器学习是一个标签，通常不仅包括这些方法，还包括随机森林等。因此，人工智能和机器学习有时都声称拥有深度神经网络的所有权。在后文中，我们忽略了这些复杂性，并假设人工智能是指一组通常涉及使用多层人工神经网络的方法。

这些可以表现出极其通用的输入—输出行为，具体取决于其参数的设置。从数学上讲，这种网络在非常多的可调参数的帮助下近似于一个未知的功能——图像分类，它是从图像集到一组标签的映射。例如，使用数十亿个此类参数。这类参数可以不断"学习"，因为参数调整是一个由一组训练数据指导的过程。近似机制迭代，找到与这些数据不断匹配的参数设置，从这个意义上说，模型是不断从数据中学习的。

一个最重要的观察结果是，人工智能不仅能帮助解决问题，还影响问题的制定方式。简单地部署计算机来解决现有问题是失败的，因为它通常不是计算机解决问题的正确形式。因此，使用人工智能的意图会影响研究人员如何感知和制定问题。研究人员的目标是以一种使其适合人工智能的方式提出问题。

这一点并非人工智能所特有，而是适用于一般的计算机方法。事实上，它适用于从计算机推广到各种仪器。它一直是科学活动的一部分，或者更确切地说，甚至更普遍地说，是人类行为方式的一部分。这些工具塑造了他们看待世界和识别可解决问题的方式。一句谚语抓住了重点："如果你唯一的工具是一把锤子，那么你很容易把所有东西都当作钉子来对待。维基百科上的"乐器法则"条目简要介绍了这句话的可能起源。计算机以及最近的深度学习是科学仪器，它以特别强大的方式发挥着这种影响。

如果一个人能从用来研究这些对象的仪器中辨别出填充这些对象的物体，那么人工智能的情况（至少）包括两层。计算机是了解数学或形式结构行为的工具，但与此同时，人们可以将数学结构视为了解世界上物体行为的工具，因此有两层或两个嵌入——人工智能是数字化的一部分，数字化是数学化的一部分。

推理数学化的一个最著名的起点是伽利略的结论，即自然之书是用数学符号写成的。从 17 世纪开始，现代科学出现了一场向数学化迈进的有力运动，即以数学方式构想自然（Mahoney，1998）。伽利略的观点建立在形而上学的假设之上，即世界就是它所说的，人们可以借助数学方法（也许没有其他方式）找出一些事实。重要的是，世界就像一本书，关于大自然的一切都写在那里。这意味着，科学家们是在破译这本书，而不是在写它。既然数学知识是最确定的知识，数学化的巨大前景就是确定性和真理的齐头并进。

这个假设从一开始就很大胆，因为它更多地基于哲学信仰而不是实际应用。数学方法需要一个正式的框架，通常涉及高度理想化的建模假设，而在实际应用中，许多因素会相互影响和交互。诚然，有有效的、理想化的例子，首先是天文学和行星的运动。牛顿的成就可能创造了科学界最伟大的成功故事，当时他展示了力学定律和万有引力定律以及一种新的数学方法（微积分）如何推导出行星的椭圆轨道，与观测数据完全匹配。从那时起，数学化在科学的发展中根深蒂固。直到今天，数学方法仍被视为科学性的关键指标。但自 17 世纪以来，情况发生了很大变化。最明显的一点是计算机重新定义了数学工具的武器库。

二、仿真模型

基本上，我们遵循 Lenhard（2019）的主要论点，即"计算机和仿真建模确实形成了一种新型的数学建模"。仿真建模的 4 个特征共同使其成为一种新颖的类型，即探索性和迭代性建模类型，能够模拟构建特定类别的实验。通常，实验被描述为从大自然中寻求答案。尽管实验提出的问题可能需要广泛的理论设计，就像日内瓦湖下一条装满高科技设备的巨大隧道一样，但仍然有一个重要的意义，即实验不是由理论决定的，即使它们充满了理论。在示例中，CERN 粒子对撞机是否记录了 Higgs 粒子的痕迹？而仿真实验是不同的，因为它们评估了由已经做出的假设（和实现）产生的模型行为。在某种程度上，他们质疑的是模型加计算的部分，而不是自然。尽管它们与普通实验不同，但这些计算机实验仍然值得研究，因为它们通过观察一个设计的开放式结局和过程来寻求问题的答案。例如，运行一个天气模型 10 次，计算凯泽斯劳滕的降雨频率，以这种方式确定所谓的下雨概率。

实验的探索性变体与仿真建模息息相关。此处的重点是构建模型的过程。通常，该模型的动机不仅来自一些理论考虑，还来自它的行为方式。深度学习就是一个很好的例子。人工神经网络由参数调整控制，但这些参数的值通常没有意义。它们的价值不能从理论考虑来确定。它们在探索模型的重复实验过程中进行调整。通过应用迭代实验程序，可以测试、改变和修改难以甚至不可能有调查效果的模型假设。建模和实验可以进行探索性合作，这种合作通常需要人工调试（Lenhard，2019）。深度学习中的参数化就是一个典型的例子，但人工调试对于几乎所有的计算方法都很重要。例如，如果模型是用连续的数学语言表示的，则必须先对其进行离散化，然后计算机才能对其进行评估。离散化有多种方法，都需要进行设计，以便离散模型的动力学与原始连续模型的动力学紧密匹配。在控制离散模型的性能时（即出于工具论者的原因——尽管是不可避免的），人工组件也被包括在内。实验对于适应仿真模型的动力学是必要的，因为如果没有这样的实验循环，就无法判断这些人工调试是否足够。这赋予了仿真建模一个工具性的方面，其模糊了表征关系，从而削弱了解释力（Lenhard，2019）。这表明仿真模型动力学具有高度的适应性。

这种模型的结构核心通常只不过是一个模式，在模拟特定模式和现象之前，它需要并允许进一步的指定（Lenhard，2009）。同样，深度学习就是一个典型的例子。神经网络通常是通用的，它是否可以用于图像分类或语言生成，基本上取决于学习过程中的数据和参数分配，即迭代探索性实验。结构和规格对于确定模型的动态属性都是必需的。

动态事件的过程包含大量的步骤，因此无法从结构中得出总体结果。相反，它来自模型假设和运行时选择的参数分配。此外，动力学的重要属性来自开发模型时所做的规范和调整。这揭示了与传统数学建模概念及其对透明度认识和关注的根本区别（Lenhard，2019）。我们的期望是正式建模可以掌握模型中发生的事情，并且因为模型是关于世界的，所以能了解世界上发生了什么。从本质上讲，这就是阅读自然之书的承诺。对于仿真建模，以及更普遍的基于计算机的建模，模型的基本特征是其灵活性。使用合适的适应机制，可以制作模型来匹配观察到的数据和现象。而恰恰是适应机制创造了不透明性。

这些特性不是相互独立的，而是相互支持和加强的。因此，它们不仅仅是一组特征，而是形成了不同的类型。仿真建模以探索性和迭代性的方式进行，并在此过程中部分使用和部分补偿上述组件（不透明度）。

计算工具和建模的概念是相互影响的。一个方向似乎很明显，数学模型以各种方式支持计算机的设计和开发。但另一个方向也同样重要：通过使用计算机作为工具，数学建模得以作为引导。首先，这种引导代表了一种认识论的转变。传统上，数学建模是由人类受试者主动建模以获得洞察力、控制或其他任何信息来执行的。通道效应的产生是因为增加了一个额外的技术水平：建模必须找到一个平衡，即补偿那些由于使用计算机引起的（额外）转换——也就是说，作为一项规则，通过在模型内的额外结构在一定程度上中和它们。

深入学习中使用的人工神经网络在整个分析过程中用作示例。Lenhard（2019）在同一框架中讨论了更多不同的示例。人工神经网络的典型特征是什么？它们是一种特殊类型的模型，因为它们的构建几乎独立于它们应该捕捉的现象类型。它们具有非常通用的模型结构。一个简单的观察是，这些网络经常被显示出来，但所有图片看起来基本上都是一样的。事实上，该结构并不代表目标现象。因此，可以称人工神经网络为结构欠定。同时，它们包含大量参数，这些参数的调整使整体行为变得通用，所以它可以近似于几乎任意的函数。换句话说，模型行为完全取决于参数的规范。这与传统的模型构建理念形成鲜明对比，在传统的模型构建理念中，结构应该捕捉现象，而参数用于微调。

从形式和抽象的角度来看，迭代是与人工神经网络相关的典型操作。它们的构建通常毫无意义，因为构建中的元素没有根据目标域进行解释，当模型可以通过与自己对弈来一遍又一遍地训练并击败了世界冠军时，参数调整就显得尤为重要。这是迭代发生的，即在每个学习步骤中，每个参数都会进行调整，学习步骤本身也会迭代。从硬件的角度来看，这样的过程需要执行大量的简单迭代。

最后，人工神经网络代表了数学化的转变。现在，数学化不是关于自然之书的，它不是代表世界的工具。相反，数学被用作构建和控制人工神经网络的巨大逼近机的工具。Jost（2017）认为，现在的数学化与工具的数学化有关。这种内向的转变如何导致在图像分类或语言生成等实际任务中取得成功？基本上，这些成功基于一种基本的工具主义方法，即对模式的统计处理——无论这些模式的含义如何。

三、认识论：不透明与理解

黑盒建模仅处理输入—输出行为，而其对应的白盒建模也涉及模型的内部工作原理。显然，黑盒模型无法解释为什么建模系统的行为与它的行为相同。因此，将具有黑框字符的不透明模型替换为白框透明模型是一个广泛共享的目标。一个很好的例子是 Perl（1997），他诊断出建模的目标是越来越复杂的系统，而这种复杂性禁止了使用白盒模型进行的分析。Perl 表示希望人工神经网络等方法可以为理解复杂系统开辟一条新途径（Perl，1997）。

大约 25 年前，人们广泛认为新的计算方法可能会带来理解复杂系统的新方法。然而，人工神经网络的快速发展带来了预测性的成功，这些成功与完全不透明的模型结合在一起。人们仍然可以坚持使这些模型透明到允许解释其预测的程度的目标。这并不令人惊讶，作为对人工神经网络成功的回应，最近有人呼吁开发"可解释的人工智能"。然而，不透明度通常是模型的重要组成部分（Humphreys，2004；Lenhard，2019），尤其是深度学习——如上所述。到目前为止，可解释的人工智能仍然是一个开放的研究领域，其成功（或失败）只能在未来评判。

如果一个人接受不透明是使用人工智能的一个不受欢迎但不可避免的条件，那么人工智能的承诺（以及更普遍的数字化）是什么样的？从历史和哲学的角度来看，预测挑战了寻找解释。自现代以来——或者实际上更久——自从数学在认识论和实践的考虑中发挥作用以来，这种紧张关系就一直伴随着关于解释的讨论。一个基本的观点是，预测能力显示了一些重要的东西。在某种程度上，任何能够给出良好预测的东西都对这个世界，或者对正在调查的那一小部分世界来说是正确的。而这才是预测能力的基础和真正来源。

值得注意的是，新方法似乎把这种情况颠倒过来了：预测发生在一种方法或通用模型的基础上，其表示属性是有问题的，甚至是无法访问的。理解仍然可能吗？理解是认识论中一个核心但有些模糊和多面的概念。几十年前，理解有时被认为是解释的对立面。科学哲学中有大量文献涉及解释，而理解的涵盖要少得多。像 de Regt 等（2009）的书表明了一种变化——理解现在是科学哲学的议程。在某种程度上，仿真模型可以提供特定标准的理解。

科学家可能会进行迭代仿真实验并创建可视化，从而了解输入—输出动态是什么样的。这样，他们就可以在模型中定位自己，即使部分动态对他们来说并不透明。当然，这种对模型的熟悉并不能满足通常对数学模型提出的高认识要求［参见 Russell（1905）的熟人知识概念］。然而，如果目标是对照干预，这个较低的标准仍然足够。换句话说，仿真模型可能在认识上保持不透明，但仍能提供控制动力学的方法。

一个典型的例子是经向翻转环流墨西哥湾流的崩溃可能。研究人员研究了墨西哥湾流在不同条件下（在仿真模型中）的行为，如温度升高。他们的目标是了解它的可靠性，但这里的理解意味着与 Feynman 的情况相反。虽然他们想在不进行计算的情况下了解行为，但要了解墨西哥湾流是基于大量计算的。同样，结构工程也通过计算建模改变了它的面貌。大胆的结构值得钦佩，如果不通过计算机模型计算其结构稳定性，就无法规划。工程师了解这种结构的行为方式，但从非常务实的意义上讲，这并不以认识的透明度为前提。

当然，人们可能会质疑这个实用主义的概念是否应该被称为理解。因此，我们面临两种选择：首先，仿真是否消除了科学和工程实践中的理解；其次，仿真实践是否用较弱的实用概念取代了强烈的理解概念？如果人们接受模拟模型的复杂性使认识的不透明不可避免，这些模型仍然有利于干预和预测，那么问题来了：这种共存会导致出现科学理解的新概念或重新定义吗？为这个问题设计一个答案仍然是科学哲学的一项任务。

因此，论证提出了双重主张。首先，仿真可以促进对模型行为的熟悉和定位，即使模型动力学本身保持（部分）不透明。其次，模拟以一种重要的方式改变了数学建模：基于理论的理解和认识的透明度退居幕后，而一种面向干预和预测而不是理论解释的实用主义理解则脱颖而出。

人工智能为运动的整合提供了巨大的优势，同时也对运动员和教练都构成了显著的挑战（Avici & Bayrakdar，2023）。运动员可以从中受益，技术进步有助于通过运动医学和技术的创新显著提高性能、减少受伤次数并加快恢复时间。此外，教练可以提供更客观和有针对性的反馈，促进运动员的技能发展。然而，对技术的日益依赖会带来潜在的缺点。人工智能的使用可能会损害敏感信息的机密性，引发对数据安全和隐私的担忧。此外，运动员的个人生活和职业生活之间的界限可能会变得模糊。例如，教练可以监控运动员的休息日，并建议他们不要再进行任何休闲活动。重要的是，要明确教练可以在多大程度上干预运动员训练后的生活。如上面的前两个示例所述，人工智能在体育运动中的使用也支持教练策略。他们可以使用高级分析工具，这些工具使他们能够准确分析运动员的表现、识别模式并制定更有效的策略。在训练和比赛期间，基于全面的数据分析和对运动员的实时监控做出明智的决策，可以进一步提高教练的能力。

尽管有这些好处，教练也面临着挑战。为避免对数据的误解，个人熟悉该技术很重要（Düking et al.，2020）。人工智能系统的技术故障可能会中断培训课程或比赛，从而对性能产生负面影响。财务限制也可能是一个障碍，因为获得尖端技术对某些团队或教练来说可能是一个重大的财务负担，导致不同级别的比赛技术支持存在差异。此外，球员数据的收集和分析需要道德准则来解决隐私问题，保护运动员的训练数据安全。

第三节   医疗领域的智能化变革

一、智能医疗技术的核心组件

如果研究人员想要使用模拟或其他计算方法，尤其是机器学习，他们必须拥有可用的适当基础设施。每个人都会立即想到计算机终端，这是正确的。然而，在这种情况下，基础设施要全面得多。作为一个概念，基础设施非常有趣，因为它能捕捉或允许捕捉现代社会的技术和监管是如何相互关联的（Edwards，2002）。就昂贵的技术而言，让它可用是要求很高的，实际上使用它也是要求很高的。

数据是这些基础设施的第一个要素。当人工神经网络在统计上识别相关性时，它们的优势就会显现出来。其成功有双重根源。首先，人工神经网络可以处理不久前被认为不可行的数据量。这种数据消化能力依赖于硬件的综合成就，例如图形处理单元和软件的使用。其次，人工神经网络对微妙的相关性痕迹的敏感性只有在确实有很多可用数据时才有用。否则，所有参数和优化程序都将保持空闲状态，或者更糟糕的是，导致虚假信号。这使人工神经网络需要大量数据。因此，研究人员有强烈的动力来制定有关海量数据可用或可以生成的领域的问题。在一次恰当的分析中，Perl（2009）指出，运动科学中的人工神经网络方法存在这样一个事实，即它们需要的数据比可用的数据多。

第二个要素是整个研究工作流程的网络化特征。来自网络的综合图像清单等数据通常不会存储在本地。有人可能会争辩说，谷歌或其他公司建立了巨大的计算中心，复制和存储整个互联网。但这只会加强这种情况，因为普通研究人员必须连接到这些数据存储。此外，部分实际计算也经常被外包。在学习和调整参数时，研究人员通常使用在谷歌维护的平台上运行的 TensorFlow（Abadi et al.，2015）等软件套件。因此，新的网络化和集中式基础设施采用了探索性迭代的建模模式（在迭代学习步骤中指定参数）。尽管它是集中式的，但它很容易获得（或者某些公司认为提供这些部分符合其利益）。此外，探索部分是自动化的，它几乎完全独立于建模器调整参数。

软件应与作为基础设施的第三个要素的计算区分开来。传统上，创建能够充分操作研究问题的软件是科学专业知识的关键组成部分。在 20 世纪 80 年代和 20 世纪 90 年代，座右铭是计算专业知识应该成为特定领域的一部分，例如体育科学，因为软件开发人员和用户之间的划分将不再有效（Lames et al.，1997），从某种意义上说，这个座右铭已经实现。今天，每个人都在与计算机打交道。然而，从重要的意义上说，发生了截然不同的事情。软件包的出现使许多用户无须成为实际开发软件的专家即可轻松或至少可行地进行计算科学。这种分工相当于专业知识的社会组织方式的根本转变。例如，Johnson 和 Lenhard（2024）描述了此类软件专家而不是量子化学理论专家的研究人员如何采用量子化学模拟。软件及其使用的组织方式是历史、社会学和科学哲学共同的新研究主题，如 Haigh（2013）、Hocquet 和 Wieber（2021）、Johnson 和 Lenhard（2024）。在人工智能中，社会组织的一个非常明显的特征是，设置了大量竞赛，以最佳程度或最低的失败率完成给定的预测任务（如在 Kaggle 平台上）。此类比赛吸引了各种团体的关注，并建立了一个独立于学术界的舞台（尽管典型的参与者与大学有过接触）。当数据和软件在互联网上提供时，参与者可以独立于大学或其他学术机构提供的资源来行事。这些比赛充当了大公司招募科学家和程序员的市场。重要的是，该方法与基础设施一起在政策和监管方面创造了新的局面。预测的质量取决于数据的质量。因为数据的质量仍然定义不明确，所以主要参与者将数据量作为代理。今天，特斯拉在开发自动驾驶汽车时收集的数据被视为商业宝藏。虽然收集的数据是专有的，但政府干预（例如，监管汽车何时必须刹车）取决于对这些数据的访问。因此，就监管措施而言，实践正在走向冲突。

如果一个领域进入人工智能，可能会产生什么影响？总体而言，数字化带来了新的研究工具。广泛的分布和采用取决于一个全面的基础设施，该基础设施使非专家也可以使用软件，并将新的研究引导到适合这些新工具的领域和问题上。具体来说，由于数据是一个潜在的瓶颈，研究人员需要发挥创造力来解决他们有可用或能够产生足够数量数据的问题。从哲学上讲，模拟和人工智能方法具有认识的不透明性。它们会产生预测，但在解释方面往往没有希望。

二、健康监测与远程医疗的智能化趋势

运动员跟踪和监控是人工智能擅长的领域。配备人工智能算法的可穿戴设备能够监测生物识别数据，包括心率、睡眠模式和肌肉疲劳，为教练和运动员提供有价值的建议，以优化表现和恢复。

伤害预防是人工智能在体育运动中的重要应用之一。在使用监督式机器学习预测运动损伤的背景下，可穿戴设备可用于收集运动员在训练和比赛期间的运动数据。此外，通过分析运动模式和生物力学数据，人工智能模型可以识别可能导致过度训练和受伤的区域。跟踪器收集各种数据，如行驶距离、配速、最大速度、冲刺

次数、冲刺距离、强度、红区时间、加速度和总压力负荷。这些数据与物理治疗师和俱乐部医生收集的历史医疗数据一起，然后与发生伤害的实例一起进行标记。可以在此数据集上训练监督学习算法（例如决策树或神经网络），以识别通常在受伤之前出现的情况。Zadeh 等（2021）研究了可穿戴技术在体育中的应用。经过训练后，该模型可以根据运动员的当前数据预测受伤的可能性。例如，如果已知特定的运动模式或负荷与膝关节受伤的风险高相关，该模型可以提醒教练和医务人员注意高风险情况，从而采取预防措施，例如修改训练强度或提供有针对性的干预措施。

Bowen 等（2016）的研究调查了精英青年足球运动员的体力负荷与受伤风险之间的相关性。研究表明，受伤风险的增加与更高的工作量有关。这表明工作负载可以用作人工智能模型中用于伤害预测的指标。Hullin 等（2016）进行了另一项研究，评估了橄榄球联盟球员的急性慢性工作量比（ACWR）。急性慢性工作量比是运动科学和运动训练中使用的一个指标，用于评估短期（急性）和长期（慢性）工作负载之间的平衡。它将最近的训练负荷（急性工作量）与较长时间内的平均训练负荷（慢性工作量）进行比较。研究发现，较高的急性慢性工作量比会增加受伤的风险。这以及其他相关变量在使用机器学习进行伤害预测方面具有潜在重要性。

随着可访问性和准确的可穿戴测量的兴起，健身应用程序现在正在使用人工智能在个人运动中生成个性化的训练建议和适应性计划。这些计划基于心率、训练指标、睡眠模式和运动水平等数据。通过数据分析，人工智能可以识别模式和趋势，以根据运动员的目标创建自定义训练计划（Fister & Fister，2019）。例如，如果运动员在一次训练中训练强度过大，人工智能将自动调整第二天的训练计划。例如，Enduco 是一家利用运动员的训练数据（如急性压力和恢复数据）通过基于人工智能的算法推荐提高其表现或实现特定目标的最佳行动方案的公司。Enduco 分析了用户数据，以对运动员的训练需求和表现发展做出假设。它使用优化的启发式算法，根据专业知识和当前研究定义有效训练计划。启发式算法解决了时间限制、信息可用性和处理能力带来的挑战。正如 Kahneman（2011）所描述的那样，启发式算法的本质在于它们作为自适应机制的作用，能够实现快速和资源高效的决策。例如，Enduco 中的启发式算法根据强度分布、工作量和当前疲劳度等许多特征分析最适合单个运动员的计划。

有效的马拉松训练计划应考虑不同的强度，并在训练之间留出足够的恢复时间。例如，避免连续两天以上的高强度训练可能很重要，以防止过度训练和受伤。启发式算法可能建议进行各种强度的练习，以提高最大摄氧量或在需氧—厌氧阈值之前达到具体的代谢率。除了这些例子，还可以通过许多规则来补充它。启发式算法可以带来快速、可接受的解决方案，但不一定旨在保证最佳结果。启发式算法通常是基于经验的次优快速方法。Enduco 还使用了优化算法，如遗传算法。遗传算法是一种受生物进化启发的方法。这种方法经过几次迭代或世代，能选择最佳的训练计划来影响下一代（Ariyaratne & Silva，2022）。

根据 Ariyaratne 和 Silva（2022）遗传算法从随机生成的给定问题的可能解决方案开始。每个解决方案都被视为一个单独的解决方案，并由一组参数表示。为了评估解决方案的质量，使用了适应度函数来指示每个人解决问题的程度。如果初始结果不令人满意，则根据健康状况进行选择，健康状况较高的人被选中的机会更大。然后将这些选定的个体杂交以产生下一代。通过这个过程，下一代从他们的父母那里继承了这些特征。偶尔，也可能发生随机变化（突变）以保持种群中的一些遗传多样性。

随着时间的推移，种群数量会随着进化机制倾向于更好的解决方案而提高。Enduco 训练计划还使用了健身函数进行评估，该函数考虑了启发式算法的合规性，如马拉松目标时间的近似值。该算法收敛到一个训练计划，该计划有效地实现了启发式算法并最大限度地提高了马拉松的目标时间。优化能力是人工智能的一个重要特征。

可穿戴设备和其他设备的不断改进正在使人工智能在体育中的使用变得大众化。人们使用人工智能的意愿增加，因为改进的可穿戴设备收集的精确数据可以优化个人表现并更好地了解身体活动。总体而言，人工智能在运动中的应用正在成为一种被广泛使用的综合工具，可以提高运动表现和幸福感（李和徐，2021）。

人工智能在耐力运动中的使用变得越来越普遍，尤其是在高性能运动中。需要以差异化的方式考虑体育中的人工智能主题。人工智能的使用方式因运动是竞技运动还是业余运动而异。

在高性能运动中，人工智能的熟练程度在于其对数据的精确分析、提供个性化建议以及模拟真实的训练场景。这种独特的技能组合使运动员和教练能够优化他们的训练程序，从而提高整体表现。虽然人工智能提供了宝贵的见解，但必须强调的是，它不应完全取代人类判断。运动员和教练必须坚持他们的批判性思维，并保留对决策的责任，利用人工智能作为支持工具。例如，RaceFit 工具只有在团队规模超过 5 人时才能提供良好的估计值。正如 Hammes 等（2022）所指出的那样，人工智能有效地整合到体育科学中可能需要专业知识、大量财政投资、专业基础设施以及能够准确解释结果的个人。这可能会为拥有更多资源的运动员和团队创造显著优势。在业余运动领域，人们预计人工智能将自主运行，承担教练本身的角色。此外，正如 Wei 等（2021）所强调的那样，将人工智能纳入运动训练引入了新的创新方法。例如，人工智能健身应用程序使用可穿戴设备来评估运动员的当前身体状态。通过将这些信息与运动员的目标相结合，人工智能会仔细分析个人表现数据，以创建量身定制的训练计划。这种个性化方法对于帮助运动员提高其表现的特定方面很有价值。正如 Zago 等（2021）恰当地指出的那样："迄今为止，人工智能不仅仅是提供研究人类运动的新工具。相反，由于人工智能，我们研究人类运动的方式正在不断发展。"体育领域的人工智能使教练能够根据来自许多不同运动员的数据做出更好的战略决策。通过不断改进数据收集，还可以为运动员提供解决方案，使个人能够提高与目标相关的表现。

三、人工智能在运动的医疗和健康方面的应用

（一）传感器、物联网和人工智能用于诊断和预防老年人跌倒和跌倒相关伤害——与运动相关的视角

跌倒的发生是多因素的，是不同因素的综合结果。大约有 400 种不同的因素被确定为导致老年人口下降的原因（Skelton & Dinan，1999）。这些可以分为与行为、健康和环境相关的因素。有大量证据表明，身体活动或锻炼可能会对大量与健康相关的跌倒风险产生积极影响。跌倒风险因素的数量和复杂性需要全面的评估，而目前的常规工具（包括观察、简单测试、问卷、访谈及其手动获取和解释）几乎无法管理。互联智能设备、应用程序、监控技术和无线通信人工智能方法可能是一种可靠的解决方案，不仅可以检测跌倒，还可以识别可以通过个性化智能体技术和人工智能辅助锻炼计划在不同环境中解决的个体风险因素。然而，在研究个体风险因素之前，我们将简要讨论新技术检测跌倒的领域。作为在老年人跌倒检测领域使用智能体技术、物联网和人工智能的日益增长的相关性和更多证据的蓝图。

1. 通过智能体技术和人工智能检测跌倒

跌倒检测系统（FDS）可能是目前在与无线技术、智能体技术和人工智能技术相关的跌倒研究领域中最受关注和最先进的技术（Gharghan & Hashim，2024）之一。跌倒检测系统的高相关性是基于50%~80%的跌倒者在跌倒后无法独立站起来的发现（Fleming & Brayne，2008；Tinetti et al.，1993）。在没有外部帮助的情况下，较长的俯卧时间会带来严重的后果，例如脱水、受伤、住院，随后转为长期护理，甚至死亡（Fleming & Brayne，2008；Tinetti et al.，1993）。重要的是，大约80%的跌倒者不能或不会激活个人反应警报来寻求帮助（Fleming & Brayne，2008）。跌倒检测系统组件包括传感器模块、数据采集方法、数据处理和特征提取（即将信息简化为几个核心信息和结果）、跌倒检测本身，以及从家庭成员、护理人员或紧急服务中获得帮助的警报系统。然而，还没有标准的跌倒检测解决方案（Vasoya et al.，2023），但是有各种各样的可穿戴单个或多个传感器（如加速度计、陀螺仪、压力、接触、心率、GPS/位置、摄像头）或环境传感器（例如动态/深度摄像头、压力、麦克风、超声波、红外、雷达）（Gharghan & Hasim，2024）。基于人工智能的机器学习或深度学习技术的实施在数据处理和特征提取的步骤中尤为重要。在过去的几年里，一些研究已经证实了不同的机器学习，特别是深度学习技术（Gharghan & Hasim，2024）对于检测老年人跌倒的高性能。具体来说，人工智能驱动的跌倒检测系统已显示出高达98%的灵敏度和高达99%的特异性，表明了它们在识别跌倒方面的准确性（Alharbi et al.，2023）。虽然人工智能技术指标用于检测跌倒的高准确性、特异性、灵敏度和精密度是无可争议的，但很少有系统在实际条件下进行测试。尽管跌倒检测系统侧重于二分结果（即"跌倒与否"），但传感器技术、物联网和人工智能的许多特征可能可以转移到更具挑战性的个体风险因素识别中，这些风险因素可以通过锻炼计划来解决。

2. 识别和考虑可能因锻炼计划改变的跌倒和与跌倒相关伤害的危险因素

（1）传感器技术。

有大量简单和低技术含量的工具和测试可用于评估与健康和身体健康相关的跌倒风险因素（Scott et al.，2007）。不幸的是，由于缺乏时间、人力资源有限或在（现场）测试条件下缺乏准确性，这些测试通常不应用于临床实践或正在进行的运动干预中。另外，一个很好的例子可能是自主步态速度变化较大的老年人的习惯性步态速度测试。使用智能体技术不仅可以节省时间和人力资源，从而提供更密集的跌倒风险因素监测，还可以进行更离散的数据采样，在某些情况下，在很大程度上独立于参与者的自愿依从性。可穿戴设备能够在用户的日常活动中捕获数据，如步态特征，而不会遇到采样问题。

回顾文献，几种新的传感技术已被用于评估老年人的跌倒风险（Sun & Sosnoff，2018）。用于跌倒检测的传感器技术可分为可穿戴传感器和环境传感器。环境传感器技术主要基于深度相机、压力传感器和运动传感器。更灵活且不那么复杂的基于可穿戴传感器的技术用于老年人的跌倒风险评估，包括惯性传感器、智能手机、深度相机、压力传感器，可以有效地捕获和分析运动数据，并提供易于实施的客观跌倒风险评估（Sun & Sosnoff，2018）。下面简单介绍一下这些工具。

惯性传感器作为迄今为止在跌倒风险评估中主要使用的传感器类型（Sun &Sosnoff，2018），依赖于加速度计和陀螺仪，主要关注步态特性。压力传感平台可以对姿势稳定性和步态特性进行采样。深度相机提供快速且无标记的 3D 运动跟踪。例如，使用红外/被动红外、超声波、激光或雷达的运动环境传感器通常跟踪不同身体部分的运动特征，以量化运动模式。目前，带有惯性传感器和深度相机的移动智能手机主要关注步态和姿势稳定性特性，尽管也可以使用已经集成到传统智能手机中的技术来解决其他生物特征参数来确定功率、耐力、抗疲劳性等。物联网系统中连接的可穿戴和环境传感器应用于智能家居的方法侧重于对虚弱老年人的日常生活活动和人类活动识别，进行基于行为的综合分析。

（2）用于跌倒风险功能测试的传感器。

传感器越来越多地用于提高已建立的功能测试的有效性和可靠性，并得出用于区分跌倒风险因素的新参数。例如，最近一项关于中风幸存者跌倒风险评估的研究（Abdollahi et al.，2024）确定了 4 种常见功能测试的预测准确性，这些测试由使用惯性传感器运动数据的机器学习模型支持。具体来说，在有和没有认知负荷的情况下（从 200 秒开始倒计时）应用了睁眼/闭眼、定时起跑（TUG）、10 米习惯性步态速度的 30 秒平衡测试和坐立切换测试，同时使用了 8 个集成了 3D 加速度计、3D 陀螺仪和 3D 磁力计的运动传感器，共提取了 92 个时空参数。数据以无线方式传输到定制的 MATLAB 软件，以进行数据处理和特征提取。应用 3 种已知在运动测试期间表现出高性能的机器学习技术（即支持向量机、逻辑回归、随机森林）

（Halilaj et al.，2018），该研究揭示了在双任务平衡和定时起跑期间对采样数据应用随机森林模型时，跌倒鉴别的预测精度最高（91%）。此外，与多传感器方法相比，放置在胸部的单个运动传感器在定时起跑和坐立切换测试期间显示出类似的高精度。Lin 等（Lin & Wai，2021）使用定时起跑测试和握力，即根据亚洲肌肉减少症工作组（Chen et al.，2014）的当前肌肉减少症标准来确定社区居住的老年人跌倒风险。步态和平衡的手势检测是通过人工智能使用可穿戴传感器、多普勒技术、2D/3D 摄像头和地板传感器进行的。在 3 个月内对干预计划进行适应性修改使步态速度显著增加（31%）。

（3）基于人工智能的跌倒风险确定方法。

在过去几年中，已经进行了几种基于人工智能的方法来预防老年人跌倒和预测跌倒风险（Mohan et al.，2024）。尽管人工智能和机器学习技术也被应用于确定跌倒的风险，例如基于情绪的风险因素，即抑郁、应对策略、焦虑（Mohan et al.，2024），但大多数跌倒预防和预测方法都侧重于姿势或步态特征。事实上，由于它们的复杂性，人类姿势和步态研究尤其受到人工智能或更准确地说是机器学习或深度学习技术的影响（Mohan et al.，2024）。Liang 等（2024）旨在使用机器学习和可解释人工智能（XAI）方法对老年人的跌倒风险进行分类，他们依赖于不同站姿条件下基于跟踪器的姿势图和身体摆动参数。然而，虽然该模型显示与定时起跑测试高度一致，但区分有跌倒史和无跌倒史的人的能力并不令人满意。基于这一结果，站姿条件比具有众多内在和外在风险因素的、更复杂的跌倒更能反映活动平衡，作者得出结论，应该添加更全面的个人跌倒风险信息，以提高基于人工智能的跌倒风险评估的准确性。在此背景下，LINDERA 移动性分析应用了基于人工智能的算法（Stamm & Heimann-Steinert，2020），该算法基于个人步态的视频分析以及标准化的问卷来确定跌倒风险，评分从 0 到 100 分。Rabe 等（2020）使用来自 242 名平均 85 岁的老年人的数据，报告了区分跌倒者和非跌倒者的高度判别能力，无论使用何种学习模型（例如，高斯朴素贝叶斯模式、支持向量分类或 RF 模型）。另一项研究（Strutz et al.，2022）将 LINDERA 概念与老年人的参考标准测试（即定时起跑测试、Berg 平衡量表、Tinetti 测试）报告了中高相关性 $r = 0.46 \sim 0.59$，一致性范围狭窄。与其他跌倒风险应用程序相比，LINDERA 被视为一种医疗设备，从而促进了其在医疗保健环境中的应用。

总之，基于人工智能的跌倒预防技术是目前可用的最先进的跌倒预防技术之一。但是，尽管目前技术确定个人跌倒风险的预测能力令人满意，但它目前无法识别与姿势稳定性相关的专门风险因素。然而，这对于定义通过专门的锻炼计划来实现的具体训练目标非常重要。尽管如此，基于人工智能的省时、廉价和节省资源的技术的应用能够对跌倒风险的变化进行密集监测，从而允许医疗保健或锻炼专业人士或用户自己验证锻炼计划对个人跌倒风险的影响。

3. 电子干预对跌倒和跌倒危险因素的有效性

许多预防跌倒的电子干预措施包括带有环境传感器的手机、平板电脑或计算机的物联网技术。这些电子干预大致可分为 6 类：远程医疗、运动游戏（即游戏化锻炼）、认知训练、（非常规）平衡训练、智能家居系统和社交锻炼。与本主题高度相关的运动游戏通常使用运动感应技术，能同时解决物理的平衡和认知方面的问题。由于执行、注意力和运动方面的平衡相互作用复杂，以及由于其娱乐性和吸引人的特点而增加的依从性，运动游戏被认为提供了高的减少跌倒的潜力（Van Het Reve & de Bruin，2014）。运动游戏与远程医疗相结合是预防跌倒环境中的常见组合。最近的一项系统评价和分析（Leal et al. 2023）称，与没有干预的常规运动训练的对照组相比，老年人（社区住宅或疗养院居民）的跌倒风险有显著增加。认知训练主要在身体不活跃的情况下应用，侧重于执行功能（Smith Ray et al.，2014），并且经常与传统锻炼相结合。有一些证据表明认知训练有减少跌倒的作用（Blackwood et al.，2016）。此外，电子干预可以在家中安全地提供，并且只需很少的监督。然而，虽然单独的认知训练不会影响跌倒或与跌倒相关的功能参数（Smith Ray et al.，2015），但结合运动和认知训练确实改善了与跌倒相关的特定因素，例如步态速度、认知功能和平衡——至少在轻度认知障碍患者中是这样（Lipardo et al.，2017）。社交训练包括在虚拟健身房中应用的锻炼计划，这些锻炼计划专门针对参与者的需求和能力量身定制，例如基于平板电脑的平衡、力量或具有激励性和反馈系统的力量训练。参与者以小组形式在线锻炼，或者能够与目前正在锻炼的其他人建立联系。其中，Harrison 等（2024）提供了虚拟课程（芭蕾舞或健康）对老年女性跌倒相关风险因素（如步态、平衡、生活质量等）的有利影响的证据。Zhao 等（2023）讨论了为期 12 个月的虚拟现实训练对住院老年人预防跌倒和骨密度的影响，与每周进行 3 次 50 分钟低强度阻力型锻炼的对照组相比，报告了电子干预对平衡、定时起跑表现、功能性步态评估以及腰椎和股骨颈有显著影响。最近一项关于虚拟现实的范围界定审查实际上得出结论，虚拟现实，无论是沉浸式还是非沉浸式，都是促进老年人体育锻炼的宝贵工具，有助于防止老年人反复意外跌倒（Ortiz-Mallasén et al.，2024）。最后，使用惯性传感器的非传统平衡训练侧重于通过提供反馈纠正姿势来控制平衡。然而，随机对照试验很少涉及非常规平衡训练的效果（Chan et al.，2021）。Hagedorn 和 Holm（2010）比较了为期 12 周的多用途运动训练及传统平衡训练及计算机反馈平衡训练的效果，未能确定计算机反馈设置对虚弱老年人跌倒相关结果的影响显著优越。尽管效果范围相似，但计算机反馈平衡训练确实为广泛的无监督家庭训练计划提供了新的视角。

总之，有相当多的证据表明，电子干预对跌倒和跌倒相关能力的有利影响大致在常规监督运动的范围内。但是，与后一种干预不同的是，电子干预可以很容易地作为家庭培训进行。考虑到许多老年人不能或不愿意参与受监督的体育训练（Cohen-Mansfield et al.，2003；Franco et al.，2015），基于家庭的电子干预，无论是否有监督，对于这些人来说可能是一个可行的选择。此外，教练、人员和地点的零费用或至少较低的费用，以及在流行病条件下对特别老年人的潜在封锁或隔离，都强调了家庭锻炼计划日益增长的相关性，不仅在老年人的跌倒预防概念中。

4. 人工智能在运动训练中的高级应用——预防跌倒

（1）跌倒风险的预测和训练目标的分类。

准确评估个人的跌倒风险对于风险分类至关重要。例如，目前关于"运动和骨折预防"的 S3 指南提出了一种风险因素分类，包括骨骼强度和跌倒风险，作为个体化分配主要和次要训练目标的起点（Mohebbi et al.，2023）。训练干预的重点现在正在从以骨骼（力量）为导向的运动策略转变为预防跌倒倾向较高的人的跌倒。然而，目前的指南仍不清楚何时应在干预中，实施专门的跌倒预防计划（Mohebbi et al.，2023）。考虑到当前技术确定个人跌倒风险的预测能力，应该可以进行更个性化的运动训练，至少在优先训练目标方面。例如，前面提到的 LINDERA 应用程序，它以 0 到 100 分的分数对跌倒风险进行排名，可能有助于将人员分配到专门的核心训练目标中。由于 LINDERA 应用程序是医疗专业人员（包括全科医生和专业医生）越来越多地使用的医疗设备，因此德国医疗系统支持将摔倒风险增加的患者分配到专门的锻炼项目（Beck & Sahar，2020）。

（2）识别跌倒危险因素并具体强调培训内容。

将非运动特异性的可改变风险因素（如家庭环境、鞋类）添加到可以通过体育锻炼训练解决的可改变跌倒风险因素的数量中，将导致跌倒风险因素的数量几乎无法控制。在这种情况下，在密切监控的环境中应用传感器、物联网和人工智能，例如智能家居，可以有助于识别和减少一般的跌倒风险因素（Mohan et al.，2024）。然而，目前可用的基于传感器的人工智能预防跌倒解决方案并没有提供允许通过适当的运动干预来专门解决列出的专用风险因素的信息。事实上，大多数基于人工智能的方法都专注于单个或几个类别的风险因素领域，主要是姿势或步态特征，以确定或分类跌倒风险。然而，没有关于固有特定风险因素相关性的信息（例如选择反应时间缩短、步态速度降低）。

鉴于这些风险因素的训练特异性目标差异很大，更详细、可解释的结果将有助于设计更有针对性的运动训练包。同时，如前所述，大多数基于人工智能的方法都侧重于姿势和步态特征，充其量包括有关一般风险因素的信息。在这种情况下，更全面地纳入其他可通过锻炼计划显著改变的风险因素领域将有助于训练内容的分层。除了高度可改变和有效量化的神经运动风险因素领域外，分析中还应包括涉及感觉、认知、心理和心血管/心脏代谢风险因素的其他领域，以便生成一个涵盖多个风险因素的综合培训计划，尽管是以优先方式。特别是，可穿戴传感器和智能手机解决方案可以轻松进行心血管/心脏代谢风险因素分类，并且经常由人工智能解决方案来解决（Maurya et al.，2021）。另外，显示焦虑的相对相关性数据将有助于指导锻炼计划的设置和类型（Schoene et al.，2023）。因此，基于人工智能的风险因素分层提供了最相关的个体跌倒风险因素的可解释层次结构，将有助于更严格、更及时地确定培训内容和方法。

训练计划的一个关键决定是锻炼计划的设置，即通常"基于设施"或"基于家庭"。过去，几项研究强调了通常受监督的基于设施的计划与无监督的家庭锻炼计划相比的优越性（Fisher et al.，2021；Hoffmann et al.，2022）。Kyrdalen等（2014）应用奥塔哥锻炼计划，报告称，与奥塔哥通常的家庭训练环境相比，在监督小组训练后对跌倒相关结果的影响显著更高。有几个方面可能会导致这一结果，但是，在家庭计划中无监督锻炼最显著的局限性可能是经常缺乏进展，尤其是在运动强度方面（Fisher et al.，2021）。但现在，带有反馈系统或简单的远程和在线设置等电子（锻炼）计划确保了对家庭锻炼训练的充分监督。此外，电子干预能够准确监控用户表现，反馈系统也将提高家庭锻炼计划的有效性和安全性。这种增强了家庭训练计划的安全性，至少在连接的可穿戴传感器提供的跌倒风险、适当运动和心血管/心脏代谢副作用方面，可能有助于提高社区对节省资源和流行的家庭训练环境的接受度。在运动强度方面，可穿戴传感器为心血管健康领域的适当运动强度提供指导。同时，"重复储备"概念（Zourdos et al.，2016）与先进的运动传感器相结合，可用于规定和监测力量及力量训练领域的运动强度，例如通过基于速度的阻力运动（Lopez et al.，2023）。另一个与训练方案的有效性密切相关的问题是对预先指定的运动频率的依从性低。传感器中包含的警报系统记录身体活动和锻炼是解决这个问题的可行措施。

展望未来并考虑到该领域的快速发展，未来基于传感器的人工智能预防跌倒技术可能很快能够：①识别和分层与跌倒最相关的风险因素。②为个人用户生成优化的训练策略和详细的锻炼计划。③应用专门的电子程序来监控个人培训课程的有效性和安全性。④一旦达到预定义的阈值，即提供强度地进行，以确保持续的超负荷。⑤在干预过程中正确应用高级训练原则［如可逆性、变化、周期性（Donath & Faude，2020）］，提供关于运动诱导的跌倒风险变化的详细信息。最后，调整训练计划以应对相关风险因素效率不足的情况。然而，家庭培训计划的有效性和安全性方面的进步不一定会取代基于设施的受监督计划。得益于他们提供的培训设备，与国内可用的工具相比，基于设施的培训计划可以更可靠、更安全、更有效地解决许多培训目标。这不仅适用于具有安全定位、可量化强度或负载选择以及易于处理强度进展的阻力装置，而且尤其适用于几乎不可用且高效的（Devasahayam et al.，2023）基于扰动的平衡装置（如扰动跑步机）。应用重复的、外部施加的机械扰动来触发快速反应，以在安全和受控的环境中恢复姿势稳定性（McCrum et al.，2022）。另外，基于传感器的直接反馈系统，以及安装在新一代训练设备中的基于人工智能的算法，将能够以更高的安全性和有效性实现预先指定的训练目标，同时减少干预的人员需求。

（二）人工智能在运动损伤预测中的应用

1. 运动损伤预测背景

众所周知，参加体育运动对身心健康有许多好处，同时为社交互动和积极的社会心理健康发展提供了机会（Eime et al.，2013）。但是，体育参与伴随着职业和业余运动员的重大运动相关伤害负担（Emery et al.，2007；Jacobsson et al.，2012）。尽管如此，评估伤害预防策略有效性的研究相对较少（Conn et al.，2003）。由于报告系统、运动损伤定义以及所涉及的运动和活动范围各不相同，因此很难准确确定全球每年运动损伤的确切数量。据估计，与运动相关的伤害很常见，每年有数百万人受伤，从轻微的扭伤和拉伤到更严重的骨折、脑震荡和其他创伤性伤害。在此背景下，估计每年有 700 万美国人和近 600 万欧洲人因运动相关损伤而接受医疗护理（Conn et al.，2003；Kisser & Bauer，2012）。大约五分之一的学龄儿童至少每周缺课一天，而三分之一的在职成年人每年因运动相关损伤而至少损失一个工作日（Conn et al.，2003；Emery et al.，2006）。

在理解财务压力和分配资源以预防运动损伤方面取得的进展受到限制，部分原因是难以明确定义运动损伤问题的范围、广度和财务影响。澳大利业的一项研究估计，七年内与运动相关的损伤负担约为 2.65 亿澳元（Finch et al.，2015）。在欧洲，考虑到通过参加体育运动产生的储蓄和因受伤而造成的损失，对卫生支出的经济评估表明，40%~50% 的经济优势被与运动相关的损伤所侵蚀（Basbo，2001；Weiß，2000）。这些直接成本的估计中有许多代表了与医疗相关的治疗成本，而忽略了间接成本，其中包括因受伤而导致的直接影响未来收入的损失。因此，运动损伤的经济成本可能被低估，因为间接成本占与损伤相关的总成本的 46%~71%（Lacny et al.，2014）。

运动损伤的影响不仅仅是身体和经济影响。人们普遍认为，运动员的心理健康和福祉存在重大的情感和心理损失。这种代价通常以抑郁、压力、愤怒和自尊心下降的形式表现出来，尤其是在竞技运动员或受重伤的人中（Smith，1996）。因此，随着体育运动和体育活动作为健康生活方式的一部分不断受到推广，与运动相关的伤害正在成为一个重要的公共卫生问题。

在竞技运动中，受伤的不利影响通常更为明显。众所周知，伤病负担会随着比赛水平的增加而增加，这主要是由于更多地接触严格的训练和比赛，身体和心理压力增加。专业的和国家的体育组织有义务确保其运动员的福祉，因此，优先考虑运动员的福利至关重要。减轻伤病负担也成为团队成功的显著优势，这会影响商业收入。

损伤预测应该是损伤预防的关键组成部分，因为损伤预测因子的成功识别构成了有效预防措施的基础。传统上，专注于预防运动损伤的研究是基于"预防顺序"，其中包括伤害审计（监测）以确定问题的程度和性质、识别风险因素以及根据这些发现实施相关预防策略（Van Mechelen et al.，1992）。这种流行病学方法很有用，因为它允许研究人员确定不同运动和人群中受伤的风险（受伤发生率和受伤负担）、患病率和与受伤相关的风险因素，并有助于确定导致受伤发生的模式和趋势。这种方法通常证明，单一风险因素是导致损伤发生的原因。尽管这种方法已经使用传统的统计方法（如 logistic 回归）发现了许多潜在的伤害预测因子。不出所料，这些方法并未始终如一地识别风险因素（Bekker & Clark，2016）。这些不一致凸显了大多数人健康状况固有的复杂性。

从根本上说，运动损伤是一种多方面现象，受各种可改变和不可改变的风险因素的影响，包括生物力学、生理、心理、环境和社会文化方面。要了解受伤风险，我们必须分析体育活动中涉及的力、负荷和运动，以了解它们如何导致组织应力、拉伤和损伤。我们必须考虑压力调节对生理的反应和影响损伤脆弱性的心理因素，还必须包括研究背景并考虑社会价值观、性别角色、教练与运动员的关系、同伴互动和机构实践对运动员行为、冒险和损伤报告的影响。自从首次提出"预防顺序"以来，已经开发了几种模型来概念化围绕运动损伤发生的复杂性以及损伤具有的非线性行为（Bekker & Clark，2016；Bittencourt et al.，2016；Meeuwisse，1994；Meeuwisse et al.，2007）。这些模型表明，运动损伤的多面性和复杂性不仅仅源于孤立的预测因素的线性组合，而是源于通常被称为"决定因素网络"的相互作用（Philippe & Mansi，1998）。这些决定因素可能以非线性方式相互关联，这意味着一些决定因素的微小变化可能会导致重大的、偶尔不可预见的结果。为了全面了解运动损伤的复杂起源，复杂的系统方法至关重要。

2. 用于运动损伤预测的人工智能的现状

如前所述，众所周知，运动损伤本质上是多因素的，很少归因于因果关系中的单一变量；相反，运动损伤是由两者之间的多种相互作用（即训练负荷、强度）和不可改变的决定因素（即年龄、既往受伤史）及其随时间的非线性波动引起的（Bittencourt et al.，2016；Hulme & Finch，2015）。因此，为了准确确定其来源的复杂性，运动损伤预测需要一种复杂的系统方法来更好地了解这些错综复杂的相互作用如何导致损伤。

基于人工智能分析（包括机器学习和模式识别）被引入运动医学研究领域（Ruddy et al.，2018；Van Eetvelde et al.，2021），使其允许对大量数据进行更有力的分析，以制订伤害预测模型（Sigurdson & Chan，2021）。人工智能可以设计为处理不平衡的数据集，这在运动损伤研究中很常见，因为与受伤的运动员相比，通常会有更多的运动员没有受伤（Lopez-Valenciano et al.，2018；Van Eetvelde et al.，2021）。此外，利用人工智能进行运动损伤研究允许将可改变和不可改变的风险因素作为输入特征，并可用于评估它们在预测运动损伤作为二元分类结果（损伤与无损伤）方面的有效性。

需要注意的是，我们不要回到对损伤的过于简单化、简化论的观点，例如由于单一的煽动事件而发生的损伤。与将所有损伤分组在一起相比，以前为有针对性的损伤诊断（例如下肢损伤、踝关节外侧扭伤）生成的模型在多变量建模中可能具有更高的敏感性，从而为损伤发生率产生更可解释和明确的发现（Henriquez et al.，2020）。

因此，基于人工智能的分析，运动损伤的各种预测变量在一系列运动中出现。在澳大利亚足球队中，年龄、身材、体重、比赛位置和既往下肢损伤史等风险因素被确定为腘绳肌拉伤的预测因子，跨算法的相关准确率为 85%（Ruddy et al.，2018），即朴素贝叶斯、逻辑回归、随机森林、支持向量机和神经网络等跨算法模型，它们具有概率分类的品质和在多个预测变量中模拟复杂、非线性的能力（John & Langley，1995；Keerthi et al.，2006；Quinlan，1993）。Rommers（2020）利用随机森林算法的类似方法来识别全国大学体育协会（NCAA）运动员的下肢肌肉骨骼损伤，确定了基于髋关节的力量指标、平衡变量作为未来损伤的指标。此外，采用亚组发现方法，允许从输入特征中分析具有受伤风险共同属性的个体子集（Herrera et al.，2011）。De Leeuw 等（2022）发现精英男子排球中损伤的预测因素是疲劳、过度使用、睡眠、肌肉酸痛和训练用力。在评估精英青年足球中的损伤预测因子时，使用 XGBoost 实现了 85% 的精确率，例如身高和体重，以及力量、柔韧性、速度、敏捷性和耐力特征（Rommers et al.，2020）。因此，模式识别分析显示出最初的潜力，可以提供一种可行的统计方法来预测运动中的损伤，同时能够解释可改变和不可改变的风险因素，运动员训练数据的时间序列性质，同时还考虑了它们的非线性相互作用。

3. 使用人工智能进行运动损伤预测的优势

体育运动中的运动损伤预测，传统上坚持解释性实证主义观点，其中对现象的理解和概括需要使用严格控制的方法测试明确定义的假设（即预测）（Kuhn，2012）。这种方法本质上鼓励了"还原论"的研究方法，其中测试基于理论和数量有限的现象预测因子被认为是优越的。事实上，运动损伤预测研究主要遵循这些原则（Bekker & Clark，2016；Bittencourt et al.，2016）。然而，这种方法会引发"幸存者偏差"的情况，如果因素与损伤的关系已知或可以明确预测，则优先考虑这些因素（Lockwood，2021）。因此，这可能会无法识别可能影响运动损伤的新的、尚未知的因素（Tee et al.，2020）。同样，一旦达到一定数量的预测变量，研究人员就难以完全掌握它们的交互。

鉴于最近呼吁将运动损伤视为一种受许多变量和相互作用影响的复杂现象，因此共同努力拓宽对运动损伤的理解尤为重要（Fonseca et al.，2020；Tee et al.，2020）。迄今为止，解释性实证主义方法为识别体育运动中受伤的可改变和不可改变的风险因素奠定了基础（Bahr，2016；Rossi et al.，2021），但一维方法的典型使用带来了局限性。变量通常在某个时间点被视为静态的、绝对的，随后忽略了运动损伤的复杂潜在模式和运动员状态的时间序列性质（Rossi et al.，2021）。这种对预测因子的"静态"态度，再加上奇异变量与损伤之间线性关系的假设，意味着当前具有高解释力的方法并不总是转化为与损伤风险相关的高预测力（Jauhianen et al.，2021；Shmueli，2010）。

因此，加深对运动损伤预测因子的理解的一种可能方法是人工智能辅助分析。人工智能特别适合解决复杂问题，因为它能够处理大量数据，包括部分自动化以降低时间成本，提供多重交互的非线性评估，并在数据中发现有用的隐藏模式（Pham et al.，2020；Zhuang et al.，2017）。因此，运动损伤研究人员开始利用人工神经网络、支持向量机、梯度提升机和决策树等方法（Bullock et al.，2022）。尽管追求诸如此类的复杂分析程序违背了基本的科学原则（Blumer et al.，1987），损伤风险似乎本质上是高度复杂的（Fonseca et al.，2020；Tee et al.，2020），因此可能受益于人工智能辅助分析。具体来说，基于人工智能的方法可以更好地解释围绕每个案例的高度复杂和非线性的背景，尽管它们似乎与既定的解释惯例相矛盾（Tee et al.，2020）。

4. 训练和测试用于运动损伤预测的人工智能

就像运动员本身一样，人工智能模型需要严格的训练和测试（Kanal & Chandrasekaran，1971）。"训练"需要校准人工智能模型，用于从输入生成输出的底层参数。"测试"需要评估这些模型的有效性，通常使用与训练中使用的数据集不同的数据集。测试和训练的方法有很多，如监督学习、无监督学习和强化学习，然而，它们之间的一个共同点是需要大量的代表性数据来创建提供准确输出的模型（L'heureux et al.，2017）。尽管训练和测试数据的数量和质量只是可能导致模型不良偏差的众多因素之一，但它是关键决定因素之一（Wolff et al.，2019）。如果人工智能模型在训练期间相关数据量不足，则这些模型很可能会包含偏差，从而导致输出不准确。

最近的一项系统评价发现，用于预测运动损伤的基于人工智能的分析中，98%存在或高或不明确的偏倚风险（Bullock et al.，2022）。在某种程度上，这是该领域在测试和训练模型方面面临的额外挑战的产物。围绕运动损伤的环境是动态的，不可互换（Tee et al.，2020）。损伤可能不仅受比赛和训练负荷的影响，也很大程度上取决于运动员周围的环境。历史、政治、社会、经济、科学、文化和组织等因素都会影响运动损伤的可能性和预防措施的有效性。例如，出于地理和经济需要而在硬化地上比赛会增加运动损伤的可能性（Chalmers et al.，2012）。与此相关的是，围绕运动损伤的环境是动态的，而不是静态的。例如，在1998年至2010年期间，橄榄球联盟前锋的体重增加了22%，身高增加了8%，强壮了18%（Lombard et al.，2015）。同样，教练和幕后工作人员的变化可能会对运动员的恢复方案产生从一年到下一年的深刻变化（Galdino et al.，2023）。围绕运动损伤的复杂和动态因素的结果是，单个研究团队很难收集足够的预测因子和足够的数据量来以最佳方式训练和测试人工智能模型。

鉴于尝试将人工智能方法应用于运动损伤时面临的挑战，以前的研究因其普遍性和应用于应用环境而受到批评也就不足为奇了（Bullock et al.，2022）。具体来说，有人认为，即使在低偏倚风险的基于人工智能的研究中，模型的适度预测性能也意味着可能没有可以应用于实践的伤害预测模型。展望未来，研究人员可能有必要接受开放科学来合作并编译足够详细的数据集。这种开放科学方法需要有意识地共享数据（如果做不到这一点，就让数据免费获取），以更好地建立在以前的研究基础上（Vicente-Saez & Martinez-Fuentes，2018）。如果有足够的访问权限和用于测试、训练的详细数据集，可以在 ChatGPT 等语言文本类应用程序中看到人工智能快速发展的先例，在获得大量历史性数据的情况下，可以根据用户输入对所需文本进行准确预测（Wu et al.，2023）。调查运动损伤的研究人员应致力于共同努力，以进一步阐明预测因子的潜在复杂相互作用。

5. 实际意义：陷阱和解决方案

尽管人工智能有可能成为伤害预测的强大工具（Bullock et al.，2022），但其潜在机制可能过于复杂，应用从业者自己无法找到有用的和可理解的方法。因此，基于人工智能的方法可能会进一步扩大研究人员与从业者的差距。当该领域的从业者没有应用科学衍生的知识时，就会出现这种研究人员和从业者之间的差距（Lenfant，2003）。目前丰富的不同基于人工智能的方法、复杂的统计指标以及修改计算机代码的频繁要求，意味着大多数应用从业者可能难以以标准化的"即插即用"包以外的任何身份使用人工智能模型（Bullock et al.，2022）。然而，即使向应用从业者提供"即插即用"包，当前运动损伤预测模型也极可能存在偏倚（Bullock et al.，2022），存在很高的错误应用风险。在这种高风险的情况下，已经表明个体倾向于依赖自己的判断并避免应用这些高风险方法，进一步扩大了研究人员与从业者的差距（Jøsang & Presti，2004；Papenmeier et al.，2022）。因此，除了生成准确的运动损伤预测模型外，另一个关键障碍可能是克服研究人员与从业者的差距。

在运动损伤预测研究中使用基于人工智能的分析通常受到数据的限制，从而将分析限制在狭窄的变量范围内。例如，一些研究只纳入身体机能指标（Rommers et al.，2020），这可能限制了预测的准确性。然而，提高精度的潜力仍然存在，这表明通过整合更广泛的数据集能够增强提高精度的机会（Verhagen & Bolling，2015）。通过使用先进的人工智能方法完善运动损伤预测的重点，针对不同运动队列中普遍存在的特定损伤类型，如精英橄榄球队员的腿筋拉伤或女运动员的前交叉韧带损伤，可以提高这些模型对实际实践的适用性（Rommers et al.，2020；Van Eetvelde et al.，2021）。这可能会为从业者提供更强大的数据集，从而能够实施更有效和更有针对性的损伤预防策略。也就是说，为了创建更准确的预测模型、减少偏差、促进从业者的接受并减少研究人员与从业者的差距，在人工智能分析的预处理阶段决定输入特征时，理论上驱动损伤的风险因素变量仍然需要优先考虑。为了说明冰激凌的销售量与鲨鱼袭击事件之间存在很强的关系，甚至可以根据数字预测将发生的鲨鱼袭击事件的数量。甚至可以根据售出的冰激凌数量来预测将发生的鲨鱼袭击事件次数。然而，在现实中，再多的冰激凌销售都不会对鲨鱼袭击的数量产生影响；鲨鱼袭击是偶发现象，很可能是另一个过程的副产品。例如，天气变暖导致对冰激凌的需求增加，人们会去海滩。通过加强沿海监测和对冲浪者的警告来监管水域，可能更有效地减少鲨鱼袭击事件的数量。关键是，利用理论上与运动损伤相关的变量将减少错误发现的可能性，这将影响模型的可解释性和可靠性。

基于人工智能的运动损伤预测方法为推动该领域发展提供了许多机会。首先，它有能力将运动损伤预测视为它看起来的复杂现象。其次，它允许考虑围绕运动员受伤的非线性背景，而以前的还原论统计方法被迫省略了这一点。最后，它可以为从业者推理提供补充，以促进更快的决策。但是，不应忽视使用人工智能的挑战。训练有效的人工智能需要大型且具有代表性的数据集，这一直是运动损伤预测研究中面临的主要障碍。此外，在准确的模型作为"即插即用"解决方案可用之前，它们对于应用从业者来说可能非常复杂和新颖，从而可能扩大研究人员与从业者的差距。不过，如果克服了这些挑战，人工智能有朝一日不仅可能彻底改变运动损伤预测的准确性，而且会彻底改变我们对潜在因素及其相互作用的理解。

因此，预测模型可能会促使早期干预和操纵已知对运动损伤风险有影响的变量，但是，除非这种关系是因果关系，否则操纵某些指标并不意味着损伤风险会发生变化（Hernan et al.，2019）。因此，假设操纵某些变量可以降低损伤风险，相当于禁止销售冰激凌以防止鲨鱼袭击（Impellizzeri et al.，2020）。在处理有关运动损伤预测和预防的数据时，为损伤风险较高的运动员确定风险因素集将证明对教练、医生和运动员的整体健康状况非常宝贵。要实现这一目标，需要采用量身定制的方法来监测运动员，并解决针对每项运动需求量身定制的关键绩效指标。在体育领域，损伤的成本（权衡医疗程序、康复、球员因受伤而损失的时间），以及它对球队成功的影响与减少伤害的好处，在决策过程中至关重要（Gabbett et al.，2016）。在利用人工智能时，需要做出更多努力来了解个体风险因素和损伤风险的相对权重，描绘损伤概率的图，而不是将运动员分为高风险或低风险组（Rossi et al.，

2018；Van Eetvelde et al.，2021），这将对体育从业者在调整训练制度和球队选择方面更有利。因此，采用人工智能方法进行运动损伤管理不仅应该能够识别风险因素，而且可以为从业者提供可操作的阈值以提高损伤预测准确性，从而能够及时实施预防策略，以期将运动员和团队的损伤成本降至最低。

（三）人机交互在运动和健康中的应用

人工智能与运动、运动和健康领域的融合带来了一个充满创新和可能性的新时代，重塑了人机交互的格局。下文将探讨人工智能和人机交互的多方面交叉点，阐明了影响个人在追求健身、卓越运动和整体健康方面与技术互动方式的新兴趋势。

近年来，在机器学习算法、传感器技术和数据分析的进步的推动下，人工智能与运动、运动分析和健康管理的整合激增（Teufl et al.，2021）。从生物力学数据分析到受伤风险的预测和训练方案的优化，人工智能正在改变运动员、教练和医疗保健专业人员提高运动表现和损伤管理的方式（Bates et al.，2023）。此外，可穿戴设备、智能传感器以及移动健康和锻炼应用的普及促进了有关个人运动模式、生理指标和生活方式行为的大量数据的收集，为个性化健康和运动表现监测、运动处方和干预策略提供了有价值的见解（Oyebode et al.，2022；Phatak et al.，2021）。人工智能在运动和健康信息学领域的发展特点是从基本应用到高度发达的数据驱动分析。这种演变的核心是人机交互的关键作用，随着以人为本和界面技术在运动表现和健康管理领域的地位，这一方面得到了发展。人机交互包括根据个人的需求、偏好和能力量身定制的用户界面、交互式系统和数字体验的设计、评估和优化（Dix，2003）。在运动和健康人工智能应用程序的上下文中，有效的人机交互对于确保无缝交互、直观的用户体验、有效的数据收集以及与技术驱动型解决方案的有意义互动至关重要。通过整合以人为本的设计（HCD）、可用性工程和用户体验（UX）研究的原则，人机交互专业人员致力于创建人工智能驱动的应用程序，使用户能够做出明智的决策，优化恢复和运动表现，并增强他们的整体健康和福祉（Blandford，2019）。

综上，我们探讨了人工智能技术如何改变运动表现、损害预防、康复和个性化医疗保健的各个方面。此外，我们还要强调人机交互在促进人类与人工智能系统在这个动态领域之间的有效沟通和协作方面的关键作用。该范围包括人工智能在运动和健康方面的关键应用、趋势和影响，同时强调对以人为本的设计和技术无缝集成的需求，以优化不同学科利益相关者的结果和体验。

（四）人工智能在体育信息学中的应用

体育信息学中的人工智能应用占据中心位置，重点是数据分析、性能分析、运动处方和战略优化。上文我们简要介绍了人工智能的好处，并强调了它在设计结果方面的作用，而且能改善健康、表现和损伤预防。接下来将研究人工智能在运动分析中的应用，以便能够更详细地讨论人机交互在运动、健身和健康领域的作用。

随着人工智能技术的集成，体育分析发生了根本性的转变，彻底改变了教练和运动员分析和解释数据的方式。体育分析中的人工智能应用程序包括各种技术和方法，旨在从复杂的数据集中提取可操作的信息。体育的定量分析最初是通过非学术工作发展起来的（Kubatko et al.，2007），并在过去十年中受到了广泛的关注。

1. 数据处理和模式识别

人工智能驱动的体育分析的核心是能够高速、准确地处理大量数据。机器学习算法，包括深度学习模型，擅长识别模式并从各种数据源（如训练统计数据、记录和传感器数据）中提取有意义的信息。数据处理和模式识别等主题是人工智能驱动的体育分析的基本组成部分，有助于从复杂的数据集中提取可操作的信息（Biró et al.，2023）。在分析复杂的数据集时，应考虑大数据的 5 个方面：数量、速度、多样性、准确性和价值（George et al.，2016）。在体育领域，数据量持续快速增长，数据生成速度没有放缓的迹象，高级机器学习算法的应用对于发现有意义的模式和趋势至关重要。此外，各种数据源（包括比赛录像、玩家统计数据和传感器数据）为分析带来了挑战和机遇。通过使用人工智能驱动的系统，体育组织可以利用这种多样化数据环境的价值，利用它来获得有关球员表现和团队策略的宝贵意见。此外，数据的真实性（确保其准确性和可靠性）对于开发和部署用于运动分析的机器学习模型至关重要。最后，速度表现为实时处理数据的能力，这有助于在现场比赛和训练期间及时做出决策和调整策略，进一步强调了先进算法在现代体育领域的重要性。通过分析历史表现数据并识别变量之间的相关性，人工智能系统可以揭示可能隐藏的模式和趋势，从而为运动员行为、训练数据动态和团队策略提供有价值的意见（Novatchkov & Baca，2013）。深度学习、卷积神经网络（CNN）和递归神经网络（RNN）等技术的特点是检测各种数据源中的复杂模式。例如，卷积神经网络已成功用于体育视频的分析，并能够自动识别足球比赛中的球员动作和事件（江等，2016）。此外，递归神经网络已经证明了它们在对连续运动数据中的时间依赖性进行建模方面的有效性，如球员轨迹和比赛序列（Lucey et al.，2014）。

2. 预测建模和性能预测

可穿戴传感器和计算机视觉技术的出现彻底改变了运动员在运动中的跟踪和运动分析。人工智能算法可以处理来自 GPS 追踪器、加速度计和视频源的实时数据流，以监控运动员的运动、量化表现型指标，并确定需要改进的领域。通过姿势估计和动作捕捉等技术，人工智能系统可以重建球员运动轨迹、测量生物力学参数并评估运动效率，为教练和培训师提供可操作的反馈，以优化训练方案和预防损伤（Claudino et al.，2019）。例如，研究人员证明了机器学习算法在根据球员统计数据、球队动态和情境变量等因素预测比赛结果和篮球球员表现方面的有效性（Kubatko et al.，2007）。他们使用支持向量机时，考虑了分类器的性能和数据集的复杂性。生成的模型是基于 2012/13 NBA 赛季近 630 场篮球比赛中 32377 次控球的球员和球轨迹的跟踪数据集开发的。此外，分析篮球数据以获得竞争优势是俱乐部感兴趣的，并且与球队的财务成功息息相关（Demenius & Kreivyt et al.，2017）。

人工智能驱动的预测模型使体育组织能够预测结果、评估运动员的潜力，并以更高的准确性预测表现型指标。通过使用历史数据和统计算法，预测分析工具可以预测各种情况，包括体育赛事，例如结果、伤病和团队动态（Molavian et al.，2023）。这些见解使教练和经理能够就球员选择、比赛战术和资源分配做出明智的决策，以最大限度地提高团队的竞争优势和绩效结果。同样，最近的一项工作强调了预测建模技术在预测足球比赛结果方面的潜力，使用了包括球员生物识别、比赛条件和战术策略在内的复杂数据集（Bunker & Susnjak，2022）。通过利用这些预测性洞察，球队可以就球员选择、比赛战术和资源分配做出明智的决策，最终最大限度地提高他们的竞争优势和场上表现成果。通过分析比赛画面、球探报告和统计数据，人工智能系统可以识别反复出现的模式，利用对手的弱点，并针对特定比赛情况提出战略调整建议（Pavitt et al.，2021）。无论是通过自动比赛推荐系统还是交互式决策支持工具，人工智能都使教练和球员能够动态调整他们的策略，最大限度地发挥球队的优势，并在场上智胜对手。

3. 使用可穿戴技术进行健身训练

除了将个性化应用于训练控制外，新技术可能性的开发、研究和应用对于现代力量和体能训练也变得越来越重要。研究表明，自动跟踪功能，尤其是计步功能，可以显著提高动力并鼓励体育活动（Pelletier et al.，2021）。这凸显了利用技术来促进和维持健康生活方式的重要性。尽管健身可穿戴设备等新兴技术的实施给教练和运动员带来了将这些工具和方法整合到训练管理中的挑战，但在大多数情况下，它可以实现更精确的负荷控制或更全面地监测恢复和表现参数（Pizzo et al.，2021）。此类技术辅助工具通常基于紧凑的传感器系统，这些传感器系统要么佩戴在身上，要么连接到训练设备上，用于记录、处理相关的健康或性能参数，并将其传输到其他设备。健身可穿戴设备和其他基于传感器的辅助设备在运动训练中不仅用于测试实际表现水平或检查性能发展，还用于记录健康和恢复状态，监测训练过程中的训练负荷和个人压力，并自动记录运动（Passos et al.，2021）。这些可穿戴传感器系统的一类特殊类别使用惯性测量单元（IMU）来记录多维空间中的平移和旋转加速度。对可穿戴惯性传感器单元使用情况的系统评价表明，此类设备用于体育运动，特别是用于记录运动或身体表现、身体活动和运动要求，以及分析竞技和高性能运动中的运动质量（Camomilla et al.，2018）。在阻力训练的背景下，这些设备主要用于记录自由重量（如杠铃）的运动轨迹和速度，它还可以监测运动技术以及基于速度控制的负荷强度和持续时间（Weakley et al.，2021）。市场上大多数用于记录杠铃速度的惯性传感器系统都被认为是有效和可靠的（Clemente et al.，2021）。在阻力训练的背景下，使用这种传感器技术来测量速度启发了一种称为"基于速度的训练"的运动处方新方法的建立。与传统的基于负载的方法相比，其中强度由负载量控制，持续时间由重复次数控制，基于速度的方法使用移动负载的速度或其在训练中多次重复的减少程度作为中心处方变量（Weakley et al.，2021）。

总体而言，人们对运动和健身可穿戴设备的兴趣日益浓厚，这凸显了对设计知识的需求，以塑造该领域的未来设计。为了解决这个问题，研究人员根据对先前研究的调查，提出了一个用于运动和健身实践的可穿戴设备设计空间（Turmo Vidal et al.，2021）。他们确定了与可穿戴性、技术设计和实践中可穿戴设备使用相关的核心设计决策，考虑了引入技术的目标、预先设计的功能和用户挪用之间的平衡，以及实践的社会动态。

（五）运动与健康领域的人机交互人工智能

这项调查的一个关键方面是在人工智能在体育和健康应用的背景下对人机交互

的检查。将人工智能技术无缝集成到用户体验中对于其有效采用至关重要。通过这项调查，我们希望阐明设计考虑因素、挑战和解决方案，以确保人工智能在追求健身和福祉的过程中增强而不是阻碍人类与技术之间的互动。

1. 人机交互在运动、健康和健身领域的演变

健身行业是运动和健康行业的一个子行业，经常被忽视。随着技术的提升，健身行业发生了显著的转变，尤其是在人机交互领域。从历史上看，健身爱好者依靠传统方法来跟踪进度和监控表现，例如笔、纸、日志和手动计算。然而，数字技术、可穿戴设备和人工智能驱动的应用程序的整合彻底改变了个人参与健身和健康活动的方式（Cooper et al.，2018）。

在早期阶段，健身行业的人机交互主要专注于将传统锻炼程序数字化并提供基本的跟踪功能。简单的界面和基本的反馈机制为更复杂的应用程序奠定了基础，这些应用程序可以满足用户不断变化的需求和期望。随着技术的进步，人机交互原则开始在以健身为导向的软件和硬件的设计和开发中发挥更突出的作用（Chatterjee et al.，2022）。

人工智能驱动分析和个性化教练平台的出现标志着健身行业人机交互发展的重要转折点。这些平台利用机器学习算法来分析用户数据，生成可操作的见解，并提供量身定制的建议，以优化用化表现和实现健身目标。通过利用人工智能的力量，人机交互从业者已经能够创造身临其境的自适应体验，在更深层次上与用户产生共鸣（Palumbo et al.，2020）。

随着人机交互在健身行业的不断发展，人们越来越重视包容性、可访问性和以用户为中心的设计。开发人员正在努力创造包容性体验，以满足不同人群的需求，并适应不同水平的身体能力和技术素养。此外，确保与现有硬件和软件生态系统的无缝集成仍然是一个关键优先事项，因为操作性和兼容性问题可能会阻碍用户的采用和满意度。

总之，人机交互在健身、运动和健康领域的演变反映了技术创新、用户体验设计和不断变化的消费者期望之间的动态相互作用。通过采用以人为本的设计原则并利用尖端技术，人机交互从业者正在推动健身、运动和健康创新进入下一个前沿，使个人能够更有效地过上更健康、更积极的生活方式。

2. 人类与人工智能系统之间无缝交互的重要性

人工智能驱动型应用程序可以根据个人偏好、行为和性能指标提供个性化用户

体验。这种个性化应该通过根据用户的特定需求和目标定制建议、反馈和培训计划来提高参与度和有效性。人机交互方法优先考虑了解用户的需求、偏好和行为，以便为设计过程提供信息（Dix，2003）。用户研究、角色和用户旅程有助于确定用户需求和痛点，确保应用程序有效地应对现实世界的挑战。此外，UI/UX 设计侧重于创建直观、视觉上吸引人且易于导航的界面。清晰的导航、逻辑信息架构和一致的视觉元素增强了可用性和可访问性，使用户能够轻松地与应用程序进行交互。然而，人们对个人如何与个性化互动的理解有限。为了解决这个问题，一款名为GlucOracle 的智能手机应用程序使用来自 Ⅱ 型糖尿病患者的自我跟踪数据生成餐后血糖水平的个性化预测（Desai et al.，2019）。该应用程序在两个人群中进行了试点测试：一个在线糖尿病社区和一个低社会经济地位社区。来自两组的人都发现个性化血糖预测有助于调整即时膳食选择和规划未来的膳食。该研究还强调了有关预测的适当时间、格式和重点的新问题，并为健康个性化预测提出了新的研究方向。面向消费者的健康技术，尤其是基于人工智能的症状检查器（AISC），出现在日常医疗保健实践中。基于人工智能的症状检查器从用户那里收集症状信息并提供医疗建议和可能的诊断，这是传统上与医生和专家等医疗保健专业人员相关的角色。这一发展引发了关于基于人工智能的症状检查器如何影响和改变个人医疗保健实践中医疗权威概念的问题。为了探讨这一点，最近的一项研究对 30 名基于人工智能的症状检查器用户进行了采访，研究了用户如何根据自动决策、交互设计模式、与已建立的医疗机构的联系以及与其他健康技术的比较等因素来看待基于人工智能的症状检查器的医疗权威（You et al.，2021）。这些发现阐明了基于人工智能的症状检查器在医疗保健服务中的利用、人工智能对医疗权威传统概念的转变，以及对设计人工智能支持的健康技术的影响。

一般来说，人工智能算法使应用程序能够快速准确地处理大量复杂数据。在临床环境中，算法通常必须处理不完整的患者数据和不完整记录的疾病进展（Schmidt et al.，2015）。在体育分析中，人工智能处理来自各种来源的数据，如球员统计数据、比赛镜头和传感器数据，以获得可操作的见解和预测。机器学习和深度学习等人工智能技术能够识别数据中的模式、趋势和相关性。这允许在运动分析中进行预测建模，例如预测比赛结果、球员表现和损伤风险。尽管深度学习算法有望增强工作流程和结果，但其实际功效仍有待证明。最近的一项研究强调了进行以人为本的评估研究以及对模型准确性的前瞻性评估的重要性，以更好地了解和优化人工智能技术与健康环境的整合（Beede et al.，2020）。具体来说，使用机器学习辅助医疗决策过程的医学图像检索系统的重点是从过去的病例中检索视觉上相似的医学图像，以帮助诊断新患者。然而，没有任何算法可以完美地匹配专家对每个病例的判断，这可能会导致与医生的特定诊断结果不一致（Cai et al.，2019）。因此，在搜索深度学习算法检索到的相似图像时，一个主要要求是使用户能够动态调整搜索算法，强调在不同时刻最关键的相似类型。此外，用户通过重新利用这些工具来测试底层算法，并将机器学习的错误与自己的错误区分开来，从而采用新的策略。这些见解可以为未来人类机器学习协作系统的开发提供信息，以便在健身、运动和健康环境中做出专家决策。

人机交互方法强调向用户提供及时和有意义的反馈，以指导他们的互动并促进学习。视觉反馈、进度指示器和通知让用户了解他们的操作、进度和成就，从而提高积极性和参与度。交互设计可确保应用程序内的用户旅程无缝且连贯。精心设计的交互模式、手势和过渡增强了交互流程，最大限度地减少了认知负荷和摩擦点，并最大限度地提高了用户满意度和保留率。

3. 以人为本的设计在交互设计中的作用

以人为本的设计是一种创建产品、服务和系统的方法，专注于了解使用它们的人的需求、行为和偏好。它涉及让最终用户积极参与设计过程，了解他们的体验，并根据他们的反馈迭代设计。以人为本的设计旨在确保最终产品有效地满足用户的需求，并提供积极和直观的用户体验。

在人工智能驱动的运动和健康应用程序的背景下，以人为本的设计尤为重要。首先，这些应用程序可以处理个人生活中的敏感和隐私方面，例如他们的身体健康、健身目标和表现型指标。通过优先考虑以人为本的设计原则，开发人员可以创建对用户的隐私问题、偏好和对技术的舒适度的应用程序。此外，运动和健康应用程序的有效性在很大程度上取决于用户参与度和对推荐活动或干预措施的遵守情况。通过让用户参与设计过程并整合他们的反馈，开发人员可以创建直观、激励人心且使用起来愉快的应用程序。反过来，这可以提高用户参与度并改善与健康和保健相关的结果。人们对人工智能系统中嵌入的价值、决策过程及其社会后果的担忧日益增加，尤其是在垃圾邮件过滤、信用评分和搜索引擎等日常应用中。人工智能模型的高深莫测、嵌入式偏见、隐私问题和环境成本是重要的考虑因素。"以人为本的人工智能"（HCAI）一词越来越受欢迎，反映了在担心潜在的剥削和操纵的情况下，人们希望人工智能为人类服务。然而，以人为本的人工智能的定义差异很大，包括对人类在人工智能系统中的作用的不同观点。通过查阅文献，最近的一篇综述论文试图识别以人为本的人工智能研究的趋势、差距和机会，为进一步探索这个领域奠定基础（Capel & Brereton，2023）。它们介绍了以人为本的人工智能的历史概述，最终形成了以人为本的人工智能研究现状的地图。该地图有助于可视化该领域不同方法、方法和工具之间的关系，并强调了设计和评估人工智能的复杂性。他们的方法包括合乎道德的人工智能、可解释的人工智能以及人类与人工智能合作，并将这些领域与以人为本的方法相结合来设计和评估人工智能。虽然以用户为中心的设计对于创建针对用户需求和偏好的产品和系统无疑很有价值，但以人为本的设计提供了更广泛、更全面的方法，考虑了人类体验、能力和背景的整个范围（Dix，2003）。以人为本的设计被认为是人工智能驱动应用在健身、运动和健康领域未来发展的正确选择。以人为本的设计超越了个人用户，涵盖了不同的利益相关者，包括护理人员、家庭成员、社区和整个社会。通过考虑更广泛的人类生态系统，以人为本的设计确保技术解决方案具有包容性、公平性，并响应所有人的需求，无论其年龄、能力、背景或环境如何。以人为本的设计非常重视同理心，理解和倡导用户的声音和体验。通过在设计过程中让用户成为共同创造者和合作伙伴，以人为本的设计使个人能够积极参与，塑造影响他们生活的技术，培养主人翁意识、信任感和赋权感。通过优先考虑人类需求、价值观和福祉，以人为本的设计为长期价值创造和积极的社会影响创造了机会。通过以同理心和远见进行设计，以人为本的设计从业者可以开发解决方案，这些解决方案不仅可以解决眼前的挑战，而且随着时间的推移，有助于显著改善生活质量、健康结果和社会福祉。

总之，虽然以用户为中心的设计是以人为本的设计的一个重要方面，但后者提供了一种更全面和更具包容性的方法，该方法考虑了更广泛的人类体验、社会影响、技术设计和实施的道德维度。随着我们驾驭一个日益复杂和相互关联的世界，以人为本的设计作为一个指导框架，其不仅可用于创建现有可用的技术，而且可以提升所有个人和社区都合乎道德、公平和赋权的技术。

4. 关于运动、健身和健康的以人为本的设计

以人为本的设计框架是一种设计产品、服务和系统的方法，该方法优先考虑将

要使用它们的人的需求、行为和偏好。它涉及观察、构思、原型设计和测试的迭代过程，重点是与用户产生共鸣，并将他们的反馈纳入整个设计过程。

在健康和运动软件和硬件的背景下，以人为本的设计框架用于开发针对这些领域用户的独特需求量身定制的解决方案。这包括可用性、可访问性、积极性和参与度等考虑因素，以及与医疗保健和体育环境中现有工作流程和技术的集成。人机交互领域的研究人员和从业者已经探索了以人为本的设计在健康和运动技术中的各种应用。虽然来自高影响力会议的具体研究和论文每年都不同，但已经有许多贡献涉及这些领域的以人为本的设计原则和方法。值得注意的是，过去十年中提出的与健康和运动技术中相关的以人为本的设计主题示例包括：①健身追踪器的以用户为中心的设计，专注于健身追踪器和可穿戴设备的设计和评估的研究，考虑用户偏好、动机和可用性等因素。②用于物理康复的交互式系统，研究开发交互式系统和应用程序以支持物理康复和治疗，重点是用户参与和对治疗方案的依从性。③移动健康应用程序，调查用于慢性病管理、药物依从性和行为改变干预的移动健康应用程序。④无障碍和包容性设计：努力让残疾用户更容易获得健康和运动技术，包括对包容性设计实践和辅助技术开发的研究。⑤游戏化和行为改变：探索游戏化策略和行为改变技术，以促进健康的生活方式，并促进对锻炼和健康计划的坚持。

人机交互一直表现出对应用以人为本的设计原则的兴趣，来应对健康和运动技术领域的挑战和机遇。研究人员和从业者继续探索设计交互式系统和界面的创新方法，以增强用户体验并改善这些领域的结果。

5. 在人工智能驱动的应用中确保有效人机交互的挑战和解决方案

通过在整个设计和开发过程中考虑人为因素，可以定制运动和健康应用程序以满足用户的独特需求和偏好，最终为促进健康提供更有效和有影响力的解决方案。尽管如此，在健身、运动和健康环境中，确保人工智能驱动的软件和硬件的有效人机交互存在一些挑战。

人工智能算法通常以"黑盒"的形式运行，使用户难以理解决策是如何做出的。在健康和运动方面，如果不深入了解基本原理，用户可能会犹豫是否要相信人工智能的推荐。评估可能会引起争议，从而导致专家意见不一。这就提出了一个问题，即应该如何设计人工智能助手来处理模糊情况。包含不相关参数的解释可能会降低专家纠正人工智能建议标签的准确性，可能会降至50%以下（Schaekermann et al.，2020）。这些观察结果强调了人工智能生成的解释的清晰度和相关性对于增强专家决策过程的重要性。尽管人工智能应用程序得到了广泛使用，但公众往往缺乏对黑盒算法如何运作以及如何有效解决偏见的理解。因此，研究人员通过各种方法解决了这些挑战。他们深入了解了可解释的人工智能在医疗保健中的重要性，并讨论了与人工智能驱动系统缺乏透明度相关的潜在道德问题（Yuan et al.，2023）。研究人员制定了 18 条人机交互指南（Amershi et al.，2019），如"明确系统可以做什么"。用户界面应帮助用户了解人工智能系统能够做什么。此策略应用的一个示例是活动跟踪器，其中应同时显示和解释它跟踪的所有指标。

尽管存在现有策略，但将研究结果转化为实际设计应用是有效解决问题的关键挑战。例如，将个人健康信息学研究的见解整合到健康、日常生活或与临床医生合作的应用程序设计中。研究人员通过采访学生设计师和专注于健康的专业设计师，测试了一套原型设计卡，揭示了设计健康相关技术的各种紧张关系、障碍和需求（Kirchner et al.，2021）。研究结果强调了支持设计师解决知识差距、倡导用户需求以及将循证方法整合到与健康相关的设计项目中的重要性。

理想情况下，这些系统应该能够个性化推荐并适应个人用户的需求和偏好。然而，设计能够准确捕获用户偏好，同时避免偏见和确保数据隐私的算法可能具有挑战性。此外，向用户提供有意义的反馈对于培养用户对人工智能驱动系统的信任至关重要。反馈机制必须在提供信息和不让用户被不必要的信息压倒之间取得平衡。最近的一项研究说明了个性化在健康和保健的适应性和说服力系统中的作用。在这项工作中，他们提出了设计有效激励行为来改变个性化干预措施的策略（Oyebode et al.，2022）。需要确保的最重要且同样最困难的挑战之一是数据隐私和安全。健康和健身数据高度敏感，用户希望得到严格的隐私保护。设计人工智能驱动的系统来收集、存储和分析数据，同时维护用户隐私并遵守法规，这带来了重大挑战。研究人员探讨了个人医疗保健移动技术中的隐私问题（Avancha et al.，2012）。他们讨论了在健康相关应用程序中确保用户数据安全的隐私保护技术和设计策略。总体而言，以人为本的设计对于运动和健康环境中的人工智能驱动的应用程序非常重要，因为它有助于确保该技术不仅在技术上强大，而且对其预期服务的人群真正有用和有价值。这些挑战不应被忽视，否则，用户体验和系统的有效性都可能受到影响。总之，通过解决与可解释性、个性化、反馈、隐私和用户参与相关的挑战，研究人员可以创建更有效、更用户友好的系统，以促进健康和有效的交流。

以上研究总结了人工智能对体育、锻炼和健康信息学的变革性影响，并通过人机交互的概念强调了其深远的影响。我们只能推测这些进步的未来。然而，日益动态的形势表明，结合人工智能和人机交互的创新必须不断重新定义人类表现、健康和福祉领域可实现的界限。人工智能在体育领域的应用能否成功，取决于人工智能能力与人机交互方法的协同作用。人工智能支持高级数据分析、预测和个性化，而人机交互方法可确保应用程序以用户为中心，直观、引人入胜且易于使用。人工智能和人机交互原则的有效集成使应用程序不仅利用数据驱动型见解的力量，而且提供卓越的用户体验，从而提高采用率、保留率和满意度。

虽然设计师在使用人工智能时通常会遇到挑战，尤其是在运动、健身和健康领域，但这些困难不仅仅是由于人工智能的算法复杂性和不可预测的行为。鉴于这些领域的多面性，迫切需要加强人工智能、人机交互、运动科学、运动生理学和医疗保健领域的研究人员之间的合作。通过促进跨学科伙伴关系，可以开发新的概念框架，以解决在运动训练、健身跟踪和医疗保健管理背景下人类与人工智能技术的交互问题。这种协作方法不仅增强了对人工智能如何有效支持人类表现和福祉的理解，还促进了不同观点和专业知识的整合，最终在运动、健身和健康领域带来更全面和以用户为中心的解决方案。这种合作对于指导更连贯的界面设计以及反映用户意图和推断模型之间的关系至关重要。创建以人为本的人工智能研究地图，能让研究人员了解正在进行的研究的广度，确定研究制定中的差距，突出加强团队和项目的领域，并鼓励探索新的以人为本的人工智能结构和方法。最终，其目标是促进跨学科融合，增强对以人为本的人工智能原则在研究和实践中的理解和应用。

在人机交互领域，人工智能的集成代表了个人如何与技术交互以实现其健康和健身目标的范式转变。人机交互专业人员在设计直观的用户界面、交互式系统和数字体验方面发挥着关键作用，这些体验无缝集成人工智能功能，同时优先考虑用户需求、偏好和功能。通过以人为本的设计原则和可用性工程，人机交互促进了对人工智能驱动型解决方案的参与，从而增强了使用户能够做出明智的决策、提高性能并优化他们的健康结果。

最后，人工智能、运动和健康信息学的融合为改变我们实现健身、卓越运动和医疗保健服务的方式带来了巨大的希望。随着人工智能的不断发展，它对人机交互的影响将是深远的，重塑以技术为媒介的体验和交互格局，以追求改善人类的表现和福祉。采用以人为本的设计原则和人工智能技术的无缝集成对于释放这种变革性协同作用的全部潜力至关重要。

第四节　人工智能在工学领域的应用与创新

人工智能作为当今科技领域的前沿技术，正在深刻地改变着工学的发展格局。本章将深入探讨人工智能在工学领域的应用与创新，旨在揭示其如何推动新质生产力的发展。首先，从新质生产力的视角出发，剖析工学 AI 应用的核心逻辑，包括劳动资料的智能化跃迁、全要素生产率的提升路径以及创新范式的变革等内容；阐述 AI 技术如何重构生产力三要素之间的关系，成为新质生产力发展的核心引擎。接着，聚焦关键技术突破与典型应用场景，详细阐述智能装备与自动化领域的技术进步以及预测性维护等具体应用场景，展示这些技术如何提高生产效率、降低成本、提升产品质量，并加速实现从理论到实践的跨越。最后，探讨面临的挑战与融合创新路径，分析数据壁垒、非结构化场景适应能力不足等技术瓶颈，同时提出跨学科协作、工业互联网平台建设等产业融合路径，以及应对伦理与就业重构问题的策略，为实现人工智能与工学领域的深度融合和可持续发展提供思路与方向。

一、新质生产力视角下工学 AI 应用的核心逻辑

在新质生产力的宏大背景下，工学领域正经历着一场由人工智能驱动的深刻变革。本节将深入剖析这一变革的核心逻辑，展示人工智能如何全方位重塑工学的生产方式与创新模式。

一方面，劳动资料正经历智能化的华丽转身，从传统的机械工具大步迈向"数据+知识"驱动的智能系统新时代。这不仅仅是工具形态的更迭，更是能力的质变。智能装备如今已具备自感知、自决策、自优化的卓越能力，像工业机器人与数字孪生技术，它们深度融合算法、计算力与数据，催生出一个能自我迭代、持续优化的复杂智能系统，为生产流程注入前所未有的高效与精准力量。

另一方面，全要素生产率的提升路径正被数据驱动的资源配置革命全力重塑。人工智能凭借处理多模态数据的强大能力，巧妙重构"人—机—料—法—环"之间的协同关系。数据上升为新型劳动对象，经人工智能智慧化处理后，全要素生产率得以显著跃升，这背后是生产效率的飞跃、生产方式的革新以及生产关系的深度优化，一场社会生产力的华丽蝶变正在上演。

再者，创新范式也在人工智能的推动下加速变革，从过往的经验驱动稳步迈向生成式协同进化的新境界。生成式 AI 技术，例如，Autodesk 的生成式设计工具，扮演起"发明方法的发明者"这一关键角色，系统性重构创新流程，让从概念到产品的转化过程更加高效、更具创新性，为工学领域的创新发展注入源源不断的强劲动力。接下来，让我们依次深入探索这三个关键内容板块，细致领略人工智能在新质生产力视角下赋予工学领域的变革力量。

（一）劳动资料智能化跃迁：从机械工具到"数据+知识"驱动的智能系统

1. 理论内核

在现代技术与生产力发展的紧密关系中，劳动资料的演变占据着举足轻重的地位。传统劳动资料，即机械设备这类"物质性工具"，长期在生产流程中扮演辅助人力完成体力劳动的基础角色。然而，人工智能技术的蓬勃发展，促使劳动资料实现了从传统机械工具到智能系统的质变。AI 驱动的智能装备，如工业机器人、数字孪生技术等，成功升级为"知识型工具"，具备自感知、自决策、自优化的卓越能力，其在生产过程中的角色也发生了根本性的转变。

这一变革与马克思主义生产力理论中提及的"劳动资料智能化革新"的质变要求高度契合。该理论强调劳动资料革新对生产力发展的推动作用，而人工智能技术，尤其是机器学习、深度学习等先进算法的应用，正将劳动资料塑造成融合算法、计算力与数据的复杂智能系统，使其能够自我学习和改进，从而持续优化生产流程，极大提升生产效率与产品质量。

以生成对抗网络（GAN）算法在工业设计领域的应用为例，相关研究表明，GAN 算法可依据既定设计目标和约束条件，快速生成大量创新性设计方案，不仅加速了设计流程，还显著提升了设计的创新性和多样性，为工业设计开辟了新的发展空间，引领生产方式向更高层次跃迁。

2. 工学实践逻辑

数字孪生技术作为物理—虚拟融合的先进方法，在工学领域展现出巨大价值。

其核心在于构建物理实体与虚拟模型的紧密联系，通过创建物理设备的高精度虚拟映射，实现对设备运行状态的实时监控，并依据监控数据对工艺参数，如温度、压力等进行精准优化，达成生产状态的自动调节与优化，提升生产效率与产品质量。

西门子的预测性维护系统是数字孪生技术应用的典范。该系统利用传感器收集的数据训练深度学习模型，能够提前 14d 精准预测设备可能出现的故障，提前采取预防性维护措施。这一技术实践成果显著，使西门子成功降低了 30% 的维护成本，提升了设备可靠性与生产稳定性。

与此同时，智能装备正逐步取代传统机械，在制造业等领域发挥着日益重要的作用。宝马的视觉质检系统就是一个典型实例。这种工业机器人展现出极高的柔性适应能力，能够在多品种、小批量的生产线中高效运作。其缺陷识别精度高达 99.5%，误差严格控制在 ±0.01mm 范围内，远超传统机械的极限水平。这种高精度与灵活性兼具的智能装备，在提升生产效率和产品质量方面优势明显，正逐渐成为现代制造业的核心力量，推动产业向智能化、高效化方向发展。

3. 新质生产力价值

新质生产力的实现，依托于 AI 驱动的智能系统，使生产过程突破自然条件限制得以实现。在诸如极端高温、高危等特殊工作场所，劳动者无需再亲身涉险，智能装备能够代替人完成危险作业，从而有效解放劳动力，降低安全风险，提升生产效率。

此外，新质生产力的提升还拓展了生产空间，催生了"虚拟工厂"这一创新概念。虚拟工厂与传统实体产线协同作业，实现资源优化配置与生产流程的灵活调度。例如，企业可以通过虚拟工厂进行生产模拟与优化，提前制定生产计划，合理分配生产任务，进而提高整体生产效率与灵活性。这种虚拟与实体的深度融合，彻底改变了传统生产模式，为制造业带来革命性变革，使生产过程更加智能化、网络化和灵活化，为产业发展开辟了新的空间与可能，推动制造业向更高水平迈进，提升产业整体竞争力，助力经济高质量发展。

(二) 全要素生产率提升路径：数据驱动的资源配置革命

1. 理论内核

在当今经济发展的新阶段，新质生产力的崛起对生产要素的配置方式提出了创新性要求。人工智能（AI）技术的飞速发展使其具备了高效处理包括图像、声音、文本在内的多模态数据的强大能力，这种能力从根本上改变了"人—机—料—法—环"之间的协同关系。数据作为新型的劳动对象，在 AI 的智能化处理过程中，直接推动了全要素生产率（TFP）的提升。这种提升不仅体现在生产效率的显著提高上，更深刻地体现在生产方式的变革和生产关系的优化上，进而带动整个社会生产力实现跨越式发展。

例如，AI 能够通过对生产过程中多模态数据的深度分析和挖掘，优化生产流程中的各个环节，实现资源的精准配置和高效利用，从而提高生产效率和产品质量，同时降低成本和资源消耗。该技术在工业生产、服务业等多个领域都展现出了巨大的应用潜力，为推动产业升级和社会经济发展提供了强大的动力。

2. 工学增效机制

（1）资源动态优化。

智能调度系统在生产过程中发挥着关键作用。它能够实时响应订单变化，通过强化学习算法动态分配设备、能源、人力等资源。相关研究表明，这种智能调度系统可使资源利用率提升 25%。以化工企业巴斯夫为例，该企业利用 AI 优化反应釜温度曲线，成功实现了能耗降低 20%。此外，智能调度系统还能够根据市场需求和供应链状况，灵活调整生产计划，进一步提高生产效率和响应速度。通过数据分析和预测模型，系统能够提前预知原材料供应短缺或过剩的情况，从而做出及时调整，确保生产过程的连续性和稳定性。

（2）质量与成本双控。

机器视觉质检系统在工学领域中被广泛应用，如汽车零部件检测，其能够识别微米级缺陷，将良品率提升至 95% 以上。机器视觉质检系统不仅提高了产品检测的精度和速度，还大幅降低了人工检测的成本和错误率。例如，上汽通用动力总成生产线使用康耐视视觉设备累计达数百台，其视觉产品灵活的硬件搭配以及智能的软件平台，能够满足高难度检测要求，成功应对检测挑战。同时，预测性维护技术通过实时监控设备状态，预测潜在故障，从而避免了昂贵的紧急维修和意外停机，确保了生产线的高效运行，并减少了非计划停机时间 20% 以上，显著降低了产能损失。通过持续的机器学习和算法优化，机器视觉质检系统和预测性维护技术能够不断适应新的缺陷类型和设备运行状态，保持高准确率的检测和维护能力。

3. 新质生产力价值

通过打破"信息孤岛",纠正要素错配,我们能够显著降低决策成本,实现"低消耗、高效益"的可持续增长。这种新质生产力价值的实现,不仅提升了企业的运营效率,还促进了社会经济的健康发展。例如,企业内部各部门之间的数据共享和协同工作,使生产计划、库存管理、供应链优化等环节更加紧密地结合在一起,提高了企业的整体运营效率和市场竞争力。同时,这种基于数据驱动的资源配置革命也为社会经济的发展提供了新的动力和机遇,推动了产业升级和经济结构的优化调整。

(三)创新范式变革:从经验驱动到生成式协同进化

1. 理论内核

新质生产力的出现,越来越依赖于"技术革命性突破",而人工智能(AI)正在推动创新范式从传统的"线性研发"模式,转向更为动态和互动的"人机协同智能创新"模式。在这一过程中,生成式 AI 技术(如 Autodesk 的生成式设计工具)扮演了"发明方法的发明者"(invention method inventor, IMI)的角色,它通过系统性地重构创新流程,使从概念到产品的整个过程变得更加高效和创新。生成式 AI 技术能够基于给定的条件和约束,自动生成多种可能的设计方案或解决方案,从而极大地拓展了创新的空间和效率。这种技术的应用,不仅缩短了产品的研发周期,还提高了产品的性能和质量,为产业升级和技术创新提供了强大的动力。

2. 工学创新逻辑

(1)生成式设计颠覆传统经验。

生成式设计通过 AI 算法实现了设计过程的革命性变革。工程师可以输入一系列性能参数,如强度、重量、成本等,随后 AI 算法会自动生成成百上千种轻量化结构方案。这种技术突破了传统工程师依赖个人经验的局限,为设计领域带来了前所未有的创新。例如,在航空航天领域,波音公司在设计飞机部件时采用了生成式设计技术,使部件的设计周期缩短了 70%,同时材料用量减少了 40%。这种技术不仅提高了设计效率,还降低了生产成本,提升了产品的竞争力。

(2)跨学科知识重组。

AI 技术的另一个显著优势在于它能够整合不同学科的知识库,如材料科学、流体力学等,从而加速复合材料的研发进程。例如,通过 AI 技术的辅助,碳纤维增强聚合物等先进复合材料的研发速度得到了显著提升。材料制造商赫氏公司利用 AI 算法优化材料结构，成功开发出高性能复合材料，其研发周期缩短了约 50%，材料性能提升了 30%。这种跨学科知识的整合和应用，为解决复杂工程问题提供了新的思路和方法。

（3）人机协同决策。

在这一过程中，劳动者的角色也发生了转型，他们不再仅仅是操作者，而是升级为"AI 训练师与决策审核者"。这种人机协同的工作模式极大地提高了工作效率。以工程师与 Autodesk 生成式设计工具的协作为例，原本需要 6 个月才能完成的高铁转向架研发工作，现在仅需 6 周时间即可完成。工程师通过训练 AI 模型，使其能够理解设计要求和约束条件，然后由 AI 生成初步设计方案，最后由工程师对方案进行审核和优化。这种协同模式不仅提高了设计效率，还提升了设计质量，为工程研发带来了显著的效益。

3. 新质生产力价值

在新时代背景下，劳动者能力的跃迁显得尤为重要。我们致力于培养具备"知识快速迭代能力+智能设备驾驭技能"的新型劳动者，以适应不断变化的工作环境和技术要求。同时，劳动对象也在不断拓展，数据、算法、虚拟模型等新型生产资料逐渐成为推动生产力发展的关键要素。

从新质生产力的视角来看，工学 AI 的应用本质在于生产力三要素——劳动者、劳动对象和劳动工具的协同跃迁。这种跃迁不仅体现在技术层面的革新，更体现在生产关系和生产方式的深刻变革。如图 3-1 所示，我们可以清晰地看到这一跃迁过程的动态展现。

这一逻辑链验证了习近平总书记提出的核心论断："新质生产力是"劳动者、劳动资料、劳动对象及其优化组合的跃升。"通过深入分析和实践，我们可以看到工学 AI 在推动这一跃升过程中扮演了至关重要的角色。工学 AI 通过技术革命性突破（如生成式设计），实现了从传统设计到智能化、自动化设计的飞跃。这种设计方式不仅提高了设计效率，还大大提升了设计的创新性和精确度。同时，生产要素的创新配置（数据驱动）也体现了新质生产力的特点。数据作为新时代的生产要素，通过智能分析和应用，使生产过程更加精准、高效。此外，产业深度转型（智能工厂）是新质生产力发展的另一个重要方面。智能工厂通过集成先进的信息技

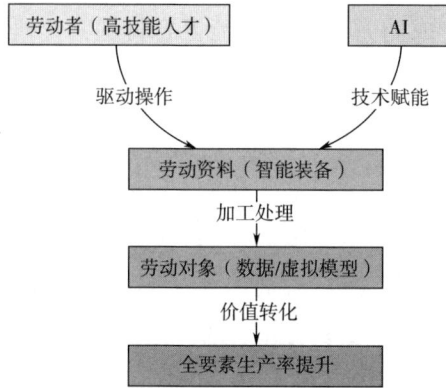

图 3-1　工学 AI 驱动的新质生产力要素重构模型

术、自动化技术和人工智能技术，实现了生产过程的智能化管理，大幅提升了生产效率和产品质量。因此，工学 AI 成为了发展新质生产力的"关键驱动力"，在推动经济社会发展和科技进步方面发挥着不可替代的作用。

二、关键技术突破与典型应用：智能装备与自动化引领生产变革

本部分聚焦于人工智能在工学领域的关键技术突破及其典型应用场景，深入剖析智能装备与自动化领域的具体实践成果。一方面，详细探讨了工业机器人柔性产线的革命性升级，包括视觉引导的智能感知与决策闭环技术突破，以及算力网络驱动的柔性制造中枢系统架构，全面阐述了其在提升生产柔性、优化全要素生产率（TFP）等方面所实现的新质生产力价值。另一方面，深入研究了预测性维护技术，涵盖多源异构数据的智能融合与预测等技术内核，以及全生命周期管理闭环的实施案例，同时明确了技术突破方向，并展示了新质生产力赋能路径。通过这些阐述，充分展示了智能装备与自动化技术在推动生产效率提升、降低运营成本、增强产业链韧性等方面的重要作用。

（一）工业机器人柔性产线：视觉引导与自适应控制驱动的智能化生产

1. 技术突破：视觉引导的智能感知与决策闭环

（1）多模态感知融合。

工业机器人柔性产线通过多模态感知融合实现了对复杂工业环境的精准感知。结合机器视觉（2D/3D 相机）、激光雷达和力传感器，珞石机器人在小米 SU7 空调

产线中采用的双目视觉定位算法有效解决了零件倾斜和遮挡问题，漏检率低于0.01%，显著提升了生产效率和减少了因识别错误引发的事故。

（2）自适应控制算法。

基于深度强化学习的动态路径规划使机器人能够实时调整抓取轨迹。宝马工厂的视觉质检系统通过改进 YOLOv7 模型，实现了车身焊点检测的高精度识别（99.5%，误差±0.01mm），支持多达 10 款车型的混线生产，大幅提升了生产线的灵活性和适应性。

2. 系统架构：算力网络驱动的柔性制造中枢

工业机器人柔性产线依托算力网络驱动的系统架构实现高效运作（图 3-2）。感知层的视觉传感器捕捉生产细节信息，边缘计算层的轻量化 AI 模型进行初步处理和分析，最终上传至云平台。数字孪生技术在云平台中优化整个生产过程。确定性算力网络在汽车零部件质检中的应用，将视觉数据高效分发至边缘 GPU 节点，响应时延控制在 50ms 以内，资源利用率提升 25%。

	生产工艺优化	能耗管理	视觉质检	质量追溯	设备/系统检测性维护	故障诊断	供应链风险管理	客户需求分析	机器自动拣选	远程控制
知识图谱	AI	AI		AI	AI	AI	AI			
深度学习/机器学习	AI	AI	AI		AI			AI	AI	
计算机视觉			AI					AI		
自然语言处理					AI	AI				AI
	生产管理			智能运维		决策规划		流程自动化		

资料来源：互联网工业世界，艾瑞咨询，民生证券研究院。

图 3-2　AI　在工业互联网中的典型应用场景

3. 新质生产力价值

工业机器人柔性产线在提升生产柔性方面成果显著。珞石机器人公司为高端汽车行业打造的前端模块产线，稳定支持每年 4 万台产能动态换型。均普智能的柔性自动化产线在宝马电驱系统生产线中的应用，换型时间缩短 70%，人力成本降低 40%，有效提升了生产效率和降低了生产成本。

（二）预测性维护：多源数据融合与全生命周期管理的智能运维

1. 技术内核：多源异构数据的智能融合与预测

预测性维护技术依赖多源异构数据的智能融合与预测。通过整合振动信号、声纹、红外热成像数据等不同来源和格式的数据，利用深度学习算法进行智能分析和处理。

（1）故障特征提取技术。

简仪科技 PXI 平台采用小波变换+CNN 处理 10kHz 高频振动数据，通过 ResNet-18 模型识别轴承早期裂纹，准确率高达 98.7%，为故障诊断提供准确依据。

（2）跨模态知识迁移。

华为工业 GPT 构建设备知识图谱，融合历史维修记录、声纹、红外热成像数据，将电机故障误报率降至 3% 以下，实现知识迁移和共享，提升故障诊断准确性和效率。

2. 全生命周期管理闭环

预测性维护采用数据采集、健康评估、退化预测和决策优化的闭环管理流程。西门子涡轮机寿命预测模型利用 LSTM 结合注意力机制预测剩余寿命，使维护成本减少 30%，未计划停机事件减少 22%。巴斯夫公司通过人工智能系统实时调节反应釜温度曲线，能耗降低 20%。

3. 技术突破方向

（1）小样本学习。

针对稀缺故障数据，采用生成对抗网络（GAN）生成对抗样本。江苏大学轴承故障模型训练表明，小样本学习技术使训练样本需求量减少 60%，降低数据收集和处理工作量。

（2）数字孪生映射。

均普智能公司构建设备虚拟模型，利用数字孪生技术仿真设备在不同工况下的失效模式，预测精度达到 92%，助力提前发现潜在故障风险，实现有效维护和预防。

4. 新质生产力赋能路径

预测性维护在响应速度、资源消耗和安全管控方面显著优于传统维护模式。它提前 14 天预警故障，减少 20% 以上停机时间；精准更换部件，降低 35% 备件库存；实时监控高危设备，使事故率下降 50%。

三、挑战与融合创新路径：迈向智能化生产的必经之路

在人工智能与工学领域深度融合的进程中，虽然部分领域已取得了显著成果，但前行之路并非坦途。技术瓶颈、产业融合难题以及伦理与就业重构的挑战，正成为制约其进一步发展的关键因素。面对数据壁垒、非结构化场景适应性困局等技术难题，我们需以创新思维探索解决方案。同时，打破产业界限，构建跨学科协作体系与平台化赋能机制，成为推动技术落地生根的关键所在。此外，伦理与就业重构问题亟待回应，以确保人机协同的安全红利得以充分释放。

（一）技术瓶颈：数据孤岛、非结构化环境适应与共性技术挑战

1. 数据孤岛：产业链协同的"神经阻断症"

在工业领域，数据的分散存储与管理已成为制约人工智能应用的关键瓶颈。不同业务环节的数据难以实现有效整合，导致 AI 模型在训练过程中面临样本单一性问题，严重限制了模型的泛化能力。

（1）根本原因剖析。

以汽车制造商为例，其研发数据与供应链数据往往彼此分离，形成了数据孤岛。这一问题在宝马工厂中表现得尤为突出。其视觉质量检测模型在转移至新生产线时，因数据格式不一致，识别精度下降 15%，凸显了数据孤岛对 AI 模型应用的严重制约。

（2）医疗行业的启示。

医疗领域同样面临"机构孤岛"问题，顶级医院与基层医疗机构间的数据难以互通。工业领域可借鉴医疗健康数据统一平台建设经验，推动建立跨企业数据联盟。通过制定统一的数据标准与共享机制，打破数据孤岛，实现数据的高效流通与共享，从而为产业链协同工作提供坚实的数据基础。

2. 非结构化环境适应：感知—决策链的断裂与突破

非结构化环境对机器人的感知与决策能力提出了巨大挑战。在复杂场景中，机

器人难以应对突发工况变化，导致感知与决策之间的连接出现断裂。

（1）复杂场景的认知局限。

在非结构化的环境中，机器人面临的最大挑战之一就是感知与决策之间的连接出现了问题。这种问题在复杂场景中尤为明显，因为工业机器人在这些场景中难以应对突发的工况变化，例如当出现未知的零件倾覆或者光线突变等情况时，它们往往无法做出及时和准确的反应。以珞石机器人为例，在3C装配线上，由于金属零件的反光问题，其抓取失败率高达8%，这一数字远远超出了在结构化场景中的失败率，后者通常只有0.5%。这说明在非结构化环境中，机器人在处理复杂场景的认知局限性问题上，还有较大的不足。

（2）跨模态感知的技术突破。

为攻克上述难题，多传感器融合技术应运而生。通过激光雷达与力反馈的结合，机器人得以更全面地感知环境。小样本增量学习与数字孪生仿真优化进一步提升了机器人的适应能力。江苏大学研究团队开发的轴承故障检测小样本学习模型，仅需500组数据样本即可达到96%的准确率，而传统模型则需5万组数据。这一突破性进展大幅减少了数据收集与处理的工作量，显著提高了模型训练效率，为非结构化环境中的机器人应用开辟了新的路径。

3. 共性技术卡脖子问题

算法泛化性、实时计算与安全容错等共性技术难题，正成为制约人工智能在工学领域应用的关键因素。不同车型产线的适应性、边缘节点时延对控制的影响以及预测性维护的误报率等问题，亟待通过技术创新与跨领域借鉴加以解决。

（二）产业融合路径：跨学科协作与工业互联网平台赋能

1. 跨学科协作：AI与材料、能源领域的"化学反应"

跨学科协作正成为推动人工智能与工学深度融合的关键力量。通过将AI技术与材料科学、能源等领域相结合，实现从基础研究到工业应用的跨越，为产业发展注入新的活力。

（1）巴斯夫AI赋能化工的范式革命。

巴斯夫通过材料基因工程、量子化学计算与深度学习优化分子结构的协同创新，将研发周期从5年缩短到18个月，并降低了20%的能耗。这一范式革命不仅提升了研发效率，还显著提高了能源利用效率。具体而言，材料基因工程帮助科学家深入理解材料的内在属性，为新物质的发现和材料性能的优化提供了基础；量子化学计算则对材料的电子结构进行精确模拟，为 AI 模型提供了丰富的数据基础；深度学习算法在此基础上进一步优化分子结构，使材料设计更加高效和精确，加速了新型材料的研发进程，为化工行业带来了前所未有的变革。

（2）医工交叉的工业迁移路径。

医工交叉领域的技术转化与人才共享，为工业生产带来了新的机遇。手术机器人的高精度控制算法被成功应用于工业精密装配，提高了工业产品的制造精度。这种控制算法的精确度达到了令人惊叹的 ±0.01mm 误差，有效提高了生产效率和产品质量。同时，借鉴"中医+AI"的跨学科培养模式，建立"工程师—AI 训练师"双认证体系，可培养大量具备跨领域知识与技能的复合型人才。这种人才培养模式不仅促进了不同学科之间的交流与融合，还为工业领域的技术创新提供了强大的人才支持。

2. 工业互联网平台：生态系统重构的关键引擎

在政策驱动下，工业互联网平台正成为生态系统重构的核心力量。通过 5G 技术、确定性网络与 AI 算法库、数字孪生技术的结合，平台实现了对全球设备的远程运维管理与资源的高效利用，推动了产业升级和协同发展。

（1）政策驱动下的平台架构。

国家工业互联网平台已接入超过 120 万家企业，显著提升了资源利用率。以三一重工的"根云平台"为例，其故障排除时间缩短了 60%，彰显了平台在优化资源配置与提升运维效率方面的巨大潜力。平台通过提供强大的基础设施支持和丰富的应用生态，使企业能够更高效地管理和优化生产流程，降低运营成本，增强市场竞争力。同时，平台还促进了企业之间的协同合作，实现了产业链上下游的无缝对接，为工业经济的高质量发展提供了有力支撑。

（2）医工农融合的接口设计。

工业互联网平台在设计之初，便充分考虑了医工农融合的需求。通过数据中台、知识图谱与算力调度功能布局，平台实现了设备状态监测、故障诊断规则库共享以及边缘节点处理质检数据等功能，为农业与医疗领域的协同创新提供了有力支持。在农业领域，平台可以实时监测农田环境数据和农作物生长状况，为精准分析提供决策依据。在医疗领域，平台支持基层医疗影像 AI 分析，提高了疾病诊断的准确性和效率。这种跨行业的融合应用，拓展了工业互联网平台的应用范围，为解决社会经济发展中的重大问题提供了新的思路和方法。

3. 伦理与就业重构：人机协同的安全红利与社会价值

（1）安全监控系统的技术——伦理双维革新。

人机协同的发展对安全监控系统提出了更高的要求。技术与伦理的双维革新，成为保障人员安全与生产效率的关键所在。在矿山作业中，AI 安全系统通过机器视觉技术实时识别工作人员的安全帽佩戴情况，使事故率下降了 50%。焊接机器人配备的力控急停装置，碰撞响应时间小于 10ms，极大提高了作业安全性。这些技术的应用，不仅减少了因操作失误或设备故障导致的事故，还提升了整体生产效率。同时，从伦理角度来看，这些安全监控系统的设计和应用也充分考虑了对劳动者权益的保护和对工作环境的积极影响，实现了技术与伦理的良性互动。

（2）就业结构的螺旋式升级。

技术进步引发的岗位替代与创造现象，正推动就业结构发生螺旋式升级。理解并管理这种平衡，对于确保劳动力市场的健康与稳定至关重要。随着自动化的发展，某些传统岗位如设备巡检员和流水线操作工可能被机器取代。与此同时，AI 运维工程师和机器人协作调度员等新兴职业应运而生。通过掌握 LSTM 模型故障预测与强化学习排产算法等新技能，劳动者得以向更高价值的岗位转型。这种就业结构的升级不仅反映了技术进步对劳动力市场的影响，也为劳动者提供了更多的职业发展机会和挑战，促使他们不断提升自身素质和能力，以适应未来工作的需求。

（3）教育配套改革。

为适应新时代教育需求，高校与企业纷纷开展教育配套改革。高校设立"AI+材料科学"微专业，课程涵盖量子计算与分子动力学等前沿领域，为学生提供了丰富的理论知识和实践机会。企业组建医工联合实验室，推动医疗与工程领域的深入交流，促进了技术创新和人才培养。政策层面推行"科技创新券"，激励中小企业采购 AI 技术服务，降低了企业的创新成本，提高了对高素质人才的吸引力。这些举措共同为工业领域培养了大量适应未来发展趋势的复合型人才，为产业的可持续发展提供了坚实的人才保障。

（4）伦理治理。

有人提出了"人机共生指数"评估体系，为人工智能技术的健康发展与应用提供了明确指引。该体系涵盖安全冗余度与技能迁移度两个维度，综合评估人机交互的安全性与效率。安全冗余度可评估机器人的安全保障措施与应对突发情况的能力，技能迁移度则关注其在不同任务与环境中的适应性与学习能力。该方案还借鉴医疗人工智能伦理规范，拟定适用于工业机器人的安全规范。这些规范为工业机器人的设计、制造、使用与维护提供了明确的伦理指导与操作标准，确保其在提升生产效率的同时，保障工人的安全与健康。这种伦理治理框架的构建，不仅有助于规范人工智能技术的应用，还为全球范围内的技术伦理研究和实践提供了宝贵的经验和参考，推动了人类与机器的和谐共生和共同发展。

4. 融合路径的三大支点（图3-3）

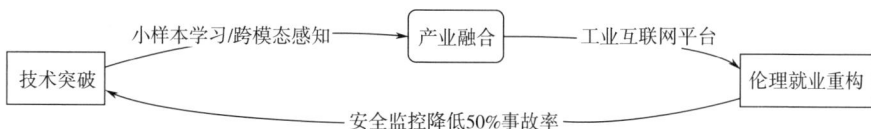

图3-3　融合路径的三大支点

5. 技术与产业的融合循环

在人工智能与工学领域深度融合的背景下，技术与产业的融合循环正成为推动产业升级和创新发展的重要动力，通过打破数据孤岛、引入高可靠性算法等手段，实现技术与产业的良性互动，为经济发展注入新活力。

（1）数据孤岛现象的突破：工业互联网平台的构建。

数据孤岛现象是制约产业融合发展的关键障碍之一。通过构建工业互联网平台，能够有效实现信息壁垒的突破，促进数据的流通与共享，从而提升整个产业链的协同效率。

以三一重工的"根云平台"为例，该平台成功连接了22万台设备，实现了海量设备数据的实时采集、传输与分析。通过这一平台，企业能够精准掌握设备运行状态，提前预测潜在故障，从而优化生产流程，降低运维成本，提高生产效率。根云平台的成功实践，充分展示了工业互联网平台在打破数据孤岛、促进产业融合方面的巨大潜力。

（2）非结构化场景的应对：医工交叉领域的高可靠性算法引入。

非结构化场景对人工智能技术的应用提出了更高要求。引入医工交叉领域的高可靠性算法，为工业领域解决了复杂环境下的精准感知与决策难题。

例如，将手术机器人的高精度控制算法引入工业精密装配领域，有效提高了工业机器人的操作精度和稳定性。这种高精度算法的应用，使工业机器人能够在复杂场景中更好地适应工况变化，提高生产效率和产品质量，拓展了人工智能技术在工业领域的应用场景。

（3）政策与人才的协同效应：构建跨学科实训基地与实施新工科教育模式。

政策支持与人才培养是推动技术与产业融合的重要保障。基于"人工智能+"战略，构建国家级跨学科实训基地与实施新工科教育模式，为产业融合提供了坚实的人才支撑。

国家积极构建30个国家级跨学科实训基地，这些基地汇聚了高校、企业、科研机构等多方资源，为学生和从业者提供了前沿的技术培训和实践平台。通过跨学科的实训项目，培养了一批具备人工智能、材料科学、机械工程等多领域知识和技能的复合型人才，有力推动了技术与产业的深度融合。同时，实施"新工科"微专业教育模式，在核心课程中纳入《工业伦理与 AI 安全》等关键课程。这种教育模式的创新，不仅使学生掌握了扎实的技术知识，还培养了他们的伦理意识和安全观念，为未来的技术应用和产业发展奠定了坚实基础。

（4）全球竞争对标：平台生态与标准制定的优势与差距。

在全球竞争格局中，中国在人工智能与工学融合领域展现出一定的优势，同时也面临着差距和挑战。

中国优势：中国已建立覆盖 120 万企业的工业互联网平台，形成了庞大的产业生态系统。通过平台的资源整合与优化配置，企业间协同合作更加紧密，生产效率和创新能力得到显著提升。同时，中国在人工智能领域不断加强标准制定工作，发布了多份 AI 安全运维白皮书，为产业的规范化发展提供了重要指导。

国际差距：尽管中国在工业互联网平台生态建设方面取得了显著进展，但工业软件国产化率仍较低，不足 15%。这意味着中国在工业软件领域对国外技术的依赖度较高，关键技术受制于人，限制了产业的自主可控发展。此外，ISO 伦理标准。ISO 伦理标准在全球范围内具有重要影响力，中国在该领域的参与度和话语权相对有限，这在一定程度上制约了中国人工智能技术在全球市场的推广和应用。

（5）总结与展望。

技术与产业的融合循环是推动产业升级和创新发展的重要驱动力。通过突破数据孤岛、引入高可靠性算法等手段，能够有效促进技术与产业的深度结合，释放产业发展的新潜力。政策支持与人才培养的协同推进，为技术与产业融合提供了坚实保障，助力产业向智能化、高效化方向发展。

在全球竞争中，中国应充分发挥自身在平台生态和标准制定方面的优势，同时针对工业软件国产化率低等问题，加大研发投入，加强国际合作，并积极参与国际标准制定，提升中国在全球人工智能与工学融合领域的竞争力，推动产业迈向更高层次，实现可持续发展。

第五节　人工智能在农学领域的应用与创新

在数字化时代，人工智能已成为推动农业现代化的关键力量。本节深入探讨了人工智能在农学领域的广泛应用和创新实践，旨在揭示其如何助力农业实现智能化转型，提升生产效率、资源利用效率和可持续发展能力。

随着新质生产力理念的兴起，农业领域的智能化发展迎来了新的机遇和挑战。我们剖析了新质生产力对农业智能化的核心要求，包括劳动对象边界的拓展、资源利用质效的跃升以及产业链韧性的增强。通过基因编辑育种、环境风险智能监测等技术的应用，农业劳动对象的范畴得以延展，从传统耕作要素向基因与环境维度的深度融合迈进。同时，借助数据驱动的精准调控体系，实现了对农业资源的高效利用和精准配置，优化了农业生产过程中的水、肥、能等关键要素的投入与产出关系。而区块链溯源、气候灾害智能减损等创新举措，进一步提升了农业产业链的稳定性和抗风险能力。

在创新应用场景与技术突破方面，本章详细阐述了精准农业管理中智能农机的应用，其通过高精度定位与自主作业技术，以及多机协同作业模式，实现了从机械化到智能化的跨越，提高了农业生产的效率和质量。同时，跨模态感知的病虫害预警系统，融合了卫星遥感、无人机巡检和物联网感知等多种技术手段，构建了从病原检测到防控决策的闭环体系，为农业病虫害的精准防控提供了有力支持。

此外，作物科学与育种领域迎来了 AI 驱动的基因—表型协同革命，AI 基因组育种技术从传统的经验选育向算法设计转变，加速了育种进程，提高了育种效率和精准度，为培育优良品种提供了新的思路和方法。

在可持续生产实践方面，绿色增效技术解决方案如智能除草机器人的应用和土壤健康 AI 诊断技术的探索，不仅减少了化学药剂的使用、降低了环境污染风险，还实现了对土壤肥力和污染的精准监测与治理，为农业的可持续发展提供了有力保障。

然而，人工智能在农业领域的应用也面临着一些挑战，尤其是在小规模农业中，设备成本高、数据标注困难等问题制约了智能化技术的普及和应用。为此，我们提出了小样本学习与跨模态融合等技术突破方向，并探讨了政策与产业协同发展的路径，以构建普惠性的智慧农业生态系统。

总之，本章全面呈现了人工智能在农学领域的应用现状、创新成果以及面临的挑战与应对策略，为读者展示了农业智能化发展的广阔前景和深远意义。在后续的内容中，将围绕上述核心要点展开深入的探讨和分析。

一、新质生产力对农业智能化的核心要求

在当今时代，新质生产力正逐渐成为推动农业现代化的关键要素。在农业领域，新质生产力的本质体现为通过一系列革命性的技术突破（如基因编辑、AI 大模型等）、生产要素的创新配置（如数据驱动的资源优化等）以及产业的深度转型（智慧农业生态的构建）等方面，实现农业生产力三要素（劳动者、劳动对象、劳动工具）的质的飞跃。这一变革不仅要求农业生产方式的革新，还要求农业生产要素的重新配置以及农业生产效率的大幅提升。在这一背景下，作为核心驱动力的人工智能技术，其在农业领域的应用与发展，不仅需要在技术创新层面实现重大突破，还需要在生产实践中满足以下三大核心要求，以确保农业智能化的全面推进和可持续发展。

其一，人工智能技术必须实现劳动对象边界的拓展，推动农业生产从传统的耕作方式向"基因—环境"双维延伸的新型模式转变。这就要求人工智能能够深度融入农业生物技术领域，助力基因编辑育种等前沿技术的发展，从而实现对作物和畜禽优良性状的精准培育与优化。同时，也需要借助人工智能强大的数据分析与处理

能力，对农业生产环境进行全面监测与智能调控，以应对诸如气候变化、土壤污染等环境风险。

其二，人工智能技术需要推动资源利用质效的跃升，构建数据驱动的"水—肥—能"精准调控体系。在农业生产过程中，水资源、肥料以及能源的合理利用至关重要。人工智能技术能够通过对农业生产大数据的深度挖掘与分析，实现对水、肥、能等资源的精准配置与高效利用，从而提高农业生产效率，降低资源浪费和环境污染风险。

其三，人工智能技术还需要增强农业产业链的韧性，通过区块链与气候智能等技术手段的双重赋能，构建起一个稳定、高效、可持续的农业产业链。在现代农业产业体系中，农产品的质量安全、供应链的稳定性以及应对自然灾害等风险的能力，都是影响农业可持续发展的重要因素。人工智能技术可以通过区块链溯源、气候灾害智能减损等应用，提升农业产业链的整体韧性和抗风险能力，从而保障农产品的稳定供应和农民的持续增收。

（一）劳动对象边界拓展：从传统耕作向"基因—环境"双维延伸

在新质生产力的推动下，农业劳动对象的边界得到了显著拓展，这一转变主要体现在基因与环境两个维度的深度融合上。人工智能技术作为这一变革的关键驱动力，不仅为农业生产带来了新的技术手段，还为农业的可持续发展提供了创新性的解决方案。

1. 基因编辑育种：人工智能驱动的生物技术创新

技术原理方面，人工智能通过深度学习构建的基因组选择模型，例如利用ResNet-50 分析单核苷酸多态性（SNP）位点，成功将作物育种周期（通常 8~12年）大幅缩短至 3~5 年，有效突破了传统杂交育种的经验局限性。人工智能算法能够更精确地预测和选择具有优良性状的基因组合，加速作物改良进程。同时，其对大量遗传数据的强大处理能力，能够快速分析和解读复杂的基因组信息，为育种专家提供科学依据，提高育种效率和成功率。

在多性状协同优化方面，中种集团采用人工智能技术预测基因表达谱，实现了水稻抗病性（稻瘟病抗性提升30%）与产量（亩产增加12%）的同步提升。这一创新技术不仅提高了作物的抗病能力，还在增加单位面积产量方面取得了重大突破，为农业可持续发展提供了新思路。

跨物种迁移学习的应用也取得了显著成果。隆平高科成功将玉米抗旱基因模型迁移到小麦，使其节水性能提高 25%。这一技术突破不仅增强了小麦的抗旱能力，减少了农业生产对水资源的依赖，还为未来跨物种基因研究提供了新的方法论，推动了生物技术在农业领域的应用。

2. 环境风险智能监测：重金属与生态链协同治理

在环境风险智能监测方面，人工智能技术构建了感知—决策闭环，实现了对农业生态环境的全面监测与智能调控。卫星遥感技术用于重金属污染区域的识别，物联网传感器实时监测土壤镉含量，而人工智能模型则对污染扩散进行精准预测。

在江苏省的农田中，通过部署先进的光谱传感器技术，成功实现了对农田中砷、铅等重金属污染的动态预警，预警准确率高达 95%。这不仅提高了污染监测的效率和准确性，还有效降低了污染治理成本，达到了 40% 的降低率，对农业可持续发展具有重要意义。

华为农业云平台通过构建精准的重金属迁移模型，将预测误差控制在 5% 以内。这一模型为制定科学合理的土壤修复方案提供了重要的数据支持和理论指导，使农业管理者能够更加精确地了解土壤污染状况，从而制定出更有效的土壤修复和治理策略。

新质生产力驱动农业变革的核心价值在于对生产要素、生产工具和生产关系的革命性重塑，其核心价值体现在以下 3 个关键维度。

（1）劳动对象的质变与拓展：从有形到无形，从传统到前沿。

新质生产力推动下，农业生产的劳动对象不再局限于传统的土地、农作物和牲畜等物理要素，而是拓展到了基因序列、环境与污染大数据、微生物组信息、光谱遥感数据等无形、数字化的新型生产资料。这种从"看得见、摸得着"到"数据化、信息化、生命密码化"的转变，标志着农业劳动对象发生了根本性的质变，成为驱动现代农业发展的核心要素。

（2）生产边界的突破与延伸：融合科技，开辟新领域。

新质生产力通过深度融合生物技术、信息技术、材料科学等前沿科技，推动农业突破固有的物理和生物边界。农业生产活动正迅速向"细胞工厂"、基因工程与精准育种、垂直农业与可控环境农业、农业大数据与人工智能应用等新兴领域延伸。同时，农业与生物医药、能源、环保等产业的界限日益模糊，催生出全新的产业链和价值链。

（3）深远意义。

新质生产力驱动的劳动对象质变与生产边界突破，极大地提升了农业生产效率、资源利用效率和抗风险能力。它从根本上重塑了农业的产业形态、价值创造模式和全球竞争地位，标志着农业从依赖自然资源和经验的传统产业，向以科技创新和数据驱动为核心引擎的现代战略产业转型。这为保障粮食安全、实现可持续发展、抢占未来农业科技制高点奠定了坚实基础。

（二）资源利用质效跃升：数据驱动的"水—肥—能"精准调控体系

在新质生产力的推动下，农业资源利用效率的提升成为实现农业可持续发展的关键环节。通过构建数据驱动的精准调控体系，人工智能技术在农业资源管理中发挥了重要作用，实现了对水资源、肥料和能源的精准配置与高效利用，进一步推动了农业生产方式的绿色转型。

1. 变量施肥：氮肥利用率跃升 25% 的技术路径与经济效益

为了实现精准施肥，提高氮肥利用率，降低农业生产成本，我们构建了"天地一体"智能决策系统。该系统通过感知层的土壤养分传感器和无人机搭载的多光谱相机，实时监测土壤 pH、有机质含量以及作物叶绿素指数等关键指标。基于 DenseNet 深度学习架构的决策层对收集到的数据进行分析处理，生成时空差异化的施肥处方图。这一过程涵盖了数据输入、特征提取（土壤—作物耦合分析）、施肥量空间优化以及动态处方图输出等多个环节。

在黑龙江农垦的大豆田应用案例中，氮肥利用率从 30% 显著提升至 55%，实现了 25% 的跃升，亩均成本降低了 80 元。此外，巴斯夫的 AI 肥效模型也显示，磷肥过量施用减少，土壤板结率下降了 18%，土壤健康指数提升了 23%。这些成果得益于空间变量技术的应用，该技术将肥料投入与作物需求的匹配精度提高至 90%，有效解决了传统均一施肥造成的资源错配问题。

2. 智能灌溉：节水 6%~11% 的协同系统架构

智能灌溉系统通过多层协同架构实现了精准的水资源管理。感知层的土壤湿度传感器和气象站网络实时采集蒸腾蒸发量（ET_0），误差控制在 ±2% 以内。决策层采用 LSTM 需水预测模型，生成未来 72h 的灌溉时空优化方案，预测精度达到 $R^2 > 0.95$。执行层则通过智能阀门和压力补偿滴灌管网，实现按需供水和动态流量调控，误差小于 3%。

在新疆的棉花田中，智能灌溉系统替代了传统的漫灌方式，实现了节水35%的效果，同时单方水产量提升了0.8kg/m³，较基线提升了28%。以色列的农场则通过AI系统与光伏发电的联动，降低了22%的灌溉能耗，实现了"水—能协同优化"。

新质生产力的核心价值在于提高资源利用效率，其主要体现在以下两个方面。

（1）资源替代效应：从粗放消耗到数字优化。

通过数据要素替代传统资源投入，如精准灌溉取代粗放用水，实现了单位面积水、肥、能投入下降18%~35%。这种"以数据流驱动物质流"的新型生产范式，标志着农业生产从粗放式资源消耗向数字化、精细化管理的转变。

（2）绿色集约化：经济效益与环境效益协同。

这一转变不仅提升了生产效率，降低了20%单位产出能耗，还推动了农业的可持续发展。碳排放强度下降15%，为农业纳入碳交易体系提供了可能；化肥农药流失率减少30%，有效降低了面源污染修复成本。通过"水—肥—能"跨系统的协同调控，构建了资源消耗强度与经济增长脱钩的现代农业模式，为实现碳中和目标提供了坚实的技术支撑。

（三）产业链韧性增强：区块链与气候智能的双重赋能体系

在新质生产力的推动下，农业产业链的韧性得到了显著增强，这主要得益于区块链技术与气候智能模型的双重赋能。通过构建可信的数据闭环和智能减损系统，农业生产不仅提高了抗风险能力，还实现了产业链的协同升级与价值提升。

1. 区块链溯源：构建全链条可信数据闭环

为了提升农产品的质量安全性和供应链效率，我们构建了基于区块链的全链条可信数据闭环。在技术融合架构方面，通过将生产端的区块链存证与消费端的信任溢价相结合，实现了数据的透明化和不可篡改性。例如，京东的"跑步鸡"项目通过全周期数据上链，使消费者投诉率大幅下降了90%。在供应链金融领域，中粮集团利用溯源数据建立信用评估模型，将农户贷款审批时效从7d缩短至2h。

这种"数据—信用—资金"的闭环机制，将传统农业的经验信任升级为算法信任，有效降低了交易摩擦成本40%以上，为农业产业链的稳定运行提供了坚实保障。

2. 气候灾害智能减损：跨模态预测与响应系统

为了更好地应对自然灾害对农业生产的影响，我们开发了跨模态预测与响应系统。该系统通过多源数据融合模型，结合气象预报、作物抗性和保险联动等技术手段，实现了对气候灾害的精准预测和快速响应。

在气象预报方面，利用卷积神经网络（CNN）进行时空特征提取，使暴雨预警提前 72h，预测精度 AUC 达到 0.93。在作物抗性评估中，无人机表型组分析将倒伏风险评估准确率提升至 92%，F1-score 达到 0.89。在保险联动方面，智能合约自动理赔将灾后赔付时效控制在 24h 以内，触发误差小于 5%。

广东荔枝种植园在 2024 年台风季通过部署 AI 气候模型，成功减少了 6000 万元的损失。太平洋保险应用干旱指数模型，自动触发理赔 3.2 万笔，挽回农民损失 1.8 亿元。这些实证案例充分展示了气候智能模型在降低自然灾害损失率方面的显著效果，实现了从"被动抗灾"到"主动控险"的范式跃迁。

3. 新质生产力价值升华

（1）风险对冲机制革新。

气候智能模型的应用，将自然灾害损失率降低了 30% 以上，通过建立"预测—预警—预赔"三级响应体系，将风险覆盖周期延伸至作物全生命周期，为农业生产提供了全方位的风险保障。

（2）产业链协同升级。

生产端的区块链存证不仅提升了产品的可信度，还为消费端带来了 15% 的信任溢价。同时，金融端的数据资产化使供应链周转效率提升了 50%。中粮集团基于链上数据，将供应链融资坏账率降低至 1.2%，显著降低了金融风险。

4. 三维统一性理论验证

新质生产力驱动农业智能化的本质在于生产力三要素的协同重构，形成了闭环跃升模型：新型职业农民（劳动者）通过数字技能赋能，操作 AI 系统和智能农机，利用区块链技术管理基因序列和气候数据等劳动对象，最终实现了全要素生产率的提升。这一模型不仅提高了 12% 亩产、节水 30% 以上，还降低了 15% 碳排放，为农业的可持续发展和智能化转型提供了有力支持（图 3-4）。

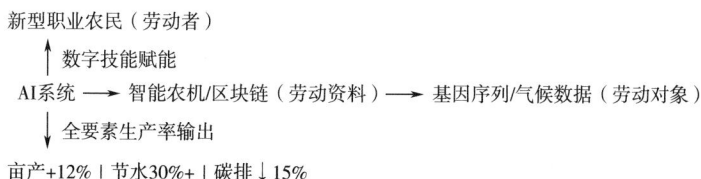

新型职业农民（劳动者）
↑ 数字技能赋能
AI系统 ⟶ 智能农机/区块链（劳动资料） ⟶ 基因序列/气候数据（劳动对象）
↓ 全要素生产率输出
亩产+12% | 节水30%+ | 碳排↓15%

图 3-4　新质生产力驱动农业智能化

通过区块链与气候智能的双重赋能，农业产业链的韧性得到了显著增强，为农业的现代化和可持续发展奠定了坚实基础。

二、创新应用场景与技术突破

在农业智能化的浪潮中，创新应用场景与技术突破扮演着至关重要的角色。它们不仅推动了农业生产方式的变革，还为农业的可持续发展提供了强有力的支持。以下将从精准农业管理、作物科学与育种革命以及可持续生产实践三个维度，深入探讨人工智能在农学领域的创新应用与技术突破。

（一）精准农业管理：数据驱动的智能决策闭环

精准农业管理是实现农业智能化的核心路径之一，其本质是通过数据驱动的智能决策闭环，优化农业生产过程中的各个环节。在这一过程中，智能农机作为关键的技术载体，正在引领农业生产从传统的机械化向智能化跨越。智能农机通过集成先进的传感器、高精度定位系统和自主决策算法，实现了从感知环境到自主作业的全流程智能化，从而显著提高了农业生产的效率和精准度。

1. 智能农机：从机械化到"感知—决策—执行"三位一体

在精准农业管理中，智能农机的应用标志着农业生产从传统机械化向智能化的跨越。通过技术架构的创新与精度的突破，智能农机实现了从感知环境到自主决策，再到精准执行的全流程智能化作业。

（1）技术架构与精度突破。

在高精度定位与自主作业方面，智能农机采用了先进的技术模块，实现了厘米级的定位精度和高效的多机协同作业。

厘米级定位：利用北斗导航系统结合 IMU 惯性补偿技术，智能农机能够实现横向误差±2.5cm、航向偏差小于 0.1°的高精度定位。这一技术显著提升了播种的直线度，提高了90%的播种精度。

多机协同：通过 5G Mesh 自组网和边缘计算调度技术，智能农机之间的响应延迟控制在10ms 以内，协同效率提高了40%，同时油耗降低了15%。

此外，智能农机还配备了动态调节智能农具，根据不同作业环节的需求，采用相应的技术方案和核心传感器。

播种：依据土壤墒情图动态调节播种深度，采用毫米波雷达和电容探头实时监测土壤状况，确保播种深度的一致性和精准性。

施肥：利用高光谱成像仪实时反馈氮磷比例，实现精准施肥，提高肥料利用效率。

收割：通过激光测产和γ射线水分传感器进行含水率在线监测，确保收割质量和效率。

技术制高点在于"定位—组网—传感"三重技术的协同耦合。这种技术架构使智能农机能够实时感知环境变化，自主调整作业参数，实现了从程序化执行向环境自适应的质变。这一突破不仅提升了农机的智能化水平，还为农业生产的高效、精准和可持续发展提供了强有力的技术支持。

通过这些创新技术的应用，智能农机不仅提高了农业生产的效率和质量，还显著降低了资源消耗和环境影响，为农业的现代化和智能化发展开辟了新的途径。

（2）中国实践：智能农机生态创新。

在中国的农业现代化进程中，智能农机生态构建的实践案例不断涌现，展示了数据驱动技术在提升农业生产效率和精准度方面的巨大潜力。青岛盛发农场的示范项目就是其中的杰出代表，其成功经验为智能农机的广泛应用提供了宝贵的借鉴思路。

青岛盛发农场示范工程：在青岛盛发农场的示范项目中，通过集成先进的技术设备，构建了一个高度智能化的农业生态系统。农场部署了北斗基站、气象站和无人驾驶拖拉机等智能设备，形成了"天地一体"的感知网络，实现对农田环境和作物生长状况的实时监测和精准管理。通过对小麦联合收割机的测产系统进行智能化改造，青岛盛发农场成功将产量预测误差控制在3%以内，显著提升了收割作业的精准度和效率。

政策杠杆效应：政府的政策支持为智能农机的推广和应用提供了强有力的动力。即墨区政府通过实施农机补贴政策，累计投入资金高达2.03亿元，成功推广了2.02万台智能农机设备。这一政策举措不仅提升了当地农业生产的现代化水平，还有效激发了农户对智能农机的投入热情。在政策的激励下，农户们也积极参与到智能农机的应用中来，累计投入资金达到了6.17亿元。这种政府与农户的协同合作，形成了良好的政策与市场互动效应，为智能农机生态的建设注入了强大动力，推动了当地农业的快速发展和农民收入的持续增长。

智能农机生态的构建不仅提高了生产效率和资源利用效率，还降低了环境影响，推动了农业的可持续发展。青岛盛发农场的实践表明，通过政策引导和技术支持，智能农机可以有效地提升农业生产的智能化水平，为农业现代化注入新活力。这种生态创新模式有望在全国范围内推广，为实现农业的高效、精准和可持续发展提供有力支持。

（3）新质生产力价值（图3-5）。

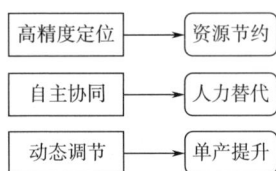

图3-5　新质生产力价值

2. 决策支持系统：跨模态感知的病虫害预警

在农业智能化管理中，决策支持系统通过跨模态感知技术，实现了对病虫害的精准预警和防控，为农业生产提供了有力保障。这一系统不仅提高了病虫害监测的效率和准确性，还通过闭环管理和技术演进，推动了农业病虫害管理向智能化、精准化方向发展。

（1）多源数据融合感知体系。

通过构建分层感知架构，该系统整合了卫星遥感、无人机巡检和物联网感知等多源数据，形成了全方位的病虫害监测网络。

卫星遥感：利用Sentinel-2多光谱影像，以10m×10m的分辨率对区域病害进行初步筛查，能够快速定位潜在的病虫害区域，为大面积农田监测提供基础数据支持。

无人机巡检：配备高光谱成像仪（400~2500nm），能够捕捉厘米级冠层纹理，精准定位病原菌落，实现对病虫害的早期发现，尤其适用于复杂地形和高价值经济作物的精细监测。

物联网感知：通过叶面温湿度传感器阵列，实时监测微环境数据，精度达到±0.5℃/±3%RH，能够及时捕捉病虫害暴发前的环境变化，为预警提供关键依据。

在算法层面，采用CNN-LSTM混合模型融合图像时空特征，将稻瘟病识别准确率提升至 99.35%。江苏大学还构建了小样本模型，仅需 500 张病叶图片即可实现 96% 的识别率，大大降低了数据采集成本，提高了模型的适用性和推广性。

（2）预警—防控闭环系统。

该系统建立了从病原检测到防控决策的闭环流程，实现了病虫害管理的系统化和高效化。

病原检测：通过多源数据融合技术，精准识别病原体，确保病虫害的早期发现。

扩散模拟：利用元胞自动机模型预测病虫害扩散趋势，为防控措施的制定提供科学依据。

施药决策：基于博弈论优化模型，制定科学合理的施药方案，实现精准施药，减少农药使用量，降低环境污染。

区块链存证：所有操作和数据均通过区块链技术进行存证，确保数据的透明性和不可篡改性，提升管理效率和信任度。

实证效能显示，该系统在湖北稻田的应用中，通过无人机红外扫描和变量喷药，使农药用量减少了 38%，防治成本降低了 60 元/亩。在隆平高科示范基地，区块链溯源和虫情数据共享技术使疫情源头追溯时效控制在 4h 内，极大提高了病虫害防控效率，减少了因病虫害造成的经济损失。

（3）技术演进方向。

为了进一步提升病虫害预警系统的性能，行业正在积极探索新的技术方向。

在边缘计算领域，华为农研所致力于开发轻量级的端侧 AI 芯片。这一创新技术使得在田间进行作物识别的延迟时间显著降低，达到了 0.2s，极大地提高了农业生产的效率和精准度。通过减少数据传输和处理时间，端侧 AI 芯片能够更快速地响应病虫害变化，为实时决策提供支持。

隆平高科在农业科技创新方面也取得了重大突破。他们构建了一个跨物种的知识图谱，通过这一图谱，成功开发了病虫害跨作物迁移模型。该模型的预警覆盖度得到了显著提升，达到了 70%，为农作物的健康生长提供了更为全面和及时的保护。这种跨物种的病虫害预警模型，不仅提高了预警的准确性和及时性，还为多作物种植系统提供了更有效的病虫害管理方案。

这些技术创新和应用案例，展示了跨模态感知的病虫害预警系统在提升农业生产效率、降低资源消耗和保护环境方面的重要价值。随着技术的不断进步，未来这一系统将在农业智能化管理中发挥更大的作用，为农业的可持续发展提供有力支持。

（二）作物科学与育种革命：AI 驱动的基因—表型协同

在农业现代化的进程中，作物科学与育种技术正经历一场由人工智能驱动的深刻变革。AI 技术的引入，使传统的育种模式从经验驱动向数据驱动转变，实现了从"经验选育"到"算法设计"的跨越。同时，无人机表型组分析技术的兴起，为农田管理提供了前所未有的精细数据支持，被誉为农田"CT 扫描仪"。这两项技术的协同应用，不仅提高了育种效率，还为农业生产的精准化和智能化提供了强有力的技术支撑。

1. AI 基因组育种：从"经验选育"到"算法设计"

AI 基因组育种技术的兴起，标志着育种工作从依赖经验向依赖数据和算法的根本性转变。这一技术通过深度学习和生成对抗网络等先进计算方法，极大地提升了育种效率和精准度。

（1）技术范式变革：从经验驱动到计算驱动。

在 AI 基因组育种中，技术范式正经历一场从传统经验驱动向先进计算驱动的深刻变革。这一转变通过基因编辑加速器得以体现，具体包括以下两个方面。

ResNet-50 优化 SNP 分型流水线：基于深度残差网络（ResNet）的高通量 SNP 分析平台被成功构建，具备了单日处理样本量超 10 万的强大能力。实际应用中，该技术精准定位稻瘟病抗性基因 OsWRKY45（LOC_ Os09g30460），使育种周期从 8 年大幅缩短至 4.2 年，田间表现为抗病品系增产 12.7%（数据来源：中国种子生命科学技术中心发布的《作物分子设计育种平台建设报告》）。

生成对抗网络（GAN）辅助设计：DeepSeed v2.0 算法架构融合了 Transformer 与遗传算法，并模拟了 328 万组杂交组合。其突破性产出的小麦新品系京麦 12 号，在旱作条件下亩产达 612kg，较基准种增产 18.3%，水分利用效率提升 25%，荣获 2024 年农业农村部植物新品种权。

此外，全产业链数字追溯的"全农码"区块链赋码系统在提升种业效率和透明度方面发挥了关键作用。该系统利用 ISO/IEC 29168 认证的激光微刻技术，为 22 亿粒种子赋予唯一 ID 绑定。它还通过农业农村部数据标准 NY/T 398—2024，将生长环境数据上链，并借助智能合约自动召回问题批次，使召回时效从 7d 缩短至 1.5h，召回成本下降 87%，同时消费者信任溢价增加 15%（数据来源：农业农村部市场司2024 年评估）。这一系统的应用显著增强了种业的数字化管理和质量控制能力，为农业生产的稳定性和可持续性提供了重要保障。

（2）经济—生态双收益。

AI 育种技术在经济和生态方面带来了显著的双重收益，具体表现如表 3-1 所示。

表 3-1　AI 育种技术在经济和生态方面带来的收益

指标	传统育种	AI 育种	提升幅度
研发成本	$1200 万/品种	$450 万/品种	-62.5%
水稻亩产	650kg	780kg	+20%
抗病性	稻瘟病损失率 15%	<5%	风险降 67%

研发成本：AI 育种技术显著降低了研发成本，从传统育种的 $1200 万/品种降至 $450 万/品种，降幅达 62.5%。这一成本的降低主要得益于 AI 技术在数据分析和预测中的高效应用，减少了传统育种中大量的田间试验和人工筛选工作。

亩产：AI 育种的水稻亩产从 650kg 提高到 780kg，增幅达 20%。通过精准的基因选择和优化，AI 育种能够培育出更高产的作物品种，从而提高了单位面积的产量。

抗病性：AI 育种显著提高了作物的抗病能力，稻瘟病的损失率从 15% 降低到低于 5%，风险降低了 67%。这不仅减少了因病害导致的产量损失，还减少了农药的使用量，对生态环境的保护具有重要意义。

AI 育种技术通过降低研发成本、提高产量和增强抗病性，为农业生产和生态环境带来了显著的经济和生态效益。这对于农业的可持续发展和粮食安全具有重要的战略意义。

（3）政策协同机制：构建"科技—产业—制度"三角支撑体系。

为了推动 AI 育种技术的广泛应用和产业化发展，我国构建了"科技—产业—制度"三位一体的政策协同机制，为农业现代化提供了强有力的政策支持。在农业现代化进程中，政策协同机制的构建是推动农业科技创新、产业升级和可持续发展的关键。通过整合科技、产业和制度资源，形成政策合力，能够有效提升农业生产的效率和质量，促进农业的可持续发展。

①国家级种业数据中枢建设。

国家级种业数据中枢的建设是政策协同的重要体现。通过构建"种业大脑"平台，整合作物种质资源、畜禽遗传材料和微生物菌种等数据，实现数据的分级授权访问和区块链加密传输。这一平台不仅推动了数据共享和应用，还支撑了多个新品种的审定和改良项目的进展。例如，作物种质资源达到152万份，畜禽遗传材料达到67万份，微生物菌种达到21万株，显著提升了种业的科研效率和创新能力。

②市场化风险对冲机制创新。

为降低农业科技创新的风险，政策协同机制还涵盖了市场化风险对冲机制的创新。例如，推出了针对AI算法失效风险、基因编辑脱靶补偿以及数据安全责任险的商业化育种保险产品。这些保险产品为农业科技创新提供了风险保障，激发了企业和科研机构的创新积极性。先正达中国和袁隆平农业高科分别投保了玉米智能育种模型和基因编辑水稻株系，获得了高额保险保障。财政部对保费进行30%~40%的补贴，并建立了风险补偿基金池，进一步支持了育种产业的发展。

③三维政策赋能模型。

政策协同机制通过三维政策赋能模型，实现了科技政策、产业政策和金融政策的有机结合。科技政策通过种业大脑数据开放，降低了研发边际成本60%；产业政策通过保险风险分担，使企业研发投入增加了35%；金融政策通过信贷贴息，降低了综合融资成本2.8%。这些政策的协同作用，使2023年全国审定新品种数量较政策实施前三年均值增加了22%，显著推动了农业科技创新和产业升级。

政策协同机制通过构建"科技—产业—制度"三角支撑体系，为农业现代化提供了强有力的政策保障。国家级种业数据中枢的建设、市场化风险对冲机制的创新以及三维政策赋能模型的应用，不仅提升了农业科技创新的效率和质量，还促进了农业产业的升级和可持续发展。这些政策的协同作用为农业的高质量发展注入了强劲动力。

2. 无人机表型组分析：农田"CT扫描仪"技术体系

无人机表型组分析技术通过高精度的多模态传感器融合平台，为农田管理提供了类似"CT扫描"的精细数据支持，推动了育种技术的革新。

（1）高通量表型技术突破。

无人机表型组分析技术通过搭载多模态传感器融合平台，为农田管理提供了高精度的动态监测手段，其核心功能和实证精度如表 3-2 所示。

表 3-2　无人机表型组分析技术的核心功能和实证精度

技术组合	核心功能	实证精度（数据来源）
激光雷达+多光谱传感器	水稻抽穗期动态监测	冠层覆盖率误差 4.7%（浙大农业信息所《Remote Sensing》2023）
热红外成像仪	构建作物水分胁迫指数（CWSI=0.38±0.05）	灌溉决策响应速度提升 8.3 倍（华中农大灌溉试验站 2024 年报）
高光谱（400~2500nm）	叶绿素含量反演（REIP 指数）	与实验室测定相关性 $R^2=0.91$（中国农科院作物表型组学中心）

无人机航拍技术的应用流程包括点云建模、器官分割（叶片/茎穗）和性状提取。马韬韬团队开发的器官尺度性状算法能够单日解析 2 万亩玉米株高，展示了该技术在大规模田间监测中的高效性和实用性。

（2）育种类脑应用。

表型—基因关联模型在育种中的应用显著提升了性状预测的精度和效率（表 3-3）。

表 3-3　表型—基因关联模型在育种中的应用

性状预测模型	算法架构	预测精度	产业价值
玉米株高	XGBoost 集成学习	$R^2=0.93$（RMSE=3.8cm）	替代人工测量，效率提升 100 倍
小麦穗粒数	3D-CNN 点云分析	误差 2.7 粒/穗	育种周期缩短 30%
水稻抗倒伏	力学模拟算法	抗折力预测 $R^2=0.89$	减少田间测试成本 40%

国际前沿实践显示，法国 INRA Alexis Comar 团队利用无人机多光谱监测技术控制葡萄果穗糖度波动，将采收期糖度波动控制在±0.48°Brix，显著优于传统方法的±2.1°Brix，为酒庄带来了 22% 的溢价，表明无人机表型组分析技术在提升农产品经济价值方面的巨大潜力。

（3）新质生产力价值跃迁。

无人机表型技术的出现，彻底重构了作物育种的范式。传统模式依赖人工考种（5min/穗）和经验判断（误差率>35%），而无人机表型范式则通过器官级 CT 扫描

（0.2s/株）和基因关联模型（$R^2 > 0.9$），实现了性状获取成本降低90%和资源投入减少75%的飞跃。这一技术进步不仅提高了育种效率，还为农业生产的精准化和智能化提供了强有力的支持，推动了农业现代化进程。通过这些技术的实际应用，可以显著降低农业生产成本，提高资源利用效率，增强产业竞争力，为农业可持续发展注入新动力。

（三）可持续生产实践：绿色增效技术解决方案

在农业现代化的进程中，可持续生产实践成为实现绿色增效的关键路径。随着全球对环境保护和资源高效利用的关注度不断提高，农业领域也在积极探索创新技术，以减少对环境的影响，同时提升生产效率和经济效益。其中，除草机器人和土壤健康AI诊断技术作为可持续生产实践的两个重要方向，正在为农业的绿色发展提供强有力的支持。

1. 除草机器人：物理—AI协同技术体系

除草机器人通过结合物理除草和人工智能技术，实现了精准、高效的杂草管理，减少了化学除草剂的使用，降低了环境污染风险。

（1）技术路线对比与创新突破。

在可持续农业生产的探索中，除草机器人作为物理与AI协同技术的代表，展现出了显著的优势与创新。

根据农业农村部农机化司2024年的评估报告，不同类型的除草技术在经济性和适用性上各有特点。机械式除草技术采用YOLOv7识别结合6轴机械臂，能够实现70%~75%的减药效果，作业效率达到25亩/d，主要适用于苗圃和设施农业。然而，该技术存在土壤扰动率超过15%的局限性。激光除草技术利用1064nm CO_2 激光（功率300W），实现了95%的减药效果，作业效率高达80亩/d，适用于旱田作物。微波除草技术通过定向2.45GHz微波（穿透深度8cm）实现100%的减药效果，作业效率为40亩/d，适用于有机认证农场，但在空气湿度超过80%的条件下可能会失效。

激光除草技术实现了50ms/株的毫秒级精准灼烧，杂草识别精度高达98.3%，并获得了CE和FCC双认证，成为当前除草技术中的一个制高点。江苏稻麦轮作区的技术集成案例中，激光除草机器人展现出了卓越的性能。根据江苏省农业科学院2024年的测产报告，与传统模式相比，激光除草机器人在多项指标上均有显著提升。除草剂用量从 1.2kg/亩降至 0.06kg/亩，减少了 95%；杂草清除率从 82%提升至 92.4%；作物损伤率从 8.7%大幅下降至 0.9%；亩均成本也从 186 元降至 159 元，节省了 27 元。

投资回报分析显示，激光除草机器人的设备单价为 28 万元，可享受农业农村部 30%的补贴。年作业面积可达 18000 亩（涵盖单季稻和冬小麦），投资回收周期为 2.3 年，相较于欧洲同类技术加速 40%。此外，江苏省还提供了绿色农机补贴（苏农计〔2023〕45 号），进一步降低了农户的投资成本。

在环境—经济协同效益方面，激光除草机器人带来了多维度的可持续发展价值。据南京农业大学环境监测中心的数据，在生态修复方面，土壤蚯蚓密度在 12 个月内从 38 条/m^2 提升至 126 条/m^2，地表水中的莠去津残留从 0.08mg/L 降至未检出水平。在碳中和贡献方面，通过替代草甘膦生产，每千亩农田减少 2.1 吨 CO_2 的碳排放，设备的太阳能供电占比达到 78%（光伏板日均发电 62kWh）。在社会效益方面，该技术减少了农户接触农药的风险，中毒事故率下降了 100%（2023—2024 年江苏疾控中心统计数据），有机农产品认证溢价提升了 0.8 元/kg（苏垦大米市场跟踪数据）。

（2）新质生产力价值：生态—健康—经济协同跃迁。

①生态效益量化（数据来源：生态环境部土壤污染防治中心 2024 年报）。

激光除草机器人的应用对生态环境的改善效果显著。通过减少化学药剂的使用，每万亩农田减少了 38.2t 的莠去津等药剂渗透，监测井中的硝态氮浓度从 12.8mg/L 降至 4.3mg/L，低于国家标准 10mg/L 的限值。此外，江苏里下河地区的生态调查显示，农田周边湿地的水生昆虫物种数增加了 37%，这些数据来源于《农药地下水污染负荷评估技术规范（HJ 1273—2024）》模型计算，监测周期为 2021—2024 年。

②食品安全升级（数据来源：国家食品安全风险评估中心 2025 年蓝皮书）。

在食品安全方面，激光除草机器人的应用显著降低了稻米中的农药残留。检测结果显示，传统种植模式下稻米中的毒死蜱残留为 0.28mg/kg，而物理—AI 协同模式下未检出；草甘膦残留从 1.15mg/kg 降至 0.02mg/kg，镉吸附量从 0.16mg/kg 降至 0.03mg/kg，均低于国家标准限值。这些改进使稻米样本不合格率从 12.4%降至 0.31%（2024 年全国抽检数据），水稻种植区居民尿液中农药代谢物的检出率下降了 76%（中国疾控中心江苏监测点数据）。

③经济外部性价值（数据来源：农业农村部经济研究中心评估）。

在经济层面，激光除草机器人的应用带来了显著的成本节约和市场溢价。全产业链成本节约方面，水体净化成本从82万/万亩降至14万/万亩，疾病医疗成本从37万/万亩降至5万/万亩，土壤修复成本从120万/万亩降至18万/万亩，分别下降了82.9%、86.5%和85.0%。市场溢价机制方面，绿色认证稻谷的收购价提高了0.6元/kg（中粮集团2024年定价政策），有机渠道的溢价率达到了22%（盒马鲜生销售数据）。

2. 土壤健康AI诊断：耕地保护的"智能听诊器"技术体系

土壤健康AI诊断技术作为耕地保护的"智能听诊器"，通过先进的传感器和AI模型，为土壤健康管理提供了精准的数据支持和智能化的决策依据。

（1）多尺度监测体系。

土壤健康AI诊断技术通过构建一个全面且精准的多尺度监测体系，实现了对土壤健康状况的全方位监控。该体系从近地传感技术起步，利用电化学和光谱分析等手段对土壤进行近距离监测，能够获取高精度的土壤理化性质数据。随后，通过无人机搭载的遥感设备绘制有机质分布图，为农田的养分管理提供直观的指导。在宏观的层面，卫星反演技术被用来监测和预警重金属的迁移情况，为土壤污染的防控提供了及时的信息。

近地传感技术：电化学传感器能够快速检测土壤中的酸碱度和电导率，而光谱分析仪则通过分析土壤反射的光谱特征，提供土壤中各种元素的含量信息。这些数据对于评估土壤的肥力和污染状况至关重要，为农户和农业管理者提供了科学依据。

无人机遥感技术：装备有多光谱和高光谱相机的无人机能够在农田上空飞行，采集土壤和作物的光谱数据。这些数据经过处理后，可生成详细的有机质分布图，帮助农户直观了解农田的养分分布，从而制订更为精准的施肥计划，提高肥料利用效率。

卫星反演技术：借助卫星遥感技术，可以实现对大面积农田的监测。通过分析卫星图像中的光谱信息，可以反演出土壤中重金属的迁移情况，并及时发出预警，为污染防控提供宝贵的时间窗口。

在土壤污染治理方面，华为农业云平台的应用不仅提升了砷污染的预警准确率，还显著降低了修复成本。平台通过整合 XRF 传感器数据，实现了对土壤中重金属含量的精准监测。XRF 传感器能够快速、无损地检测土壤中多种重金属的含量，为污染区域的精准识别提供了可靠的数据支持。基于这些数据，平台能够生成详细的污染地图，指导修复工作精准开展，从而提高修复效率。具体来说，平台的砷污染预警准确率高达 95%，能够更及时、更准确地发现污染区域，避免污染扩散。同时，通过优化修复方案，修复成本降低了 40%，这主要得益于精准的数据指导，减少了不必要的修复工作和资源浪费。

在肥力智能评估领域，量子点传感器的应用实现了对土壤中氮、磷、钾离子浓度的实时监测。这种传感器能够快速响应土壤养分的变化，为农户提供及时的施肥建议。它的推荐施肥量的误差可控制在 8% 以内，这不仅提高了肥料的利用效率，还减少了因过量施肥导致的环境污染。此外，基于人工智能的微生物活性模型通过分析土壤微生物群落结构和功能，预测土壤的固碳潜力。这一模型综合考虑了土壤微生物的种类、数量以及它们在土壤中的代谢活动，从而评估土壤的生态功能。预测结果为碳汇交易提供了科学依据，使土壤碳汇能够作为一种生态产品参与市场交易，激励农户采用可持续的土壤管理措施，促进农业生态系统的碳循环和碳储存。

（2）政策联动创新。

在土壤健康管理方面，政策创新起到了关键的推动作用，主要体现在以下两个方面。

农业农村部"土壤医院"平台：该平台构建了一个在线诊断、处方开具和效果追溯的闭环系统。农户可以通过平台提交土壤检测数据，专家在线进行诊断并开具针对性的改良处方。这些处方详细列出了推荐的肥料种类、用量以及具体的土壤管理措施。平台还会对处方的实施效果进行跟踪和评估，形成一个持续改进的管理闭环。这种模式不仅提高了土壤管理的效率，还增强了农户对土壤健康管理的意识和能力。

碳汇金融机制：将土壤固碳数据上链可生成碳资产，农场可以将这些碳资产用于碳交易市场。具体来说，量子点传感器和微生物活性 AI 模型提供精准的土壤固碳数据，经过区块链技术认证后，这些数据转化为可交易的碳资产。农场通过出售碳资产，每年平均可增加收入约 5.2 万元。这一机制不仅为农场提供了额外的经济收益，还激励了农户积极采取固碳措施，如种植绿肥作物、采用保护性耕作等，从而促进了土壤健康和生态环境的改善。

这些政策创新为土壤健康管理提供了强有力的支持，促进了土壤污染治理和肥力提升的协同增效，同时也为农业的可持续发展和生态环境保护开辟了新的途径。

（四）新质生产力价值量化：生态、经济与社会效益的全面提升

在可持续生产实践中，新质生产力的价值体现在生态、经济和社会效益的全面提升。通过绿色增效技术解决方案，农业生产实现了从传统模式向智能化、精准化的转型升级，推动了农业的高质量发展。

（1）生态效益的显著提升。

通过应用智能除草机器人和土壤健康 AI 诊断技术，农业生产的生态效益得到了显著改善。除草机器人通过减少化学除草剂的使用，降低了土壤和水体污染风险。土壤健康 AI 诊断技术则通过精准监测和治理土壤污染，提高了土壤质量，促进了生物多样性的恢复。具体表现在：土壤蚯蚓密度显著增加，地表水中的农药残留大幅下降，碳排放量减少，土壤固碳能力提升，有助于实现碳中和目标。

（2）经济效益的显著增长。

新质生产力的应用为农业生产带来了显著的经济效益。除草机器人降低了除草剂用量和作业成本，提高了作物产量。土壤健康 AI 诊断技术通过优化施肥方案，减少了肥料浪费，提高了肥料利用效率。具体数据如下：除草机器人使除草剂用量减少 95%，亩均成本降低 27 元；土壤健康 AI 诊断技术使肥料浪费减少 25 万吨/年，修复成本降低 40%。

（3）社会效益的显著增强。

绿色增效技术解决方案还带来了显著的社会效益。除草机器人减少了农户接触农药的风险，降低了中毒事故率。土壤健康 AI 诊断技术通过碳汇交易机制，增加了农场的经济收入，提升了农民的生活水平。具体表现在：农户中毒事故率下降100%，有机农产品认证溢价提高；农场通过碳汇交易年均增收约 5.2 万元，提升了农民的经济收益。

通过这些绿色增效技术解决方案，新质生产力不仅推动了农业生产的可持续发展，还为生态、经济和社会带来了全面的价值提升，为农业现代化和高质量发展注入了新的动力。

三、挑战与协同发展路径

尽管农业智能化在提升生产效率、资源利用效率和可持续发展能力方面展现出巨大潜力，但在实际推广和应用过程中仍面临诸多挑战。这些挑战主要包括小规模农业的智能化困境、技术突破的瓶颈以及政策与产业协同的不足。面对这些挑战，需要通过技术创新、政策支持和产业协同等多方面的努力，构建一个普惠性的智慧农业生态系统，推动农业智能化的全面发展。

（一）现实约束：小规模农业的智能化困境

在推动农业智能化的过程中，小规模农业面临着一系列现实约束，尤其是设备成本高和作物形态数据标注难题，这些因素严重制约了智能化技术的普及和应用。

1. 小农户设备成本：经济可行性与技术普惠性的矛盾

对于小规模农户而言，智能化设备的高成本与有限的经济回报之间存在显著矛盾。

（1）成本—收益失衡的量化表现。

根据江苏省农业农村厅 2025 年的智能农机调研数据，各类智能化设备的初始投入较高，且回报周期较长，这使小农户在经济上难以承受。例如，智能拖拉机的初始投入在 35 万~80 万元之间，适用于超过 500 亩的农场，但小农户的投资回收周期超过 8 年；多光谱无人机的初始投入在 12 万~25 万元之间，适用于超过 200亩的农场，回收周期超过 5 年；土壤传感器网络的初始投入为每亩 8 万~15 万元，适用于超过 100 亩的农场，回收周期超过 6 年。

在这种情况下，小农户往往难以承担高昂的设备费用，即便这些设备长期来看也能够提高生产效率和收益。这表明，智能化设备的经济可行性对于小农户来说是一个重大挑战。

深层症结具有在以下两个方面。

固定资产闲置率高：小农户的设备年均使用率不足 30%，远低于规模化农场的75%。这意味着设备在大部分时间里处于闲置状态，无法充分发挥其价值。

金融支持缺位：只有 28% 的县级行政区提供专项农机信贷，且贷款利率普遍高于基准利率的 1.5 倍。这使小农户难以获得足够的资金支持来购买智能化设备。

（2）政策干预的实践。

为了应对这些挑战，江苏省采取了一系列创新的政策干预措施。

"共享农机"模式创新：在盐城试点的"滴滴农服"平台整合了3200台闲置农机，降低了40%的作业成本。此外，政府对智能终端改装提供每台3万元的补贴，使共享设备的利用率提升至65%。这些措施有效地提高了设备的使用效率，降低了小农户的使用成本。

土地托管服务扩容：南京高淳区推广的"全程机械化+AI托管"服务，使10亩以下农户的参与率超过60%，亩均增收380元。这表明，通过托管服务，小农户能够享受到智能化技术带来的好处，同时降低了自身的投资风险。

2. 作物形态数据标注：AI落地的"最后一公里"难题

除了设备成本问题，作物形态数据标注也是AI技术在农业领域落地的一大障碍。

（1）多样性导致的标注瓶颈。

中国农作物的地域性品种差异巨大，例如水稻的主要品种超过5000种，而标准数据集的覆盖度仅为18%；柑橘的主要品种超过1200种，标准数据集的覆盖度仅为9%。这种低覆盖率导致AI模型在识别不同品种作物时准确率不高，影响了该技术的广泛应用。

（2）基层能力缺失的连锁反应。

基层数据标注能力的不足进一步加剧了这一问题。单个病虫害标注样本的成本高达12元，远高于ImageNet标准的0.3元。此外，在复杂场景（如阴雨天气下的病斑识别）中，误标率高达35%。这些因素不仅增加了数据标注的成本，还影响了AI模型的准确性和可靠性。

典型案例显示，云南某地的咖啡炭疽病AI识别系统由于未涵盖阴天样本，导致30%的健康果实被错误销毁。这一事件凸显了基层能力缺失对AI技术落地的影响，也说明了在多样化农业环境中，数据标注和模型训练面临的挑战。

综上所述，小规模农业在智能化转型过程中面临着设备成本高和作物形态数据标注难题等现实约束。为了克服这些困境，需要进一步的政策支持、技术创新和基层能力建设，以推动农业智能化的全面发展。

（二）技术突破：小样本学习与跨模态融合

在农业智能化的推进过程中，技术突破是克服现实约束、实现广泛应用的关键。小样本学习和跨模态融合作为当前人工智能领域的前沿技术，为农业智能应用提供了新的解决方案。

1. 小样本学习：低数据依赖的智能跃迁

小样本学习旨在通过有限的数据实现高效的模型训练，这对于解决农业领域数据获取困难的问题具有重要意义。

（1）元学习（meta-learning）框架创新。

江苏大学在稻瘟病识别模型中采用了原型网络（prototypical network）架构，这是一种先进的元学习方法。该模型通过计算支持集（support set）的类别原型向量，并利用余弦距离度量查询集（query set）与原型之间的相似性，实现了高效的学习和分类。具体而言，模型的训练过程如图3-6所示。

```Python
def meta_learner(support_set, query_set):
    prototypes = mean(CNN(support_set))  # 计算类别原型向量
    loss = cosine_distance(CNN(query_set), prototypes)  # 计算损失
    return accuracy, loss
```

图3-6　模型的训练过程

该模型仅需500张病叶样本即可达到96%以上的准确率。此外，其强大的迁移能力在跨生态区测试中得到了验证，泛化误差小于4%，显示出良好的适应性和鲁棒性。

（2）生成式数据增强。

为解决数据标注成本高的问题，华为农研所开发了LeafGAN模型，这是一种基于生成对抗网络（GAN）的技术。该模型成功合成了10万张多品种病斑图像，将标注成本降低了92%。在实际应用中，使用合成数据训练的模型在真实场景中的识别精度达到了94.7%，相较于传统方法提升了11.2%。这表明生成式数据增强技术在提高模型性能和降低数据获取成本方面具有显著优势。

2. 多源数据融合：打破"信息茧房"

多源数据融合技术通过整合不同模态的数据，打破了农业数据的"信息茧房"，能更全面和精准地提供决策支持。

（1）跨模态感知架构。

跨模态感知架构能整合气象卫星数据（降水、辐射等）、无人机多光谱影像（NDVI 指数）和土壤电导率传感器数据，并利用 Transformer 模型进行融合分析。在华北小麦倒伏预警系统中，该架构通过融合 6 类异构数据，将预测准确率从 82% 提升至 95%。灾害响应时间缩短至 3h，有效减少了 23% 的损失。这种跨模态的数据整合和分析能力，显著提高了农业灾害预警和管理效率。

（2）联邦学习破解数据孤岛。

为解决数据孤岛问题，江苏试点了"区块链+联邦学习"的创新模式。该模式允许 22 家农场共享模型参数而非原始数据，从而保护了数据隐私。通过这种方式，训练样本的覆盖度提升了 300%，玉米螟虫害识别模型的 F1-score 达到了 0.91，相较于独立训练的 0.72 有了显著提升。联邦学习技术不仅增强了模型的性能，还促进了农业数据的共享和协同利用。

综上所述，小样本学习和跨模态融合技术为农业智能化提供了强有力的支持。这些技术突破不仅降低了数据依赖和获取成本，还提高了模型的准确性和适应性，为智慧农业的发展开辟了新的路径。

（三）政策与产业协同：构建普惠性智慧农业生态

在推动智慧农业发展的过程中，政策与产业的协同合作至关重要。构建普惠性的智慧农业生态，可以有效解决小规模农业面临的智能化困境，促进农业技术的广泛应用和普及。

1. 农机共享：从设备租赁到"农业即服务"

农机共享模式的演变体现了农业服务模式的创新和升级，通过共享经济，提高农机的利用效率，降低小农户的使用成本。

（1）商业模式演进三阶段。

农机共享模式的发展可以分为 3 个阶段，每个阶段都具有独特的核心特征和典型应用案例。

设备租赁：以山东雷沃重工为例，按小时收费的模式（如收割机 80 元/h）显著降低了农户的使用成本，降幅达 30%。这种模式适合小型农户和季节性需求的农场，使农户可以根据实际需求灵活租用设备，减少了设备闲置和资金占用。

智慧托管：中化 MAP 智慧农业推出的 AI 决策+全程作业模式，以亩均 200 元的价格提供全面的农业生产服务。小农户的参与率因此提升了40%，使更多的小规模农户能够享受到智能化农业服务，提高了生产效率和收益。

产能交易：江苏"农能链"平台通过区块链技术撮合产能需求，使土地利用率提升了25%。该平台将农机资源与市场需求进行精准匹配，优化了资源配置，提高了农机的使用效率和经济效益。

这些阶段的演进不仅反映了农机共享模式的不断成熟，也展示了其在降低农户成本、提高生产效率方面的显著成效。

（2）政策配套关键点。

为了支持农机共享模式的发展，政府出台了一系列政策配套措施。

风险共担机制：政府设立智能农机保险基金，对农户购买智能农机保险进行50%的保费补贴。这一措施有效降低了农户使用智能农机的风险，提高了他们使用新技术的积极性。

基础设施普惠化：推动村级5G基站的建设，实现覆盖率达100%。同时，降低边缘算力成本至0.8元/GPU小时，为智慧农业提供了强大的数据处理和传输支持。这些基础设施的完善为农机共享模式的运行和推广提供了坚实的保障。

2. "体医农"数据平台：健康链与生产链的融合

"体医农"数据平台是智慧农业生态系统中的创新尝试，通过整合农业、医疗和消费数据，实现了健康链与生产链的深度融合。

（1）平台架构与数据闭环。

农业端（土壤重金属/农药残留）→云端AI分析→医疗端（居民健康档案）→消费端（营养膳食建议）

该平台的架构基于数据的全流程整合。

农业端：监测土壤重金属含量和农药残留情况，为农业生产提供数据支持。

云端AI分析：利用人工智能技术对采集的数据进行分析，生成精准的决策建议。

医疗端：与居民健康档案系统对接，为社区医院提供健康风险预警。例如，在江苏常熟的试点中，稻米镉含量超标预警使高风险人群肾病筛查率提升了90%。

消费端：根据居民的健康数据，提供个性化的营养膳食建议。基于血糖数据指导低GI水稻种植的案例中，农民因此实现了15%的溢价增收。

这种数据闭环的建立，将农业生产与居民健康、消费选择紧密结合，形成了一个良性循环的生态系统。

（2）制度创新突破点。

为了确保数据平台的有效运行，制度创新是不可或缺的。

数据权属界定：依据《农业农村数据分级分类管理办法》，明确农田数据作为集体资产的属性。农民可以通过数据资产入股平台，享受医疗健康服务的折扣，从而增加农民的非生产性收入。

标准互认体系：建立了从农田到体检中心的 89 项指标映射关系，如土壤砷含量与尿砷检测值之间的对应关系。这种体系的确立，为数据的跨领域应用和共享提供了标准化的支持，提高了数据的利用效率和决策的科学性。

通过这些政策与产业协同的措施，可以有效构建一个普惠性的智慧农业生态，为小规模农户提供更多的支持和机会，推动农业智能化的全面发展。

理论升华：本部分呼应罗必良提出的"农业新质生产力本质是要素优化组合"，通过技术—商业—政策协同，破解小农户智能化困境，为农业现代化提供中国方案。

第四章

体医工农融合的理论基础、现状与挑战

第一节　体医工农融合的理论基础

一、跨学科融合理论

跨学科融合理论是体医工农融合的重要理论支撑，强调通过打破传统学科边界，实现不同学科之间的资源共享、优势互补和协同创新，它强调的是不同学科之间的互动与协作。在体医工农融合的背景下，体育、医学、工程和农业等领域的知识和技术相互渗透，形成新的研究和应用领域，为解决单一学科难以攻克的技术难题提供了新的思路。通过跨学科的合作，可以实现不同学科的专家共同探讨问题，分享各自领域的知识，促进创新。在面临复杂的社会问题时，单一学科的解决方案往往不够全面，跨学科的研究能够提供更为全面的视角。

同时，通过整合不同学科的资源和方法，可以加速研究进程，提高创新能力。跨学科融合不限于学术研究，还包括实际应用，如产业发展、政策制定等。它的目标是打破学科壁垒，实现资源的优化配置和知识的共享，从而更有效地应对当今社会面临的各种挑战，如气候变化、公共卫生问题等。

随着科学技术的快速发展，特别是信息技术和生物技术的进步，学者们逐渐认识到单一学科难以解决复杂的社会问题，体医工农融合的理论基础逐步形成，开始出现相关的研究项目和合作。进入 21 世纪后，体医工农融合的实际应用逐渐增多。在一些国家和地区，政府和科研机构开始鼓励跨学科合作，通过建立跨学科团队来解决公共卫生、农业生产、环境保护等多方面的问题。医学与工程的结合推动了精准医疗的发展，而农业与科技的结合则促进了智能农业的兴起。最近几年，体医工农融合在全球范围内得到了更深入的发展。大数据、人工智能等新技术的应用，使得跨学科融合的形式更加多样化，研究成果的转化效率也大幅提升。此时政府、企业、学术界等多方力量共同参与，形成了良好的合作生态。

工学作为技术手段，弥合了体育学与医学之间的裂隙，推动了体医工的深度融合。这种跨学科融合不仅促进了体育学的学科发展，还为实现"体育强国""健康中国"等国家战略目标提供了有力支持。在体医工融合的理论基础中，体育学作为核心学科，强调以体育学为基础，借助医学和工学的学科优势，完善体育学的学科体系。同时，体医工融合学科的内容体系涵盖了体育学、医学、计算机科学、数学和工程学等多个学科的交叉领域。这种跨学科的融合模式不仅拓宽了先进科学技术在体育运动与健康领域的应用，还为体育学的高精尖学科建设提供了新的方向。

二、系统论视角下的体医工农融合

系统论是一种跨学科的理论，旨在研究和理解复杂系统及其组成部分之间的相互关系和整体行为。它强调的是从整体出发，将系统视为一个有机的整体，而不是简单地将其分解为孤立的部分。系统论视角的核心在于关注系统内部各要素之间的相互作用、系统的动态行为以及系统与外部环境之间的关系。体医工农的融合不是各学科知识的简单叠加，而是一个复杂系统的形成与优化。系统论为我们提供了一种分析和解决问题的新方法，使我们能够从整体的视角去理解和应对这一融合带来的挑战与机遇。

（一）整体性

系统论强调整体性，即一个系统的特性不能仅通过分析其各个组成部分来理解，而是必须考虑这些部分之间的相互关系及其对整体的影响。在体医工农融合中，各个领域并不是孤立存在的，而是相互依存、相互作用的。以健康促进为例，传统的健康管理往往是医疗单独介入，忽视了体育、工程和农业的影响。在推进健康促进计划时，通过融合体育、医学、工程和农业的资源，采取综合干预措施可以达到更好的效果。在具体实施过程中，通过社区健身活动，提高居民的身体素质和健康意识；引入健康检查和咨询服务，及时发现和处理健康问题；改善社区环境，如建设步道、公园等，鼓励居民参与户外活动；推广社区农业，增加新鲜蔬菜的供应，改善居民的饮食结构。这一综合干预措施的实施，不仅提高了居民的健康水平，也促进了社区的凝聚力，最终实现了全方位的健康促进目标。以上案例表明只有从整体出发，考虑各个领域的相互关系，才能有效解决复杂的健康问题。

（二）动态性

动态性是系统论的另一个重要特征，强调系统的各个组成部分会随着内外部环境的变化而不断调整。在体医工农融合中，动态性意味着我们需要不断监测系统的运行状态，并根据变化及时调整策略。以智慧农业为例，在推广智慧农业的过程中，可以与当地医疗服务相结合，建立健康管理系统。该系统通过传感器和大数据分析，实时监测农作物的生长情况和居民的健康指标。农民可以通过传感器实时了解土壤湿度、温度等信息，及时调整灌溉和施肥策略。居民的健康数据也被纳入系统，相关人员可以通过定期对健康数据进行分析来识别潜在的健康风险。当监测到某一作物的生长受到气候变化影响时，系统会自动发出预警，进而为农民提供相应措施和建议。同时居民的健康数据变化也会反馈给医疗机构，促使他们调整健康管理方案。智慧农业与健康管理的动态融合不仅提高了农业生产效率，还有效保障了居民的健康水平，系统通过动态调整能够在变化的环境中保持最佳的运行状态。

（三）反馈机制

反馈机制是系统论中一个重要的概念，指的是系统内部各个部分之间的相互作用所形成的反馈环路。在体医工农融合中，反馈机制帮助我们了解各个领域的变化如何影响整体系统，并及时做出相应的调整。以健康饮食与农业生产的反馈循环为例，在农业合作社中农民可以通过与营养师的合作，建立健康饮食与农业生产的反馈循环。具体做法如下：首先，营养师根据居民的健康需求，提出对特定营养成分的需求，例如，增加富含维生素的蔬菜种植。其次，农民根据这些需求，调整种植计划，增种相关作物。最后，合作社通过销售数据能够及时了解市场对不同产品的反馈，进一步调整种植策略。同时，通过营养师和医疗机构的合作，达成跟踪居民的饮食变化和健康状况的需求，提供进一步的饮食建议。这种反馈机制不仅促进了健康饮食的推广，也提高了农业生产的针对性和效率。通过建立有效的反馈循环，各个参与者都能够在系统内不断学习和适应，从而实现共同发展的目标。

系统论视角为体医工农融合提供了重要的理论基础，打破学科界限，整合不同学科的知识和技术，使体医工农融合在知识创新、技术应用和人才培养等方面取得了显著进展。随着技术的进一步发展和政策的持续支持，体医工农融合将在系统论视角的指导下，实现更深层次的协同发展，为社会和经济的可持续发展做出更大贡献。

三、生态学与可持续发展理论的应用

生态学与可持续发展理论是两个密切相关的领域，它们关注环境、生态系统和人类社会之间的相互关系。生态学是研究生物与其环境之间相互关系的科学，它探讨生物体（包括植物、动物和微生物）如何与周围的非生物环境（如气候、土壤、水体等）相互作用，以及这些相互作用如何影响生态系统的结构和功能。可持续发展理论是一种旨在满足当前需求而不损害未来世代满足其需求能力的发展模式，它强调在经济、社会和环境三者之间寻求平衡。可持续发展理论的一个重要框架是联合国《2030年可持续发展议程》，其包含17个可持续发展目标（SDGs），旨在解决全球面临的各种挑战，如贫困、气候变化、健康和教育等。生态学为可持续发展提供了科学基础，帮助人们理解生态系统的运作和人类活动对环境的影响。通过生态学的研究，可以制定出更有效的可持续发展策略，以保障生态系统的健康和人类社会的长远发展。在体医工农融合的背景下，生态学与可持续发展理论为解决复杂的社会和环境问题提供了重要的理论基础，应用广泛。

（一）健康生态系统的构建

生态学理论强调人与自然的和谐共生，这为体医工融合提供了新的视角。通过整合体育、医学和工学的知识和技术，构建一个涵盖运动促进健康、疾病预防与康复的健康生态系统。例如，通过运动处方和智能健身平台，促进全民健康，减少慢性疾病的发生。关注运动环境的生态化，如建设生态公园和绿色健身步道，提升运动的生态效益。健康生态系统强调人类活动对自然生态系统的影响，体医工农融合需要遵循生态原则，促进人与自然的和谐共生。

1. 生态友好的体育设施

在体医工农融合的背景下，许多城市开始建设生态友好的体育设施，体现了生态学和可持续发展理论的应用。例如，在建设新的体育中心时，采用绿色建筑设计，整合可再生能源，设置雨水回收系统。这一设施不仅提供了丰富的体育活动空间，还通过屋顶绿化和周围植被的增加，改善了城市的生态环境。在体育中心的运营中结合环境教育课程，也可以提高公众对生态保护的意识，鼓励他们积极参与环保活动。这种方式不仅提升了居民的身体素质，也促进了社区的可持续发展。

2. 有机农业与营养干预

在体医工农融合中，生态农业的推广与营养健康的结合为人们提供了更加健康的饮食选择。如通过种植有机蔬菜和粮食作物，减少化学肥料和农药的使用，不仅提高了农产品的营养价值，还增强了土壤的生态功能。这些农产品通过社区食堂和市场直接供应给居民，促进了健康饮食的普及。此外，结合营养知识的宣传和教育可以提高居民对健康饮食的认知，形成了良好的饮食习惯，从而减少了慢性疾病的发生率。

(二) 农业生态系统的优化

在农业领域，生态学与可持续发展理论的应用体现在推动农业生态系统的优化和可持续发展。通过物联网和大数据技术，实现精准施肥、灌溉和病虫害防治，可以减少资源浪费和环境污染。还可以推广有机农业、循环农业等模式，来保护土壤、水资源和生物多样性，实现农业的可持续发展。

1. 农村地区的生态健康项目

在一些农村地区，实施生态健康项目，结合农业、医疗和环境保护，改善当地居民的生活质量。通过开展"生态健康示范村"项目，推广生态农业和健康教育，提高居民的健康水平。该项目通过引导农民采用生态种植技术，减少化学药品的使用，改善了土壤和水源的质量。同时，医疗团队为居民提供定期的健康检查和健康知识讲座，鼓励他们参与到环境保护和可持续发展的实践中。通过这种方式，农民不仅提高了自身的健康水平，还积极参与到生态环境的保护中，形成了良性的循环。

2. 智能农业与健康监测

结合现代工程技术，发展智能农业系统，应用在体医工农融合中，可以有效提高农业生产效率，同时关注居民的健康。例如，通过引入智能灌溉和环境监测系统，将农业生产和健康管理结合在一起。通过传感器监测土壤湿度、气温等环境因素，农民能够精准管理水资源，减少浪费。同时，系统还可以收集农作物的生长数据，提供对人类健康最佳的种植策略。此外，结合健康监测设备，实时跟踪居民的健康状态，在发现问题时及时干预。这种整合方式不仅提高了农业的可持续性，还有效促进了居民的健康管理。

(三) 支持与未来展望

生态学与可持续发展理论的应用离不开各方面的支持与保障。"健康中国行动"是为提升全民健康水平而制定的一项长期战略，该行动强调"健康为先"的理念，促进医疗、体育、教育等多个领域的融合发展。其中，体医融合是该行动的重要组成部分，旨在通过加强医疗资源的配置和优化，推动健身与医疗的结合，不仅提高了居民的身体素质，还有效降低了慢性病的发生率。

乡村振兴战略是为实现农业农村现代化、推动乡村可持续发展而制定的重要发展战略。该战略强调生态农业和数字农业的发展，旨在通过科技创新和产业升级，结合财政补贴、技术培训和市场准入等多方面，实现农村经济的持续增长与生态环境的保护，为农村经济的可持续发展提供了有力保障。在实施乡村振兴战略的过程中，生态农业的推广不仅有助于改善农村生态环境，还能提升农产品的质量和附加值。数字农业的兴起也为农村带来了新的发展机遇。通过互联网和大数据，农民可以更好地掌握市场动态，合理调整生产策略，提高经济效益。

随着全球环境变化的加剧以及社会对可持续发展的高度关注，生态学与可持续发展理论在体医工农融合中的应用前景广阔。体医工农融合在技术创新、政策支持和人才培养等方面取得显著进展，也会带动各类健康产业的发展，包括健康管理、营养咨询、心理健康等新兴领域。数字健康技术的应用也将成为未来的趋势，通过大数据和人工智能等技术手段，提升健康服务的精准性和有效性。

综上所述，政策支持与未来展望是相辅相成的。通过有效的政策引导和实施，生态学与可持续发展理论的应用将更加深入，推动社会各个层面的良性发展。体医工农融合将更加注重生态系统服务与人类福祉的协同提升，通过生态农业、绿色健身和智能健康管理等模式，实现生态系统的保护与人类健康的双赢。同时，体医工农融合将借鉴社会—生态系统适应性治理理论，来应对复杂环境变化和不确定性，还需要通过建立动态监测和反馈机制，来及时调整政策和技术方案，提升系统的适应性和韧性。

四、总结

体医工农的融合不仅是各学科之间的协作，更是系统性思维和可持续发展理念的具体体现。体医工农融合的理论基础涵盖了跨学科融合理论、系统论和生态学与可持续发展理论。跨学科融合理论强调打破学科边界，实现资源共享和协同创新；系统论视角下的融合强调从整体出发，构建综合系统，实现系统的优化；生态学与可持续发展理论则强调人与自然的和谐共生，推动各领域的可持续发展。这些理论为体医工农融合提供了坚实的理论支撑，为解决当今社会面临的复杂问题提供了新的思路和方法。

第二节　体医工农融合的国内外研究现状

一、国内政策推动与研究成果

（一）体医融合（体育与医疗融合）

1. 国内政策

《"健康中国 2030"规划纲要》强调，"加强体医融合和非医疗健康干预，发布体育健身活动指南，建立完善针对不同人群、不同环境、不同身体状况的运动处方库，推动形成体医融合的疾病管理与健康服务模式"。《关于构建更高水平的全民健身公共服务体系的意见》提出，"要深化体卫融合，推动健康关口前移，推广常见慢性病运动干预项目和方法，倡导'运动是良医'理念"。《体医融合促进健康指导意见》由国家体育总局和卫健委联合发布，推动运动处方、康复治疗等体医融合服务的发展。

2. 研究成果

慢性病防控。高血压、糖尿病管理：通过运动干预，部分患者用药量减少 20% ～ 30%，病情得到显著改善。肥胖干预：针对肥胖人群制定个性化运动方案，结合饮食管理，体重控制效果显著。

康复治疗。术后康复：运动康复技术广泛应用于骨科、心血管等术后康复，加速患者恢复。慢性疼痛管理：通过运动疗法缓解慢性疼痛，如腰背痛、关节炎等。

健康管理。健康监测：智能手环、智能手表等可穿戴设备实时监测心率、步数等数据，与医院健康平台对接，提供健康建议。健康促进：社区健康促进项目通过运动干预提升居民健康水平，降低慢性病发病率。

人才培养。复合型人才：体育院校与医学院联合培养"体医融合"复合型人才，如运动康复师、健康管理师等。专业培训：开展体医融合专业培训，提升医生和体育指导员的跨领域知识和技能。

（二）体工融合（体育与工业融合）

1. 国内政策

《"健康中国 2030"规划纲要》提出推动体育与科技、工业的融合，发展智能体育装备和健康监测设备。通过科技创新提升全民健身和健康管理水平。《体育产业发展"十四五"规划》支持智能体育装备、可穿戴设备、虚拟现实和增强现实技术在体育领域的应用。到 2025 年，体育产业总规模达到 5 万亿元，智能体育装备成为重要增长点。《中国制造 2025》推动智能制造与体育装备制造业的结合，提升体育器材的科技含量。实现体育装备制造的智能化、高端化和国际化。《关于促进全民健身和体育消费推动体育产业高质量发展的意见》鼓励体育与工业、科技等领域的深度融合，发展智能体育装备和健康监测设备。推动体育产业成为国民经济支柱性产业。

2. 研究成果

智能体育装备研发。国内企业如李宁、安踏等推出智能跑鞋、智能健身器材等产品，华为、小米等企业开发智能手环、智能手表等可穿戴设备。

虚拟现实和增强现实技术应用。国内企业开发虚拟现实体育训练系统，应用于运动员训练和大众健身。

体育装备制造升级。国内体育装备制造企业如泰山体育、金陵体育等实现技术升级，产品出口到全球市场。体育院校与工业企业合作，开发新型体育装备和技术。

（三）体农融合（体育与农业融合）

1. 国内政策

乡村振兴战略规划提出发展乡村体育旅游、休闲农业等新业态，推动体育与农业的融合。通过体育与农业的结合，促进农村经济发展，提升农民收入。《关于推进体育助力乡村振兴工作的指导意见》支持乡村体育设施建设，发展特色体育赛事和活动，推动体育与农业的融合。到 2025 年，建成一批乡村体育旅游示范项目，推动乡村体育产业发展。《"健康中国 2030"规划纲要》倡导通过体育活动提升全民健康水平，推动体育与农业的结合。通过体育与农业的融合，促进农村健康事业发展。《关于促进全民健身和体育消费推动体育产业高质量发展的意见》鼓励发展乡村体育旅游、农业观光等新业态，推动体育与农业的融合。推动体育产业成为国民经济重要产业。

2. 研究成果

乡村体育旅游。如田园马拉松、山地自行车赛、乡村徒步活动。通过举办这些比赛，推动当地旅游和经济发展。

特色体育赛事。如稻田拔河赛、农事体验赛事。

农业观光与体育休闲结合。如田园骑行、农庄体育休闲。通过发展农庄体育休闲项目，推动农业观光和体育休闲结合。

乡村体育设施建设。通过乡村体育公园、健身步道提升农村体育基础设施水平，推动乡村体育旅游和健康生活方式的普及。

二、国际体医工农融合的成功经验

（一）体医融合（体育与医疗融合）

1. 美国：运动是良医

（1）背景与起源。

"运动是良医"（exercise is medicine，EIM）是由美国运动医学会（ACSM）于2007年发起的一项全球性健康倡议，旨在通过将运动干预纳入医疗体系，预防和治疗慢性疾病，提升全民健康水平。该计划的核心理念是"运动是一种医学手段"，强调医生应将运动处方作为治疗计划的一部分。

（2）核心机制与成功经验。

政策支持与顶层设计。政策推动：美国政府通过《平价医疗法案》（*Affordable Care Act*）鼓励预防性健康管理，将运动干预纳入慢性病治疗方案。医保覆盖：部分州（如加利福尼亚州）将运动处方和健身房会员费用纳入医保报销范围，激励患者参与运动。跨部门合作：卫生与公众服务部（HHS）与体育、教育部门合作，推动运动干预在社区和学校的普及。

跨界合作与资源整合。医疗机构与健身行业合作：医生开具运动处方后，患者可在合作健身房享受免费或低价服务。例如，美国最大的健康保险公司联合健康集团（United Health）与Planet Fitness合作，为参保人提供健身房会员补贴。健身房配备专业运动教练，根据患者健康状况制订个性化运动计划。

数据共享与健康管理。可穿戴设备（如Fitbit、Apple Watch）与电子健康档案系统对接，医生可实时追踪患者运动数据，调整治疗方案。健康保险公司通过数据分析，为完成运动目标的参保人提供保费折扣或现金奖励。

社区与全民参与。社区健康计划：各地社区设立健康促进中心，提供免费运动课程（如瑜伽、有氧运动）和健康检查服务。社区志愿者组织"步行俱乐部""跑步小组"等活动，鼓励居民参与。

学校健康教育。将运动干预纳入学校健康教育课程，培养学生健康生活方式。部分学校与医疗机构合作，为学生提供运动处方和健康监测。

科学研究与证据支持。临床研究：美国运动医学会资助多项临床研究，证明运动干预对慢性病（如糖尿病、高血压、肥胖等）的显著疗效。例如，一项研究表明，每周150分钟中等强度运动可使2型糖尿病发病率降低58%。指南制定：发布《运动处方指南》，为医生提供科学依据，指导患者进行安全有效的运动。针对不同人群（如老年人、孕妇、慢性病患者）制定个性化运动方案。

公众宣传与健康教育。媒体宣传：通过电视、社交媒体等渠道推广"运动是良医"理念，提高公众对运动干预的认知。邀请明星运动员担任健康大使，分享运动对健康的益处。健康教育活动：每年举办"全球运动日"（Global Move Day），鼓励公众参与运动。在社区、学校、企业开展健康讲座和运动体验活动。

（3）实施成效。

慢性病防控效果显著。运动干预使高血压患者用药量减少20%~30%，糖尿病患者血糖控制达标率提高25%。肥胖人群通过运动干预，体重平均下降5%~10%，相关医疗费用减少30%。

医疗费用降低。通过运动干预，美国每年节省慢性病医疗费用约1000亿美元。健康保险公司因参保人健康状况改善，赔付率下降15%。

全民健康水平提升。经常参与运动的人口比例从2007年的43%提升至2020年的55%。国民平均寿命延长1.5岁，健康不平等现象有所缓解。

2. 芬兰：社区健康促进模式

（1）背景与起源。

芬兰是全球体医融合领域的先驱国家之一。20世纪70年代，芬兰心血管疾病发病率高居全球前列，尤其是北卡累利阿地区（North Karelia）的男性心血管疾病死亡率是全球最高的地区之一。为了应对这一公共卫生危机，芬兰政府启动了"北卡累利阿项目"（North Karelia project），这是全球首个以社区为基础的健康促进计划，旨在通过生活方式干预（包括运动、饮食改善等）降低慢性病发病率。这一项目的成功不仅显著改善了国民健康水平，还为全球体医融合提供了宝贵经验。

（2）核心机制与成功经验。

政策支持与顶层设计。国家战略：芬兰将健康促进纳入国家社会福利体系，制定了《国家健康促进计划》（*National Health Promotion Program*），明确将运动干预作为慢性病防控的核心手段。法律保障：通过《健康促进法》（*Health Promotion Act*），要求地方政府在社区层面提供免费运动设施和健康服务。财政支持：政府每年投入约 1 亿欧元用于健康促进项目，包括社区运动设施建设、健康教育和慢性病管理。

社区驱动的健康促进网络。社区健康中心：每个社区设立健康中心，配备健身房、游泳池、运动场等设施，居民可免费或低价使用。健康中心由公共卫生护士和运动指导员提供健康咨询和运动指导服务。健康志愿者网络：社区招募健康志愿者，组织"步行俱乐部""老年人运动小组"等活动，鼓励居民参与。志愿者接受专业培训，能够为居民提供基础健康监测和运动建议。

数据驱动的健康管理。健康档案系统：建立全民健康档案系统，记录居民的运动、饮食、慢性病等健康数据。医生和健康指导员可通过系统追踪居民健康状况，制定个性化运动处方。健康监测与评估：定期开展国民健康调查，评估健康促进项目的效果。通过数据分析，优化运动干预方案和资源配置。

运动干预与慢性病管理。运动干预：医生为慢性病患者开具运动处方，建议患者每周进行 150 分钟中等强度运动（如快走、游泳）。运动指导员根据患者健康状况制订个性化运动计划，并提供全程指导。慢性病管理项目：针对高血压、糖尿病、肥胖等慢性病，开展社区运动干预项目。例如，"糖尿病运动计划"通过有氧运动和力量训练，帮助患者控制血糖水平。

公众教育与健康文化。健康教育课程：在学校开设健康教育课程，教授学生运动对健康的益处以及如何制订运动计划。社区定期举办健康讲座，邀请医生和运动专家讲解慢性病防控知识。

媒体宣传。通过电视、广播、社交媒体等渠道推广健康生活方式，鼓励居民参与运动。制作健康宣传片，展示运动干预的成功案例。

（3）实施成效。

慢性病防控效果显著。心血管疾病死亡率从 20 世纪 70 年代的每 10 万人中 643 例下降至 2020 年的每 10 万人中 150 例，降幅达 77%。肥胖率从 20 世纪 70 年代的

30% 下降至 2020 年的 20%。

医疗费用降低。通过运动干预和健康促进，芬兰每年节省慢性病医疗费用约 5 亿欧元。健康保险公司因参保人健康状况改善，赔付率下降 10%。

全民健康水平提升。经常参与运动的人口比例从 20 世纪 70 年代的 30% 提升至 2020 年的 70%。国民平均寿命延长 10 岁，健康不平等现象显著改善。

（二）体工融合（体育与工业融合）

1. 德国：工业 4.0 与智能体育装备

（1）背景与起源。

德国是全球工业 4.0 的引领者，其智能制造技术在全球范围内处于领先地位。近年来，德国将工业 4.0 的理念和技术应用于体育装备制造领域，推动了体育与工业的深度融合（体工融合）。通过智能化、数字化和网络化的生产方式，德国不仅提升了体育装备的技术水平和市场竞争力，还为全球体工融合提供了宝贵经验。

（2）核心机制与成功经验。

政策支持与顶层设计。国家战略：德国政府将智能体育装备列为"国家工业战略 2030"的重点领域，计划到 2030 年将体育装备制造业的智能化水平提升至全球领先地位。资金支持：政府设立"智能体育装备创新基金"，每年投入 1 亿欧元支持企业研发。标准制定：德国标准化协会（DIN）主导制定智能体育装备的国际标准，抢占全球市场话语权。

技术创新与智能制造。数字孪生技术：阿迪达斯与西门子合作，利用数字孪生技术优化跑鞋设计。通过虚拟仿真，生产周期缩短 30%，成本降低 20%。数字孪生技术还应用于智能足球的研发，实时追踪球的运动轨迹和受力情况。工业机器人：库卡（KUKA）开发了用于体育装备生产的工业机器人，实现生产线的全自动化。例如，智能篮球的装配线由机器人完成，生产效率提升 50%。3D 打印技术：利用 3D 打印技术定制运动鞋垫和护具，满足个性化需求。例如，彪马（Puma）推出的 3D 打印跑鞋，重量减轻 20%，舒适度提升 30%。

跨界合作与产学研结合。企业与高校合作：阿迪达斯与慕尼黑工业大学合作，成立"智能体育装备研究中心"，专注于新材料和智能传感器的研发。研究成果包括可监测心率、步频等数据的智能运动服。产业链协同：德国体育装备制造商与上下游企业（如传感器供应商、软件开发商）形成紧密合作，构建智能体育装备生态系统。例如，博世（Bosch）为智能运动手表提供传感器技术支持。

市场拓展与品牌建设。高端定位：德国智能体育装备以高端市场为主，注重技术含量和品牌价值。例如，阿迪达斯的智能跑鞋售价高达300欧元，但仍供不应求。全球化布局：德国企业通过并购和合作，拓展全球市场。例如，阿迪达斯收购美国智能健身设备公司Runtastic，增强其在北美市场的影响力。2022年，德国智能体育装备出口额达180亿欧元，占全球市场份额的25%。

用户体验与数据驱动。智能可穿戴设备：德国企业开发了多款智能可穿戴设备（如智能手表、智能手环等），实时监测用户的运动数据和健康状况。例如，博世的智能手表可监测心率、血氧、睡眠质量等指标，并通过应用程序提供健康建议。数据分析与个性化服务：通过大数据分析，为用户提供个性化运动方案和健康管理服务。例如，阿迪达斯的Running应用程序可以根据用户的运动数据，推荐最佳训练计划。

（3）实施成效。

产业竞争力提升。德国智能体育装备制造业的年产值达250亿欧元，占全球市场份额的25%。阿迪达斯、彪马等品牌在全球高端市场占据主导地位。

技术创新成果显著。数字孪生技术使产品研发周期缩短30%，成本降低20%。3D打印技术实现了运动装备的个性化定制，用户满意度提升40%。

用户体验改善。智能可穿戴设备的用户数量突破1000万，用户黏性显著提升。通过数据分析，用户的运动效果提升20%，慢性病风险降低15%。

2. 日本：机器人技术赋能体育训练

（1）背景与起源。

日本是全球机器人技术的领先国家，其机器人研发和应用在工业、医疗、服务等领域均处于世界前沿。近年来，日本将机器人技术应用于体育训练领域，推动了体育与工业的深度融合（体工融合）。通过机器人辅助训练、数据分析和技术创新，日本不仅提升了运动员的训练效率和竞技水平，还为全球体工融合提供了宝贵经验。

（2）核心机制与成功经验。

政策支持与顶层设计。国家战略：日本政府将机器人技术列为"科学技术创新综合战略"的重点领域，计划到2030年将机器人产业规模扩大至10万亿日元。资金支持：政府设立"机器人体育训练创新基金"，每年投入 500 亿日元支持企业研发。标准制定：日本机器人协会（JARA）主导制定机器人体育训练的国际标准，抢占全球市场话语权。

技术创新与机器人应用。训练机器人：松下开发了乒乓球训练机器人 FORPHEUS，能够模拟不同风格的对手，帮助运动员提高实战能力。例如，FORPHEUS 可根据运动员的水平调整发球速度和旋转，提供个性化训练方案。康复机器人：本田开发了步行辅助机器人 Honda Walking Assist，用于运动员的术后康复训练。例如，该机器人可帮助膝关节受伤的运动员恢复行走能力，康复时间缩短 30%。数据分析机器人：东芝开发了足球数据分析机器人，能够实时追踪球员的运动轨迹和战术配合，提供数据支持。例如，该机器人可分析球员的跑动距离、传球成功率等指标，帮助教练优化战术。

跨界合作与产学研结合。企业与高校合作：松下与早稻田大学合作，成立"机器人体育训练研究中心"，专注于机器人技术在体育训练中的应用。研究成果包括可模拟真实比赛场景的足球训练机器人。产业链协同：日本体育装备制造商与机器人企业形成紧密合作，构建机器人体育训练生态系统。例如，阿西莫（ASIMO）机器人为智能运动装备提供技术支持。

市场拓展与品牌建设。高端定位：日本机器人体育训练设备以高端市场为主，注重技术含量和品牌价值。例如，FORPHEUS 乒乓球训练机器人售价高达 10 万美元，但仍供不应求。全球化布局：日本企业通过并购和合作，拓展全球市场。例如，松下收购美国智能健身设备公司 Peloton，增强其在北美市场的影响力。2022 年，日本机器人体育训练设备出口额达 50 亿美元，占全球市场份额的 20%。

用户体验与数据驱动。智能训练系统：日本企业开发了多款智能训练系统（如智能跑步机、智能动感单车），实时监测用户的运动数据和健康状况。例如，松下的智能跑步机可根据用户的运动数据，调整训练强度和时长。数据分析与个性化服务：通过大数据分析，为用户提供个性化训练方案和健康管理服务。例如，东芝的足球数据分析机器人可根据球员的表现，推荐最佳训练计划。

（3）实施成效。

竞技水平提升。通过机器人辅助训练，日本运动员在奥运会和世界杯等国际赛事中的表现显著提升。例如，日本乒乓球队在 2020 年东京奥运会上获得多枚奖牌。

技术创新成果显著。机器人技术使训练效率提升 30%，运动员受伤率降低 20%。例如，FORPHEUS 乒乓球训练机器人的个性化训练方案使运动员的技术水平提升 25%。

用户体验改善。智能训练系统的用户数量突破 100 万，用户黏性显著提升。

（三）体农融合（体育与农业融合）

1. 法国：乡村体育旅游

（1）背景与起源。

法国是全球乡村体育旅游的典范国家，其独特的自然风光、丰富的文化遗产和成熟的旅游基础设施为体育与农业融合（体农融合）提供了得天独厚的条件。通过将体育活动与农业观光、乡村文化相结合，法国不仅推动了乡村经济的发展，还为全球体农融合提供了宝贵经验。

（2）核心机制与成功经验。

政策支持与顶层设计。国家战略：法国政府将乡村体育旅游列为"国家旅游发展战略"的重点领域，计划到 2030 年将乡村体育旅游收入提升至 100 亿欧元。资金支持：政府设立"乡村体育旅游发展基金"，每年投入 2 亿欧元支持地方项目。法律保障：通过《乡村复兴法》，要求每个大区至少发展一个乡村体育旅游 IP，政府补贴赛事举办费用的 40%。

资源整合与文化赋能。体育与农业结合：将体育活动与农业观光结合，开发特色旅游产品。例如，波尔多红酒马拉松将赛道穿越 50 家酒庄，参赛者边跑边品酒，赛事收入 30% 反哺葡萄种植户。勃艮第地区的"葡萄园骑行"项目，游客可骑行穿越葡萄园，体验采摘和酿酒过程。文化 IP 打造：通过体育赛事推广地方文化和农产品。例如，环法自行车赛衍生出"环法农庄"旅游产品，每年吸引游客 200 万人次。普罗旺斯地区的"薰衣草马拉松"，赛道穿越薰衣草田，推广当地特色农产品。

社区参与与利益共享。农民参与：农民通过提供住宿、餐饮、向导等服务获得额外收入。例如，卢瓦尔河谷地区的农民将农庄改造成民宿，接待骑行和徒步游客。诺曼底地区的农民开设"农场体验"项目，游客可参与挤牛奶、制作奶酪等农事活动。社区共建：社区志愿者组织"乡村运动会""农事体验赛"等活动，吸引游客参与。例如，布列塔尼地区的"稻草人制作大赛"，游客与当地居民共同制作稻草人，体验乡村文化。

基础设施与服务质量。运动设施建设：在乡村地区建设徒步道、骑行道、马术场等运动设施，提升游客体验。例如，阿尔卑斯山区的"高山徒步道"全长500千米，每年吸引游客50万人次。比利牛斯山区的"山地自行车公园"，提供多种难度级别的骑行路线，满足不同游客需求。服务质量提升：培训当地居民提供专业服务（如导游、运动教练等），提升游客满意度。例如，普罗旺斯地区的"薰衣草导游"项目，导游均为当地农民，熟悉薰衣草种植和文化。卢瓦尔河谷地区的"骑行服务站"，提供自行车租赁、维修和路线规划服务。

品牌营销与市场推广。赛事IP打造：通过特色体育赛事打造乡村体育旅游品牌。例如，波尔多红酒马拉松、普罗旺斯薰衣草马拉松、环法自行车赛等已成为全球知名IP。阿尔卑斯山区的"高山滑雪赛"，每年吸引全球顶尖滑雪运动员和游客。数字化营销：通过社交媒体、旅游平台推广乡村体育旅游产品。例如，法国旅游局推出的"乡村体育旅游"应用程序，提供赛事信息、路线规划和住宿预订等服务。波尔多红酒马拉松的官方账号拥有50万粉丝，每年发布赛事动态和游客体验。

（3）实施成效。

经济效益显著。乡村体育旅游年收入达50亿欧元，占法国旅游总收入的10%。波尔多红酒马拉松每年为当地带来1亿欧元的经济收益。

乡村经济振兴。乡村体育旅游为农民创造了10万个就业岗位，农民收入提升20%。例如，卢瓦尔河谷地区的农民通过民宿和农事体验项目，年收入增加30%。

文化传承与生态保护。通过体育赛事和旅游活动，推广地方文化和农产品，增强文化认同感。例如，普罗旺斯薰衣草马拉松每年吸引数万名游客，推广当地薰衣草文化。例如，阿尔卑斯山区的"高山徒步道"项目，通过生态旅游保护山区环境。

2. 新西兰：农业与户外运动融合

（1）背景与起源。

新西兰是一个以农业和自然资源为基础的国家，拥有丰富的自然景观和独特的农业文化。近年来，新西兰通过将农业与户外运动融合，推动了体育与农业融合

（体农融合）的发展。这种模式不仅促进了乡村经济的多元化发展，还提升了新西兰作为全球生态旅游和户外运动目的地的吸引力。

（2）核心机制与成功经验。

政策支持与顶层设计。国家战略：新西兰政府将农业与户外运动融合列为"国家旅游发展战略"的重点领域，计划到2030年将乡村体育旅游收入提升至50亿新西兰元。资金支持：政府设立"乡村体育旅游发展基金"，每年投入1亿新西兰元支持地方项目。法律保障：通过《资源管理法》，要求户外运动开发需通过环境影响评估，确保生态可持续性。

资源整合与生态优先。农业与户外运动结合：利用农业资源（如牧场、果园等）开发户外运动项目。例如，皇后镇的"农场骑行"项目，游客可骑行穿越牧场，体验挤牛奶、剪羊毛等农事活动。怀卡托地区的"果园徒步"项目，游客可徒步穿越果园，品尝新鲜水果。生态优先：在开发户外运动项目时，优先考虑生态保护。例如，南岛的"高山徒步道"项目，通过生态旅游保护山区环境，北岛的"湿地皮划艇"项目，游客可在湿地中划皮划艇，观察珍稀鸟类。

社区参与与利益共享。农民参与：农民通过提供住宿、餐饮、向导等服务获得额外收入。例如，南岛的农民将农庄改造成民宿，接待徒步和骑行游客，北岛的农民开设"农场体验"项目，游客可参与挤牛奶、制作奶酪等农事活动。社区共建：社区志愿者组织"乡村运动会""农事体验赛"等活动，吸引游客参与。

基础设施与服务质量。运动设施建设：在乡村地区建设徒步道、骑行道、马术场等运动设施，提升游客体验。例如，南岛的"高山徒步道"全长500千米，每年吸引游客50万人次。服务质量提升：培训当地居民提供专业服务（如导游、运动教练等），提升游客满意度。皇后镇的"农场导游"项目，导游均为当地农民，熟悉农场运营和文化。怀卡托地区的"骑行服务站"，提供自行车租赁、维修和路线规划服务。

品牌营销与市场推广。赛事IP打造：通过特色体育赛事打造乡村体育旅游品牌。例如，皇后镇的"高山滑雪赛"，每年吸引全球顶尖滑雪运动员和游客。怀卡托地区的"果园马拉松"，赛道穿越果园，推广当地特色农产品。数字化营销：通过社交媒体、旅游平台推广乡村体育旅游产品。

（3）实施成效。

经济效益显著。乡村体育旅游每年收入达30亿新西兰元，占新西兰旅游总收入的 15%。例如，皇后镇"高山滑雪赛"每年为当地带来 1 亿新西兰元的经济收益。

乡村经济振兴。乡村体育旅游为当地农民创造了 5 万个就业岗位，农民收入提升 20%。例如，南岛的农民通过民宿和农事体验项目，年收入增加 30%。

文化传承与生态保护。通过体育赛事和旅游活动，推广地方文化和农产品，增强文化认同感。例如，怀卡托果园马拉松每年吸引数万名游客，推广当地特色水果。南岛"高山徒步道"项目，通过生态旅游保护山区环境。

三、不同国家和地区的融合模式比较

（一）技术路径分析

1. 美国：数据驱动与健康科技整合

核心技术。可穿戴设备：Fitbit、Apple Watch 等设备实时监测心率、步数、睡眠质量等数据，与电子健康档案系统无缝对接。人工智能健康管理：IBM 的 Watson Health 通过人工智能分析健康数据，生成个性化运动处方。虚拟现实与增强现实应用：Meta 的虚拟现实健身应用（如 Supernatural）提供沉浸式训练体验。

技术优势。数据整合能力强，用户健康画像精准。市场反应快，技术商业化效率高。

技术短板。数据隐私争议频发（如 Fitbit 用户数据泄露事件）。农村地区技术覆盖不足，城乡数字化鸿沟明显。

2. 德国：工业 4.0 与智能制造

核心技术。数字孪生技术：阿迪达斯与西门子合作，通过虚拟仿真优化跑鞋设计，生产周期缩短 30%。智能工厂：库卡工业机器人实现运动装备生产全自动化。3D 打印定制：彪马利用 3D 打印技术生产个性化运动鞋垫。

技术优势。高端装备制造技术全球领先，产品出口占比 25%。产业链高度协同，研发与生产无缝对接。

技术短板。中小企业数字化转型缓慢（仅 30% 接入工业互联网）。高成本技术难以普惠中小企业和个人用户。

3. 日本：机器人技术与老龄化应对

核心技术。康复机器人：松下 HOSPI 机器人辅助老年人进行步态训练，降低跌倒风险。运动训练机器人：乒乓球训练机器人 FORPHEUS 可模拟不同对手风格，提升运动员反应能力。健康监测设备：欧姆龙（Omron）血压计与运动手环联动，实时同步数据至医院系统。

技术优势。机器人技术精细度高，适配老龄化社会需求。医疗与运动数据整合能力突出。

技术短板。设备成本高昂（单台机器人售价2万美元），普及率低。技术应用集中在城市，农村覆盖率不足20%。

4. 中国：政策引导下的技术下沉

核心技术。智慧农业无人机：大疆农业无人机服务95%产粮县，农药喷洒效率提升50倍。中西医结合技术：太极拳、八段锦等传统运动与智能手环（华为、小米）结合，推广慢性病管理。数字乡村平台：拼多多"农地云拼"系统连接2000万农户，实现产销数据实时匹配。

技术优势。适用技术（如无人机）下沉速度快，覆盖范围广。政策支持推动技术快速试点（如深圳运动处方医保报销）。

技术短板。传感器、芯片等核心部件依赖进口（国产化率不足30%）。农村地区数字化基础设施薄弱，技术应用断层明显。

（二）市场策略分析

1. 德国：高端制造与全球化布局

市场定位。聚焦高端市场，阿迪达斯智能跑鞋售价300欧元，占据全球高端市场份额30%。

策略手段。技术标准输出：主导制定ISO智能体育装备标准，抢占全球话语权。并购扩张：阿迪达斯收购美国健身设备公司Runtastic，拓展北美市场。

成效与挑战。2022年体育装备出口额180亿欧元，但中小企业面临美国技术垄断压力。

2. 美国：硅谷生态与资本驱动

市场定位。以可穿戴设备和健康管理软件为主，全球市场占有率超60%。

策略手段。资本并购：苹果收购Fitness平台，整合Apple Watch健康数据生态。专利壁垒：2021年体育科技专利授权量占全球45%，压制竞争对手。

成效与挑战。年营收超800亿美元，但美国联邦贸易委员会对数据垄断开罚单（如Fitbit被罚2800万美元）。

3. 日本：技术壁垒与政府补贴

市场定位。高端康复设备与训练机器人，全球市场份额占 20%。

策略手段。政府补贴：对购买康复机器人的医疗机构补贴 50%费用。技术输出：向东南亚国家出口老年人健康管理技术（如泰国引入松下 HOSPI 机器人）。

成效与挑战。年出口额 50 亿美元，但中美技术竞争挤压其市场空间。

4. 中国：政策试点与国产替代

市场定位。中端市场为主，华为 GT 手表售价 2000 元以内，Keep 智能动感单车用户超 3000 万。

策略手段。国产替代政策：政府优先采购国产设备（如大疆无人机）。场景创新：抖音、快手推广乡村体育旅游（如贵州"村 BA"直播观看量破亿）。

成效与挑战。2022 年智能体育装备市场规模 500 亿元，但国际品牌认可度低。

（三）产业生态分析

1. 芬兰：全民健康网络与社会参与

生态特点。社区健康中心全覆盖：每个社区都配备免费健身房和运动指导员。全民健康档案系统：整合医疗、运动、饮食数据，政府主导数据共享。

社会参与。70%居民参与社区健康活动，志愿者网络覆盖全国。

挑战。老龄化加剧（65 岁以上人口占 22%），健康支出压力大。

2. 荷兰：技术密集型农业与循环经济

生态特点。精准农业技术：飞利浦植物工厂利用 LED 光照技术，莴苣产量达传统农业 20 倍。产业链闭环：奶牛场沼气发电供给温室，余热用于城市供暖，资源利用率达 95%。

社会参与。与科技公司合作，共享技术红利。

挑战。天然气价格波动导致 30%温室停产。

3. 中国：城乡二元与政策驱动

生态特点。数字乡村试点：浙江安吉竹海马拉松带动农家乐收入增长 30%。城市智慧健康：腾讯"医疗健康"平台连接 5000 家医院，用户超 2 亿。

社会参与。农村地区依赖政策推动（如"村 BA"赛事），城市居民自发参与度高。

挑战。城乡资源分配不均,农村体育设施覆盖率仅为城市的40%。

第三节　体医工农融合的挑战与解决策略

一、技术整合与跨领域合作的难点

(一) 技术整合难点——技术标准与互操性不足

(1) 标准不统一。

体育、医疗、农业等不同领域各自拥有独立的技术标准和规范。这种标准的不统一使得跨领域数据共享和协同工作变得极为复杂。

①数据格式差异:体育领域的数据格式通常以运动轨迹、心率监测等为主,而医疗领域的数据则侧重于生理指标、疾病诊断等。例如,体育监测设备可能记录用户的运动步数、消耗的卡路里等数据,而医疗设备则更关注用户的血糖、血压、心电图等生理数据。这些数据格式的差异导致系统对接困难。

案例:健康管理系统中的数据对接问题。在一个综合健康管理系统中,体育监测设备采集的数据无法直接传输到医疗健康档案中。例如,一款智能手环可以记录用户的运动步数和睡眠质量,但这些数据无法直接与医院的电子病历系统对接。这就需要进行复杂的转换和适配,增加了系统的复杂性和成本。

②接口协议不兼容:不同领域之间的数据传输协议也存在差异。体育设备可能采用蓝牙或无线网络传输数据,而医疗设备则可能使用更安全的加密协议。这种协议不兼容问题进一步加剧了数据共享的困难。

案例:医疗设备与体育设备的数据传输问题。一些医疗设备(如血糖仪)采用的是专用的加密协议,而体育设备(如智能手环)则采用蓝牙协议。当需要将血糖数据与运动数据整合时,就需要开发专门的适配器或中间件来解决协议不兼容的问题。这不仅增加了开发成本,也降低了系统的可用性。

(2) 兼容性差。

除了标准不统一外,不同设备之间的兼容性问题也是一大挑战。例如,医疗设备与体育监测设备之间难以协同工作。以可穿戴设备为例,虽然市场上有许多智能手环和智能手表，但这些设备在数据采集和传输方面存在差异。

①设备功能差异：一些设备可能只能记录基本的运动数据，而无法与医疗设备进行数据交互。例如，一款普通的智能手环可能只能记录用户的运动步数和睡眠质量，但无法监测血糖或心电图等生理指标。这种功能差异使得设备之间的协同工作变得困难。

案例：可穿戴设备与医疗设备的协同问题。在一些慢性病管理场景中，患者需要同时使用多种设备来监测自己的健康状况。例如，一个糖尿病患者可能需要佩戴智能手环来记录运动数据，同时使用血糖仪来监测血糖水平。然而，这两款设备的数据无法直接交互，患者需要手动记录或上传数据，增加了使用负担。

②系统集成困难：不同系统之间的集成也面临诸多挑战。例如，农业物联网系统用于监测土壤湿度、温度等环境数据，而健康管理系统则用于记录用户的健康数据。这两套系统之间的数据格式和接口协议不同，难以直接集成。

案例：农业物联网与健康管理系统集成问题。在一个智慧农业项目中，物联网设备用于监测农田的环境数据，如土壤湿度、温度等。这些数据对于农产品的营养成分和质量有重要影响。然而，这些数据无法直接传输到健康管理系统中，无法为用户提供关于农产品营养的个性化建议。这就需要开发专门的数据转换和适配模块，增加了系统的复杂性和成本。

（二）数据孤岛与安全风险

1. 数据分散

在体医工农融合的背景下，数据分散问题尤为突出。体质监测数据、健康档案、营养数据等分别存储在不同的部门和系统中，缺乏有效的互通机制。

（1）部门数据割裂。

体育部门可能掌握着用户的运动数据，医疗部门则管理着用户的健康档案，而农业部门则涉及食品营养数据。这些数据分散在不同系统中，难以实现共享和协同。

案例：健康数据的部门割裂问题。在一个城市的健康管理系统中，体育部门负责推广全民健身活动，收集用户的运动数据；医疗部门负责患者的疾病诊断和治疗，管理电子病历；农业部门则负责农产品的质量监测和营养成分分析。然而，这三个部门的数据系统相互独立，无法实现数据共享。这就导致在制定个性化健康方案时，难以综合考虑用户的运动、健康和营养数据。

（2）数据整合难度大。

数据分散不仅影响了健康服务的质量，也限制了数据分析和决策的效率。例如，在制定个性化健康方案时，需要综合考虑用户的运动、健康和营养数据，但由于数据分散，难以快速获取和整合这些信息。

案例：个性化健康方案的数据整合问题。假设一个用户希望获得一份个性化的健康方案，包括运动建议、饮食建议和疾病预防措施。然而，运动数据存储在体育部门的系统中，健康档案存储在医院的电子病历系统中，而营养数据存储在农业部门的数据库中。要整合这些数据，需要跨部门协调和数据转换，增加了方案制定的难度和时间成本。

2. 隐私泄露风险

数据共享过程中，隐私泄露和滥用问题是一个重要的安全隐患。用户的健康数据极为敏感，可能涉及个人隐私，如疾病诊断、生理指标等。在数据共享过程中，如果缺乏有效的隐私保护机制，可能会导致数据泄露和滥用。

（1）数据泄露风险。

网络攻击、第三方漏洞或内部管理不善都可能导致健康数据泄露。例如，一些健康管理系统可能存在安全漏洞，导致用户数据被黑客攻击而泄露。

案例：健康管理系统中的数据泄露问题。2023 年，某健康管理平台因系统漏洞导致大量用户数据泄露，包括用户的姓名、身份证号、疾病诊断等敏感信息。这些数据被泄露后，用户不仅面临隐私泄露的风险，还可能遭受诈骗等安全威胁。

（2）数据滥用风险。

企业可能会超范围收集用户数据用于商业目的，而用户对此并不知情。这种数据滥用不仅影响用户对健康服务的信任，也限制了体医工农融合的发展。

案例：企业对用户数据的滥用问题。一些健康管理系统可能会在用户不知情的情况下，将用户的健康数据用于广告推送或其他商业目的。例如，某健康管理公司通过分析用户的健康数据，向用户推送相关的保健品广告，而用户并未授权这种数据使用方式。

（三）硬件与软件支撑薄弱

1. 硬件短板

硬件设备的精度和成本是一个重要的限制因素。例如，可穿戴设备虽然在市场上广泛应用，但其数据采集精度仍然有限。

（1）数据采集精度不足。

一些设备可能只能记录基本的运动数据，而无法准确监测生理指标。例如，一些智能手环虽然可以记录用户的运动步数和心率，但其心率监测的准确性较低，无法满足医疗级的需求。

案例：可穿戴设备的数据采集精度问题。某品牌智能手环在心率监测方面存在较大误差。在一项对比测试中，该手环的心率监测数据与专业医疗设备的测量结果相差较大，尤其是在运动状态下，误差可达10%以上。这种精度不足限制了其在医疗健康领域的应用。

（2）设备成本高昂。

此外，硬件设备的成本也是一个问题。一些高精度的医疗设备价格昂贵，难以普及普通用户。例如，一些用于监测血糖、血压的医疗设备价格较高，普通用户难以承受。

案例：高精度医疗设备的成本问题。一款高精度的连续血糖监测仪价格高达数千元，对于普通糖尿病患者来说，难以长期使用。这种设备成本高昂不仅限制了其市场推广，也影响了体医工农融合的普及。

2. 软件更新滞后

除了硬件短板外，软件系统更新的滞后也是一个重要问题。目前，大数据平台和智能分析系统的功能仍然不完善，难以满足个性化需求。

（1）功能不完善。

一些健康管理系统只能提供通用的健康建议，而无法根据用户的具体情况进行个性化定制。例如，一个健康管理平台可能为所有用户提供相同的运动建议，而没有考虑到用户的年龄、健康状况和运动习惯。

案例：健康管理软件的功能不足问题。某健康管理软件在提供饮食建议时，仅根据用户的年龄和性别提供通用的饮食方案，而没有考虑用户的健康状况和饮食偏好。这种功能不足使得软件的实用性大打折扣。

（2）用户体验不佳。

此外，软件系统的用户体验也存在不足。一些系统界面复杂，操作不便，影响了用户的使用体验。

案例：健康管理软件的用户体验问题。某健康管理软件的界面设计复杂，用户需要经过多步操作才能查看自己的健康数据。这种复杂的操作流程使得用户难以坚持使用，降低了软件的用户黏性。

（四）跨学科融合困难

1. 技术融合初级化

目前，体医工农融合的技术仍然处于初级阶段。大多数融合模式只是简单的"体育+医疗"或"农业+健康"叠加，缺乏深度创新。

（1）融合模式简单。

例如，一些健康管理系统只是将体育数据和医疗数据简单整合，而没有进行深度分析和挖掘。这种简单的叠加模式无法充分发挥体医工农融合的优势。

案例：简单叠加的融合模式问题。某健康管理平台将用户的运动步数和血糖数据简单整合在一起，但没有提供关于运动与血糖关系的深度分析。用户无法了解运动对血糖控制的具体影响，这种简单的融合模式无法满足用户对健康服务的高要求。

（2）缺乏深度创新。

这种技术融合初级化不仅影响健康服务的质量，也限制了体医工农融合的发展。未来需要通过技术创新实现更深层次的融合和协同。

案例：深度创新的融合模式需求。在慢性病管理中，需要通过深度数据分析来了解运动、饮食和药物对病情的影响。然而，目前的融合模式无法提供这种深度分析，需要进一步的技术创新来实现。

2. 复合型人才短缺

体医工农融合需要掌握多领域知识和技术的复合型人才。然而，目前这类人才的储备严重不足。

（1）跨学科知识需求。

例如，既懂信息技术又懂数据分析的人才较少，既懂体育又懂医学的人才也较为稀缺。这种复合型人才短缺限制了体医工农融合的深度和广度。

案例：复合型人才短缺问题。在一些体医工农融合项目中，由于缺乏既懂体育又懂医学的人才，项目团队无法有效整合体育和医疗资源。例如，在一个运动康复项目中，由于缺乏复合型人才，无法制定科学合理的运动康复方案。

（2）人才培养机制不足。

目前的教育体系中，缺乏针对体医工农融合的跨学科教育课程。这种人才培养机制的不足进一步加剧了复合型人才的短缺。

案例：跨学科教育课程的缺失。在高校中，虽然有体育专业和医学专业，但缺乏将两者结合的跨学科课程。学生在毕业后难以满足体医工农融合项目对复合型人才的需求。

二、数据安全、隐私保护问题

（一）体制与机制问题

1. 部门壁垒

体育、医疗、农业等领域分属不同部门，条块分割导致目标冲突和协调困难。

（1）目标冲突。

体育部门和医疗部门的目标和工作重点不同。体育部门更关注运动推广和全民健身，而医疗部门则更关注疾病治疗和健康管理。这种目标冲突使得跨领域合作难以顺利推进。

案例：体育与医疗部门的目标冲突。在一个城市的健康促进项目中，体育部门希望推广全民健身活动，增加市民的运动参与度；而医疗部门则更关注疾病的预防和治疗，希望市民减少运动损伤。这种目标冲突导致项目推进困难。

（2）协调困难。

不同部门之间的协调机制不完善，使得跨领域合作难以顺利推进。例如，体育部门和医疗部门在项目实施过程中，需要频繁沟通和协调，但缺乏有效的协调机制，导致项目进度缓慢。

案例：跨部门协调困难问题。在一个运动康复项目中，体育部门负责提供运动场地和设备，医疗部门负责提供康复指导。然而，由于缺乏有效的协调机制，体育部门和医疗部门在项目实施过程中出现了诸多问题，如设备供应不足、康复指导不及时等。

2. 政策缺失

目前，国家层面缺乏针对体医工农融合的顶层设计，地方推进也缺乏统一规范。

（1）顶层设计不足。

虽然一些地方政府已经开展了相关试点项目，但缺乏国家层面的政策支持和指导。这种政策缺失使得跨领域合作缺乏明确的方向和规范。

案例：国家层面政策缺失问题。在体医工农融合项目中，由于缺乏国家层面的政策支持，项目团队在实施过程中面临诸多困难。例如，项目资金来源不明确，项目实施标准不统一等。

（2）地方规范不足。

政策的不完善也导致一些地方在推进体医工农融合过程中出现混乱。例如，一些地方在数据共享和利益分配方面缺乏明确的规则，导致合作难以顺利推进。

案例：地方规范不足问题。在一个城市的体医工农融合项目中，由于缺乏地方规范，项目团队在数据共享和利益分配方面出现了诸多问题。例如，体育部门和医疗部门在数据共享过程中，无法明确数据的使用范围和责任划分。

3. 利益分配矛盾

在跨领域合作中，各方权责不清，利益分配难以达成共识。

（1）权责不清。

在健康服务项目中，体育部门、医疗部门和企业之间的权责划分不明确。例如，体育部门负责运动推广，医疗部门负责健康管理，企业在项目中提供技术支持。然而，当项目出现问题时，各方责任划分不明确，导致问题无法及时解决。

案例：权责不清问题。在一个运动健康管理项目中，由于用户数据泄露，各方在责任划分上出现了争议。体育部门认为是企业技术问题导致数据泄露，企业则认为是医疗部门管理不善。这种权责不清问题导致项目推进困难。

（2）利益分配困难。

利益分配矛盾也是跨领域合作的一大障碍。例如，体育部门更关注社会效益，而企业则更关注经济效益。这种利益分配矛盾使得跨领域合作难以顺利推进。

案例：利益分配矛盾问题。在一个体医工农融合项目中，体育部门希望项目能够提升全民健身水平，医疗部门希望项目能够改善市民健康状况，而企业则希望项目能够带来经济效益。由于各方利益诉求不同，利益分配难以达成共识。

（二）知识与资源整合不足

1. 专业隔阂

不同领域的专业技术和理念差异较大。

（1）专业技术领域差异。

医疗诊疗流程和体育干预逻辑存在明显差异。医疗领域更注重疾病的诊断和治疗，而体育领域则更注重运动的推广和健康促进。这种专业隔阂使得跨领域合作难以顺利推进。

案例：专业隔阂问题。在一个运动康复项目中，体育专家和医疗专家在制定康复方案时，由于专业技术领域和关注重点的差异，出现了诸多问题。例如，体育专家更关注运动强度和频率，而医疗专家更关注康复效果和安全性。

（2）理念差异。

不同领域的理念也存在差异。例如，农业领域的理念体系与健康服务的理念体系存在明显差异。这种专业差异不仅影响合作的效率，也限制了体医工农融合的发展。

案例：理念差异问题。在一个健康食品项目中，农业专家更关注农产品的种植和质量，而健康专家更关注食品的营养价值和健康效益。由于理念差异，双方在项目实施过程中出现了诸多问题。

2. 资源分散

设备、数据和技术等资源分散在不同领域，难以整合。

（1）设备资源分散。

例如，医疗设备和农业数据难以互通，导致资源浪费。这种资源分散不仅影响合作的效率，也限制了体医工农融合的发展。

案例：设备资源分散问题。在一个健康管理系统中，医疗设备和体育设备分别由不同部门管理，设备之间的数据无法互通。例如，医疗设备采集的生理数据无法传输到体育设备中，导致资源浪费。

（2）数据资源整合困难。

缺乏有效的资源整合机制也是一个问题。目前，缺乏针对体医工农融合的资源整合平台，使得资源难以有效整合和共享。

案例：数据资源整合困难问题。在一个城市的健康管理系统中，体育部门、医疗部门和农业部门分别管理自己的数据资源，缺乏有效的整合机制。例如，体育部门的运动数据、医疗部门的生理数据和农业部门的营养数据无法整合在一起，影响了健康服务的质量。

（三）市场与动力机制不成熟

1. 合作动力低

部分领域对融合价值的认知不足，担心成本增加。

（1）认知不足。

一些医疗机构对体医工农融合的价值认知不足，担心参与融合会增加成本。这种合作动力不足使得跨领域合作难以顺利推进。

案例：合作动力不足问题。在一个健康服务项目中，医疗机构认为参与体医工农融合项目会增加设备采购和人员培训成本，因此对项目参与积极性不高。

（2）成本增加担忧。

缺乏有效的激励机制也是一个问题。目前，缺乏针对体医工农融合的激励政策，使得各方参与积极性不高。这种合作动力不足不仅影响合作的效率，也限制了体医工农融合的发展。

案例：成本增加担忧问题。在一个体医工农融合项目中，企业担心参与项目会增加技术研发和市场推广成本，因此对项目参与积极性不高。

2. 商业模式缺失

目前，缺乏针对体医工农融合的可持续商业模式。

（1）商业模式不成熟。

虽然一些地方政府和企业已经开展了相关试点项目，但缺乏成熟的商业模式。这种商业模式缺失使得跨领域合作难以顺利推进。

案例：商业模式不成熟问题。在一个健康服务项目中，由于缺乏成熟的商业模式，项目团队在资金筹集和市场推广方面面临诸多困难。

（2）市场机制不完善。

缺乏有效的市场机制也是一个问题。目前，缺乏针对体医工农融合的市场机制，使得各方参与积极性不高。这种市场机制的不完善不仅影响合作的效率，也限制了体医工农融合的发展。

案例：市场机制不完善问题。在一个体医工农融合项目中，由于缺乏有效的市场机制，项目团队在资金筹集和市场推广方面面临诸多困难。

（四）区域发展不平衡

在体医工农融合过程中，老年人、慢性病患者等技术弱势群体的接受度较低。

1. 技术接受度低

一些老年人对新技术的接受能力较弱，难以适应体医工农融合的健康服务模式。这种数字鸿沟使得体医工农融合难以顺利推进。

案例：技术接受度低问题。在一个健康服务项目中，老年人对智能设备的使用能力较弱，难以适应体医工农融合的健康服务模式。例如，一些老年人不会使用智能手环记录运动数据，也不会使用健康管理软件查看健康报告。

2. 信息化水平滞后

欠发达地区的信息化水平滞后也是一个问题。一些欠发达地区的信息化基础设施薄弱，难以支持体医工农融合的健康服务模式。这种数字鸿沟不仅影响合作的效率，也限制了体医工农融合的发展。

案例：信息化水平滞后问题。在一个欠发达地区的健康服务项目中，由于信息化基础设施薄弱，项目团队难以推广体医工农融合的健康服务模式。例如，一些地区的网络信号差，用户无法正常使用健康管理软件。

三、跨行业标准化与协同机制不成熟

（一）标准化建设短板

1. 标准缺失

跨行业技术标准和服务标准尚未统一。例如，数据接口标准和运动处方标准尚未统一，导致不同系统之间的数据共享和协同工作困难。这种标准缺失不仅影响合作的效率，也限制了体医工农融合的发展。

2. 协同治理不足

多部门联动机制缺位，落地效率低。例如，一些地方在推进体医工农融合过程中，缺乏有效的协同治理机制，导致政策难以落地。这种协同治理不足不仅影响合作的效率，也限制了体医工农融合的发展。

（二）协同机制优化路径

1. 顶层设计

需要国家出台专项政策，明确跨部门职责分工。例如，可以借鉴苏州"体医养"融合模式，通过政策引导和资源整合，推动体医工农融合的发展。通过顶层设计，明确各部门的职责和任务，确保政策的有效落地。

2. 试点创新

可以通过地方试点探索融合路径。例如，湖州利用区块链优化跨部门协作，通过技术创新推动体医工农融合的发展。通过试点创新积累经验，为全国推广提供参考。

3. 社会参与

需要鼓励企业、高校、协会参与标准制定。例如，上海"社区健康师"项目通过社会力量的参与，推动体医工农融合的发展。通过社会参与，整合各方资源，推动体医工农融合的发展。

四、综合解决路径

（一）政策与制度保障

1. 制定跨领域融合专项法规

需要制定跨领域融合专项法规，明确数据共享、利益分配、责任划分等规则。通过政策法规的约束，确保合作的顺利推进。需要落实《中华人民共和国数据安全法》和《中华人民共和国个人信息保护法》，建立数据全生命周期管理机制。通过政策法规的约束，确保数据的安全性和隐私性。此外，需要加强对企业的监管，规范企业的数据使用行为。

2. 设立跨部门联席会议

需要设立跨部门联席会议，推动资源共享。例如，可以通过跨部门联席会议，推动设备互通和数据标准化。通过跨部门联席会议，整合各方资源，推动体医工农融合的发展。

（二）技术与人才支持

可以通过技术手段保障数据安全。例如，可以采用加密、脱敏等技术手段，确保数据在传输和存储过程中的安全性。

1. 加强隐私计算、区块链等技术研发

需要加强隐私计算、区块链等技术研发，提升数据安全能力。通过技术创新，保障数据的安全性和隐私性。

2. 培养复合型人才

需要培养复合型人才，建立跨学科教育体系。例如，可以开设"体育+医学+工程"交叉课程，培养掌握多领域知识和技术的复合型人才。通过人才培养，为体医工农融合提供智力支持。

（三）市场与社会推动

1. 构建多元商业模式

需要构建多元商业模式，激发企业参与动力。例如，可以通过政企合作、健康服务订阅制等方式，激发企业的参与积极性。通过多元商业模式，推动体医工农融合的发展。

2. 提升公众接受度

需要通过宣传提升公众接受度，缩小数字鸿沟。例如，可以针对老年人开展技术培训，提升他们的数字素养。通过宣传和教育，提升公众对体医工农融合的接受度。并且需要提升公众的隐私意识。通过宣传和教育，让用户了解自己的权利和义务。此外，需要规范企业的数据使用行为，确保用户的隐私得到保护。

五、国际经验与启示

（一）国际案例分析

1. 美国的"运动是良医"项目案例分析

美国的"运动是良医"项目是一个典型的体医融合实践。该项目通过整合体育和医学资源，推动运动处方的广泛应用。医生在诊断过程中根据患者的健康状况开具运动处方，患者可以通过社区健身中心或在线平台获得专业的运动指导。

技术整合。"运动是良医"项目开发了专门的运动处方软件，能够与电子病历系统无缝对接，医生可以直接在病历中记录运动处方。

跨领域合作。项目联合了美国运动医学会和美国医学会（AMA），通过政策引导和资源整合，推动体育与医学的深度融合。

公众参与。通过社区健身中心和在线平台，项目吸引了大量患者参与，提升了公众对运动干预的接受度。

2. 欧盟的健康物联网项目案例分析

欧盟的健康物联网（Internet of Health Things，IoHT）项目旨在通过物联网技术整合医疗、体育和农业资源，提升健康服务的质量和效率。

技术应用。项目采用区块链技术确保数据的安全性和隐私性，同时利用大数据分析为用户提供个性化的健康建议。

跨领域合作。项目联合了医疗、体育和农业领域的多家机构，通过政策法规和标准制定，推动资源的整合和共享。

公众参与。通过社区健康中心和在线平台，项目吸引了大量用户参与，提升了公众对健康物联网的接受度。

（二）国际经验的启示

1. 政策引导的重要性

国际案例表明，政策引导在体医工农融合中至关重要。通过国家层面的政策支持和法规制定，可以明确各部门的职责和任务，推动资源的整合和共享。例如，美国的"运动是良医"项目通过联合美国运动医学会和美国医学会，推动了体育与医学的深度融合。

2. 技术创新的关键作用

技术创新是体医工农融合的重要支撑。通过隐私计算、区块链等技术手段，可以保障数据的安全性和隐私性，提升健康服务的质量和效率。例如，欧盟的健康物联网项目通过区块链技术确保数据安全，并利用大数据分析提供个性化的健康建议。

3. 公众参与的必要性

公众参与是体医工农融合的重要保障。通过宣传和教育，提升公众对健康服务的接受度，可以推动项目的可持续发展。例如，美国的"运动是良医"项目通过社区健身中心和在线平台，吸引了大量患者参与，提升了公众对运动干预的接受度。

六、未来展望

（一）技术发展趋势

1. 隐私计算与区块链技术的广泛应用

随着隐私计算和区块链技术的不断发展，未来体医工农融合将更加注重数据的安全性和隐私性。通过加密、脱敏等技术手段，可以确保数据在传输和存储过程中的安全性。同时，区块链技术可以实现数据的"可用不可见"，保障数据的隐私性。

2. 大数据与人工智能的深度融合

大数据和人工智能技术将为体医工农融合提供更强大的支持。通过大数据分析，可以为用户提供个性化的健康建议。同时，人工智能技术可以实现疾病的早期预警和精准干预，提升健康服务的质量和效率。

（二）政策推动

1. 国家层面的顶层设计

未来，国家层面将出台更多专项政策，明确跨部门职责分工，推动体医工农融合的发展。通过政策法规的约束，可以明确数据共享、利益分配、责任划分等规则，确保合作的顺利推进。

2. 地方层面的试点创新

地方层面将开展更多试点项目，探索体医工农融合的具体路径。通过试点创新，可以积累经验，为全国推广提供参考。例如，苏州的"体医养"融合模式和湖州的区块链优化项目，为体医工农融合提供了有益的探索。

（三）社会影响

1. 提升全民健康水平

体医工农融合将为全民健康提供更全面、更高效的服务。通过整合体育、医疗、农业等领域的资源，可以实现疾病的早期预警、精准干预和康复管理，提升全民健康水平。

2. 促进健康产业发展

体医工农融合将为健康产业发展带来新的机遇。通过跨领域合作，可以推动健康服务的创新和升级，促进健康产业的高质量发展。例如，运动康复、健康食品等领域将迎来更大的发展空间。

第五章

体医工农融合的未来发展趋势与战略路径

第一节　智能体医工农融合的未来发展趋势

一、新兴技术对融合发展的潜在影响

近年来，体育与医疗、工业、农业的融合日益受到瞩目，而新兴技术的发展也为体育与医疗、工业、农业的融合发展提供了新思路。伴随新技术的持续发展，体育领域与医疗、工业及农业之间的结合正面临前所未有的发展契机。研究新兴技术对体医工农融合发展的潜在影响并提出相应的策略，以期为促进这一融合进程提供新的思路。

新兴技术是指在最近几年内出现或得到显著发展的技术，这些技术具有巨大的潜力改变现有行业格局和人们的生活方式。例如，近年来人工智能、大数据分析、物联网、区块链技术以及生物工程技术等新兴科技领域经历了迅猛的发展。这些前沿技术对于体育、医疗、工业与农业融合所能产生的潜在影响，主要可以从以下4个维度进行探讨。

（一）体医融合领域

首先，可实现精准医疗与个性化健康管理。新兴技术如人工智能、大数据和基因测序等，能够对个体的健康数据进行深度分析和预测。整合运动员及普通个体的基础资料、生理指标以及运动模式等多方面的数据，能够达成精确的医疗评估与定制化的健康管理策略。新兴技术为体医融合提供了强大的技术支持，尤其是在慢性病管理和健康管理领域。互联网信息技术通过便携式检测设备和应用程序，能够实现对患者的实时监测和科学管理，弥补传统监测的不足（李丽梅，李露，罗倩，等，2023）。基于大数据分析的运动损伤预测模型，能够提前预警运动员可能面临的受伤风险，帮助制订科学的训练计划和预防措施，减少运动损伤的发生。

其次，可实现远程医疗与运动康复。此外，人工智能技术还可以挖掘体医融合大数据的治理价值，推动体医融合服务的数字化变革，从而促进体医融合服务有效供给（张国伟，卢文云，2023）。随着5G及物联网技术的进步，远程医疗服务的实现已成为可能。远程医疗可以为运动员和运动爱好者提供在线医疗咨询、远程康复指导等服务。例如，智能穿戴设备可以实时监测心率、血压、血糖等生理指标，为用户提供精准的健康数据，并通过后台算法生成个性化的运动和健康管理方案（毛阳涛，田俊龙，2024）。

最后，可实现运动与医疗设备的智能化。新兴技术推动了运动与医疗设备的智能化升级。智能穿戴设备通过动态健康管理服务，让个体更加关注自身健康（毛阳涛，田俊龙，2024）。例如，智能体育器材能够即时追踪使用者的运动参数及生理指标，包括但不限于心率、血压和运动路径等，并借助数据分析为用户提供个性化的运动指导与健康警示。同时，医疗设备也更加智能化，如智能康复机器人可以根据患者的康复进度自动调整训练强度和方式，提高康复治疗的精准性和个性化水平。

（二）体工融合领域

首先，可推动运动装备与器材的创新。新兴技术为运动装备与器材的开发提供了创新思路及方法。例如，3D打印技术可以根据运动员的身体数据定制个性化的运动装备，如运动鞋、护具等，提高装备的舒适性和功能性。同时，智能材料的应用也使运动器材更加智能化，如智能篮球可以记录投篮次数、命中率等数据，并通过数据分析为运动员提供训练建议。

其次，可促进体育赛事的数字化与智能化。在体育赛事中应用人工智能、大数据分析及虚拟现实等技术，能够增强赛事的观赏性和互动体验。举例来说，利用虚拟现实技术，观众可以获得仿佛置身现场般的观赛感受，享受更为真实的体验。与此同时，借助人工智能技术对赛事数据进行即时解析和预测，可为观众提供更加详尽的比赛信息与深度分析。此外，大数据技术还可以用于赛事的运营管理，如观众流量预测、赛事营销等，提高赛事的运营效率和商业价值。

最后，可以促进体育产业实现智能化管理。通过建立体育产业大数据平台，整合体育赛事、运动员、场馆、赞助商等多方面的数据，实现对体育产业的全面监控和分析。例如，通过分析场馆的数据，能够优化其运营管理，进而提升场馆使用率及经济效益。同时，利用人工智能技术可以对体育市场的需求进行预测和分析，为体育企业的决策提供依据，推动体育产业的可持续发展。

（三）医工融合领域

首先，能够进一步推动医疗设备的研发与创新工作。新兴技术为医疗设备的研发提供了强大的支持，新兴技术能够打破行业壁垒，实现体育、医疗、科技等领域的资源整合。例如，通过搭建多部门互联互通的公共信息平台，整合社区卫生服务中心、体育部门等的健康数据，实现资源的高效配置（黄丽，何焕生，彭莉，等，2024）。这种跨领域的资源整合为体育与工业的融合发展开辟了更为广阔的空间，并提供了多样化服务模式。举例来说，人工智能技术可用于医疗图像的分析及诊断过程，通过学习和解析大量的医学影像数据，从而提升诊断准确度与工作效率。同时，3D 打印技术可以用于制造个性化的医疗器械和植入物，如人工关节、牙齿矫正器等，提高医疗器械的适配性和治疗效果。此外，纳米技术在医疗设备中的应用也具有广阔的前景，如纳米传感器可以用于实时监测人体生理指标。

其次，还可以促进医疗信息化和远程医疗服务的发展。随着互联网、大数据及云计算等技术的进步，加速了医疗信息化的进程。通过构建电子健康系统和医疗信息共享平台等方式，实现了医疗数据的互联互通与资源共享，从而提升了医疗服务的效率与质量。远程医疗技术的应用，让患者能够在家中获得诊断、治疗方案以及康复指导。尤其是对于居住在偏远地区或行动不便的患者而言，这种方式提供了更为便捷的医疗照顾。同时，医疗信息化也为医疗管理和服务模式的创新提供了可能，如智能医疗管理系统可以实现医院的自动化管理和资源优化配置。

最后，还可进行医疗辅助决策。在医疗领域，人工智能技术的应用范围不仅覆盖了影像诊断与数据分析，还延伸至医疗辅助决策支持。借助对大量临床数据及医学文献的深度学习和解析，人工智能系统能够为医务人员提供诊断建议与治疗方案，从而助力提升诊断精确度和治疗方案的科学性。同时，人工智能技术还可以用于药物研发和疾病预测，通过对疾病数据的分析和建模，预测疾病的流行趋势和发病风险，为公共卫生决策提供依据。

（四）工农融合领域

首先，是能够实现农业生产的智能化与精准化管理。借助人工智能、物联网以及大数据等新兴技术在农业生产中的应用，可以极大地推进农业操作的智能化水平和精准度。数字经济能够降低成本浪费，进而激发和延长农业产业链和发挥农业多功能性，提高农业生产效率，推动农村产业发展（孟维福，郑素兰，刘婧涵，2023）。在农田部署传感器网络，可以实时获取土壤湿度、温度及养分状况等数据，并与气象信息和作物生长模型相结合，以实现精确的灌溉、施肥以及病虫害防治措施。例如，智能灌溉系统能够依据土壤湿度自动调整灌溉量和时机，从而提升水资源使用效率，减少浪费，同时确保满足作物生长的需求。

其次，可提高对农产品的质量控制。在农产品加工领域应用新兴技术，能够提升加工效率及产品品质。例如，利用人工智能图像识别技术对农产品进行分级和筛选，能够快速准确地识别农产品的外观质量、大小、成熟度等特征，提高分级效率和精确性。同时，利用大数据分析技术，可以对农产品加工过程中的质量数据实施实时监控与分析，及时识别质量问题并采取相应调整措施，以确保加工质量的稳定性和一致性。在农业供应链的优化与管理方面，区块链技术具有显著的应用潜力。通过区块链技术，可以实现农产品从生产、加工、运输到销售的全链条追溯，从而保障食品安全。具体而言，将农产品的生产信息、质量检测数据以及物流信息记录于区块链上，消费者能够随时查询农产品的来源和质量状况，进而增强对农产品的信任。此外，区块链技术还能优化农业供应链的物流配送环节，提升物流效率，降低物流成本，并减少农产品在运输过程中的损耗。

新兴技术的快速发展为体医工农融合提供了强大的技术支撑，推动了各行业的协同创新和高质量发展。尽管新兴技术的应用前景广阔，但也面临着数据安全、隐私保护以及伦理规范等诸多挑战。这些问题亟待在持续的探索与完善过程中逐步解决。未来，随着技术的进一步成熟，体医工农融合会更加深入，将为社会带来更多的福祉和可能性。

二、智能体技术在体医工农融合中的新角色

当前，智能体的发展正是媒介个体化的突出表现。所谓智能体，是指能够感知环境、进行决策并采取行动的系统。它们可以是软件程序、机器人或其他自动化设备，具备一定的自主性和智能性。智能体通过与环境的交互，不断学习和适应，从而实现特定的目标（刘伟，2024）。智能体在人工智能领域广泛应用，常见于自动化系统、机器人、虚拟助手和游戏角色等，其核心在于能够自主学习和持续进化，以更好地完成任务和适应复杂环境。在医工农融合的进程中，智能体作为关键纽带，其重要性愈发凸显。

（一）医工融合领域

首先，智能体可辅助医疗诊断与治疗。智能体能够实现疾病的精准诊断，有效

降低误诊率。通过分析海量的医疗影像资料（如 X 射线、CT、MRI 等）和临床数据，智能体可以迅速且准确地识别病症特征，为医务人员提供稳定可靠的辅助诊断支持。例如，一些智能诊断系统可以检测出早期癌症、心脏病等复杂病症的迹象，显著提高了诊断的准确率。此外，依据患者的基因信息及病情发展等多维度数据，智能体可为患者定制个性化的治疗计划。此举不仅提升了治疗成效，还减少了不必要的药物副作用。同时，智能体能够提供精确的手术路径规划与风险评估，辅助医生更高效地执行手术操作。例如，达·芬奇手术机器人等智能体设备能够执行高精度、低创伤的手术，显著提高了手术的成功率和患者的康复效果。

其次，可对医疗资源进行管理与优化。智能体可以根据医院的患者流量、科室资源等信息，优化医疗资源的分配和调度。例如，通过预测患者需求的高峰期，合理调配医护人员及设备资源，可以有效减少患者的等待时间，提升医疗服务效率。同时，对医疗设备的运行状态进行实时监控，不仅能预测潜在的设备故障，还能提前安排维护保养工作，确保设备正常运行，从而延长设备使用寿命并提高其使用效率。

最后，智能体在新药研发中发挥重要作用，通过分析生物医学数据，加快药物的研发并预测其疗效。例如，医疗智能体能够通过模拟药物对生物系统的影响，加快新药研制周期。

（二）工农融合领域

首先，可以通过实施精准农业策略来实现优化。智能体系统结合物联网技术，能够实时监控农田土壤湿度、温度及养分状况，并结合气象数据，通过深度数据分析为农业生产提供精确的决策支持。例如，智能灌溉系统能够依据土壤湿度自动调节灌溉量和时间，从而提高水资源利用效率，减少浪费，同时确保满足作物生长的需求。此外，通过对农作物生长数据与气象数据的分析，可以预测病虫害的发生趋势，从而提前采取有效的防治措施。例如，利用机器学习算法对历史病虫害数据进行分析，建立预测模型，为农民提供病虫害预警信息，减少病虫害对农作物的损害。此外，还能提升农产品质量检测与追溯的效率。智能体系统能够对农产品实施快速且精准的质量检测。例如，通过光谱分析技术结合智能体算法，对农产品的营养成分、农药残留等进行检测，确保农产品的质量安全。消费者可以通过扫描二维码等方法获取农产品的详细信息，从而增强对农产品的信任。

其次，智能体系统能够优化农业供应链。它通过对物流配送路径和运输方式进行优化，提高物流效率并降低物流成本。例如，通过分析交通状况与运输距离等因素，智能体系统能为物流企业设计最优配送路线，缩短运输时间。同时，该系统还能实时监控农产品库存情况，预测市场需求变化，帮助企业更科学地管理库存，减少库存积压和资源浪费。

展望未来，随着技术的持续发展，智能体系统将在体育、医学、工程和农业的融合领域发挥更重要的作用。通过建立智能化的产业生态系统，智能体系统将有助于资源的优化配置，促进产业的可持续性进步。此外，智能体系统还将推动不同领域间知识的交流与技术创新，为应对全球性挑战提供创新性的解决策略。总之，智能体在体医工农融合中的新角色，不仅体现在技术层面的创新，更在于其对社会经济发展的深远影响。通过智能体的赋能，我们有望迎来一个更加智能、高效和可持续的未来。

三、融合发展的长期趋势预测

随着国家政策的引导与支持，我国体医工农融合发展迎来快速发展的机遇期，并迎来了爆发式增长。国务院办公厅发布的《关于促进全民健身和体育消费推动体育产业高质量发展的意见》提出"加快推进智慧体育建设，支持运用智能技术提升全民健身智慧化水平"。随着物联网、大数据及人工智能等技术的迅猛发展，体医工农的融合将变得更加智能化和数字化。体医工农智能融合是未来科技发展的重要方向之一，它将深刻改变体育、医疗、农业、工业等多个领域的运作模式，并为人类社会带来全新的发展机遇。

（一）医疗领域：从"治疗"到"预防"的智能化转型

未来，智能体将在医疗领域进一步深化应用，推动医疗模式从"以治疗"向"以预防"转变为中心。通过可穿戴设备、智能传感器和人工智能算法，智能体能够实时监测人体健康数据，预测疾病风险并提供个性化健康管理方案。例如，基因编辑与人工智能结合，可以分析海量基因数据，辅助科学家开发更精准的基因疗法，甚至实现"定制化"疾病预防。远程医疗与人工智能诊断，智能体将推动远程医疗的普及，尤其是在偏远地区，人工智能辅助诊断系统可以为患者提供即时、精准的医疗服务。

（二）农业领域：从"传统种植"到"智慧农业"的全面升级

智能体将在农业领域实现更深层次的融合，推动农业生产向智能化、精准化方向发展。未来趋势包括全流程智能化管理，从播种到收割，智能体将通过无人机、机器人、物联网等技术实现全程自动化管理，大幅提升生产效率。气候适应性农业，人工智能可以根据气候变化预测作物生长情况，帮助农民调整种植策略，应对极端天气带来的挑战。垂直农业与城市农场，智能体将推动垂直农业的发展，利用人工智能优化光照、温度、湿度等环境参数，在城市中实现高效、可持续的农业生产。

（三）工业领域：从"制造"到"智造"的深度变革

由人工智能驱动的协作机器人能够执行高精度和高强度的任务。同时，人工智能有助于工业领域实现资源的有效利用，降低能源消耗及环境污染，进而促进可持续发展。

（四）体医工农融合：跨领域的协同创新

未来，智能体将在体医工农融合中发挥桥梁作用，推动跨领域的协同创新。例如，农业+医疗，通过人工智能分析农作物中的营养成分，开发出更适合特定人群（如糖尿病患者、老年人）的功能性食品。工业+医疗，智能体将推动医疗器械的智能化升级，例如，人工智能驱动的智能假肢、可穿戴医疗设备等，为患者提供更便捷的诊疗服务。体育+医疗，智能体系统能够通过分析运动员的身体数据，制订个性化的训练计划及康复方案，从而提升运动表现并预防运动损伤。

智能体在体医工农融合中的应用，不仅将提升各行业的生产效率，还将为全球性挑战提供解决方案。例如，借助智慧农业技术，人工智能能够助力提升粮食产量，从而缓解全球粮食短缺的问题。此外，人工智能在疾病监测与防控方面也发挥着重要作用，可以增强公共卫生系统的响应效率。智能体还将促进绿色生产及可持续农业的发展，减少自然资源的消耗和环境污染。

体医工农智能融合的未来发展趋势，将以智能体为核心，推动体育、医疗、农业、工业等领域的深度变革和协同创新。它不仅将提升生产效率和生活质量，还将为全球性挑战提供解决方案，推动社会的可持续发展。

第二节　推动体医工农融合的政策与战略建议

一、政府与企业的协作机制

推动体医工农融合的政府与企业的协作机制，是新时代实现产业协同发展、助力乡村振兴和健康中国战略的重要举措。这一机制的核心是采用政府引导、企业主导及多方参与的模式，突破传统产业边界，推动体育、医疗、工业与农业的深度整合，以实现资源的优化配置和效益的最大化。

（一）政策环境分析梳理

体医工农的融合是推进健康中国建设和实现高质量发展的重要战略方向。近年来，国家制定并发布了一系列相关政策法规，为体育、医疗、工业与农业的综合发展提供了坚实的支持。现阶段，我国体育产业和健康产业的融合发展，主要通过"体医"结合的方式来实现。"体医"融合是指将健康教育、疾病预防、运动促进等服务和产品融入医疗服务、体育健身活动等环节。而"体工农"融合，则是指将农业和工业的生产活动融入体育产业中，以促进体育产业的发展。

1. 《"健康中国2030"规划纲要》

《"健康中国2030"规划纲要》（以下简称《纲要》）的目标是全面提高全体民众的健康水平，促进健康领域的整体进步。

在体医融合领域，《纲要》提供了政策指导，并促进了人才培养与资源的共享。具体来说，《纲要》强调了加强体医融合及非医疗健康干预措施的重要性，特别指出全民科学健身在促进健康、预防慢性病以及康复过程中的积极作用（李盼，罗宏，邓之婧，等，2024），这为体医融合发展提供了明确的发展目标和方向，推动体育与医疗领域从理念到实践的深度融合，为体医融合的具体实践提供了政策支持与保障，推动形成了结合体育与医疗的疾病管理及健康服务模式（刘吉莉，李关海，2024）。此外，还促进了体医融合领域专业人才的培养。鼓励具备条件的高等院校根据行业需求，按程序申请增设如人体科学、运动康复、运动与公共健康等与体医融合相关的新兴专业（刘吉莉，李关海，2024），旨在培养既掌握体育知识又具备医学背景的复合型专业人才。健康管理强调通过体育运动预防疾病，推动健康关口前移以及推动体育与医疗的结合。医疗机构与体育机构的合作，旨在为慢性病患者及亚健康人群提供定制化的运动康复计划。通过体育与医疗的融合，康复医学不断发展，特别是在运动损伤康复、慢性病康复等领域，提升了康复治疗的效果，促进了体医融合相关产业的发展。随着体医融合理念的深入和政策的支持，催生了一系列新的产业形态和服务模式，如运动康复机构、健康管理中心、运动处方工作室等。这些产业的发展不仅为人们提供了更加丰富、个性化的健康服务，也促进了体育产业和医疗产业的协同发展，形成新的经济增长点。《纲要》提出要建设覆盖全生命周期的健康服务体系，体育与医疗的融合将有助于构建"防、治、康、养"一体化的健康服务模式。如"运动处方"在慢性病防治中的应用，体育场馆提供健康检测和运动指导服务等。并且随着体医融合的推进，人们对健康饮食的需求不断增加，这将促使农业生产更加注重营养、健康的农产品研发和生产，推动农业产业结构升级。同时，体医融合过程中对营养干预的重视，也为农产品的销售和推广提供了新的渠道和市场，例如，一些具有特定营养成分的农产品可以与健康管理机构、医疗机构合作，用于疾病预防和康复等领域。在体医融合中，可推动多领域协同发展，形成健康服务合力，促进健康产业多元化发展。

在体工融合领域，通过科技创新的应用提升了体育设施的智能化水平。《纲要》着重于推动健康科技的创新，并倡导建立健康信息化的服务体系。这为体育与工程、科技领域的融合提供了契机，例如，通过智能化运动处方和手机应用程序的开发，实现物联网终端与健康服务系统间关键信息的共享。这种融合不仅增强了体育服务的技术水平，也为体育产业的发展带来了新的活力。鼓励利用现代信息技术手段与体育健身相结合，推动体育设施的智能化升级，如建设智能健身步道、智能体育公园等，提升全民健身的体验感和效果。

在体农融合领域，丰富了全民健身活动内容且助力乡村振兴与健康乡村建设。《纲要》强调广泛推广全民健身活动，并鼓励开发适应不同人群及地域特色的运动项目。这不仅为体农融合开辟了广阔的空间，也为乡村地区发展体育旅游等产业带来了机遇。农村地区可以凭借其丰富的自然优势和独特的民俗文化，开发与体育、健康相关的旅游项目，如农民运动会、乡村马拉松、徒步、骑行、农事体验等，既能丰富农民的业余生活，还可以吸引更多游客，促进农村体育事业的发展，实现农业与体育融合的协同发展。通过体农融合，不仅可以促进农村体育设施的建设，还能改善农村居住环境，进而推动农村经济的发展。结合乡村旅游开发体育旅游项目，如乡村骑行、户外旅游等，可带动农村相关产业的发展，实现体育与农业的互利共赢。

《纲要》强调在供给侧和需求侧两端同时发力，整合社会、行业与个人三个层面，达成由政府主导、社会积极参与及个人履行健康责任的协同机制。这种全方位的协同机制为体医工农融合发展提供了良好的政策环境和社会基础，促使各方力量共同参与到健康服务体系建设中来。体医工农融合有助于推动健康产业的多元化发展，形成涵盖体育健身、医疗服务、科技研发、农业观光等多领域的健康产业生态。例如，通过打造体医康养综合体、体育旅游小镇等项目，整合各方资源，实现多方产业协同发展。

2. 《"十四五"国民健康规划》

国务院办公厅印发《"十四五"国民健康规划》（以下简称《规划》），围绕健康中国战略部署，对我国"十四五"时期国民健康工作做出了全面部署，是指导"十四五"期间我国国民健康事业发展的纲领性文件，推动健康科技产品的创新，促进体医工农融合技术成功研发与成果转化。《规划》对推动体医工农融合发展起到非常重要的促进作用，对加强体医工农融合、推进健康中国建设具有重要意义。

在体医融合领域，强化了体医融合的理念。强调坚持预防为主，强化防治结合和医防融合，促使人们意识到运动对疾病预防的重要性，推动"以治病"向"以健康"转变为中心，为体医融合奠定思想基础，使体育和医疗在健康上目标更一致。体医融合是将健康融入所有政策的具体体现，是体育与健康的有机结合，是以体育运动预防疾病的方式。《规划》强调了体医融合的理念，并指出其在预防、治疗及康复疾病方面的重要性，以实现促进健康和预防疾病的目标。加强体医融合理念传播，有助于在全社会树立"大健康"理念，树立共同目标，促进体育和医疗行业从各自为政转为协同合作，为体医融合奠定了理论与政策基础，促进体育与卫生健康事业的协同发展。此外《规划》明确指出，应将人民健康置于优先发展的战略位置，并将其列为基本原则之一。这表明体育与卫生健康事业将得到高度重视和优先发展。此外还健全了体医融合治理机制。《规划》强调，需建立健全由体育、卫生健康等部门协同推进的国民健康治理体系和治理能力，统筹推进国民健康政策制定、实施、评估等环节的体医融合。为促进体医融合的深入发展，需建立健全相关工作机制并优化支持政策。在公共卫生体系层面，应加大对疾病预防控制机构、综合医院、妇幼保健机构等的资源投入，助力医疗卫生机构实现转型升级。在体育体系方面，鼓励社会力量参与公共体育设施的建设与运营管理，并进一步完善健身休闲设施用地的相关政策。在医疗卫生服务领域，应充分发挥医疗机构、基层医疗卫生机构、专业公共卫生机构以及社会体育组织的协同作用。此外，《规划》强调要加强宣传教育与舆论引导，营造全社会共同关心和支持体育与健康发展的良好氛围。

在体工融合方面，《规划》推动健康产业创新及数字化健康服务的发展，提出促进医药工业创新发展，加快高端医疗装备和健康用品的制造生产，以提升健康产业的整体水平。这为体工融合提供了技术支撑，通过智能化健身设备的研发和应用，例如智能手环等，提升公众全民健身的科技含量和体验感。《规划》明确提出，应加速卫生健康领域的科技创新，推动全民健康信息的互联互通与广泛应用。在此基础上，鼓励拓展区域化检查检验服务、线上健康咨询服务以及智能化慢性病管理等多样化、个性化的健康服务模式，培育一批具有鲜明特色的数字健康管理服务企业。同时，规范第三方机构的发展，支持其搭建社会化行业服务平台，进一步完善数字健康领域的产业链、供应链和创新链，构建富有创新活力的数字健康产业生态系统。此外，着重打造数字健康科技创新体系，强化卫生健康软件产业的发展，提升高性能医疗器械生产装备及医用材料的自主可控能力与国际竞争力，致力于将数字健康产业培育为新的经济增长点。通过数字化技术，实现体育与健康服务的深度融合，例如开发智能健身应用程序、建立运动健康大数据平台等，提升公众全民健身的智能化水平。

在体农融合领域，促进了健康乡村的建设以及特色健康服务的发展。《规划》明确要求广泛开展爱国卫生运动，推动健康乡村建设进程。这为体农融合提供了政策支持，通过在农村地区推广全民健身活动，建设乡村健身设施，从而促进农村体育事业的发展。《规划》也倡导依托数字技术拓展健康服务领域，涵盖智慧健康养老服务及智慧营养膳食服务等。这为体农融合提供了新的思路，例如，结合乡村旅游开发体育旅游项目，推动农村体育与旅游、康养等产业的融合发展。此外，在《关于印发"十四五"全民健康信息化规划的通知》中强调基层信息化能力提升工程，包括远程医疗进乡村、智慧家医平台建设等。这些措施有助于推动体农融合，提升农村地区的健康服务水平，促进全民健身与健康服务的协同发展。

《规划》明确提出推进健康相关业态融合发展，为体医工农融合发展提供了广阔空间。例如，通过建设健康产业园区，整合体育、医疗、农业、科技等多领域的资源，形成产业集群，以促进健康产业的多元化发展。《关于印发"十四五"全民健康信息代规划的通知》提出开展智慧医院建设示范行动，并深化"互联网+医疗健康"服务体系。通过智慧医院和数字健康服务的建设，可以实现医疗、体育、工业、农业等多领域的数据共享和协同服务，提升健康服务智能化水平。《规划》还明确指出，需加强卫生健康人才队伍的建设，加速推进卫生健康领域的科技创新，并深化交流合作。这为体医工农融合发展提供了人才和技术保障，通过培养跨学科人才，推动多领域的协同创新，从而提升健康产业的整体发展水平。《规划》作为国家"十四五"期间推进健康事业发展、构建健康中国的指导性文件，在指导思想、基本原则和主要目标等方面均进行了明确的规划与部署，具有很强的指导性和可操作性。《规划》立足健康中国建设新形势，对深化体医工农融合发展、加快推进健康中国建设提出了明确的任务和目标，为"十四五"时期国民健康事业的发展提供了战略指导，是推动国民健康事业发展的纲领性文件，也是加强体医工农融合、推进健康中国建设的重要依据。体医工农融合是健康中国建设的重要内容，是促进体育强国和健康中国建设的重要支撑，也是加快体育强国和健康中国建设的必然要求。随着全民健身被提升至国家战略层面，以体医工农融合为特色的全民健身事业将迈入更为广阔的发展空间，并迎来新的发展机遇，《规划》提出的各项任务举措将有力促进体医工农融合发展。

3.《关于加快发展体育产业促进体育消费的若干意见》

《关于加快发展体育产业促进体育消费的若干意见》（以下简称《意见》）提出，应推动体育与健康领域的深度融合，强化体育锻炼的科学指导，推广运动处方，充分发挥体育在疾病预防和健康促进中的积极作用。《意见》倡导体育与医疗、养老等产业的协同发展，培育运动康复、健身休闲等新兴业态。同时，强调大力发展运动医学与康复医学，支持运动康复技术的研发，并鼓励社会资本参与康体、体质检测及运动康复等机构的创办。此外，《意见》还强调发挥中医药在运动康复领域的独特优势，推广健身咨询与调理服务。在人才培养方面，《意见》鼓励有条件的高等院校设置体育产业相关专业，重点培育体育经营管理、创意设计、科研等领域的专业人才。同时，支持多方投入，开展各类职业教育与培训，加强高校与企业的合作，通过多种渠道培养复合型体育产业人才，并为退役运动员提供再就业培训支持。通过推进健康管理、建设健康环境、开发健康产品等途径，实现体医工农融合发展，加快推动体育与医疗、健康、养老等产业融合发展，让居民在体医工农融合发展过程中获得更多的实惠，获得更好的健康保障。

在体医融合方面，《意见》强调倡导文明健康的生活方式，推动健康干预向早期预防转移，这有助于引导人们从传统的疾病治疗向疾病预防转变，强调了体育运动在维护健康中的重要性，使体医融合的理念更易被接受。《意见》明确指出，应推动康体融合，普及运动处方，并充分发挥体育锻炼在疾病预防与健康促进中的积极作用。这为体医融合提供了政策支持，推动了运动康复技术的研发和应用，提出大力发展运动医学和康复医学，推动运动康复技术的研发，支持社会资本参与康体、体质检测及运动康复机构的创办，同时充分发挥中医药在运动康复领域的独特优势，倡导开展健身咨询与调理服务，从而为体医融合提供坚实的技术支持和产业基础。例如，四川省积极推动体医融合试点，构建运动处方临床诊疗服务规范，开展测试、评估、指导、锻炼、康复为一体的运动健康管理服务。鼓励体育与医学专业的交流与合作，促进相关人才培养，如运动康复师、运动营养师等，为体医融合的发展提供坚实的专业人才支撑，促进体医融合实践的深化与服务质量的提升。

在体工融合方面，《意见》倡导金融、地产、建筑、交通、制造、信息技术等领域的企业积极拓展体育相关的产品与服务。有利于推动体育产业与工业各领域的协同发展，形成新的产业模式和经济增长点，如体育装备制造与工业制造技术的结合，开发可穿戴运动设备及运动健身指导技术装备，以提高体育用品的品质与科技水平。可推动工业企业加大在体育科技领域的研发投入，促进新材料、新技术在体育装备、设施等方面的应用，如可穿戴式运动设备、智能健身器材等的研发、制造、营销，从而提高体育产业的智能化和科技化水平，这为体工融合提供了广阔的市场空间，推动了体育与科技、制造业的深度结合。可推动品牌战略的实施，培育一批具有国际竞争力的知名企业及具有国际影响力的自主品牌，助力优势企业拓展海外市场。这不仅有利于提升体育产业与工业融合后的品牌价值和国际竞争力，还能促进相关产业的国际化发展。

在体农融合方面，《意见》提出促进体育与农业、文化创意、设计服务、教育培训等领域的深度融合，推动体育旅游、体育传媒、体育会展等相关业态的协同发展。同时，《意见》支持中西部地区依托江河湖海、山地、沙漠、草原等独特自然资源，发展区域特色体育产业，为体农融合提供了有益的思路和方向，可引导农村地区利用丰富的自然生态资源，开发乡村体育旅游、户外运动等项目，如山地骑行、草原赛马、乡村马拉松等，推动了农村产业的多元化发展，并促进了农村体育事业的进步。近年来，乡村民间体育赛事，如"村BA""村超"等，已成为乡村振兴的重要引擎，吸引了众多游客，有力地推动了当地经济的发展。根据《意见》中关于完善体育设施的要求，积极推进农民体育健身工程，确保乡镇和行政村的公共体育健身设施覆盖率达到100%，从而优化了农村体育基础设施，为体农融合营造了有利条件。这不仅便于开展各类体育活动，吸引游客，还带动了农村经济的发展。通过发展特色体育产业，可以吸引城市居民前往农村参与体育活动，进而带动农村餐饮、住宿、农产品销售等相关产业的发展，促进农村经济增长，增加农民收入，推动乡村振兴战略的实施，实现体育产业与农村经济社会的协同发展。例如，推动体育产业与文化、旅游、康养等产业的深度融合，开发体育旅游、体育文化精品项目。这种多领域协同发展不仅拓展了体育产业的发展空间，还为体医工农融合发展提供了新的模式和业态。与此同时，《意见》明确，到2025年，将初步构建一个布局科学、功能完备、涵盖多领域的体育产业体系，使体育产品与服务更为丰富多样。这为体医工农融合发展提供了坚实的产业基础，推动了体育产业与相关产业的协同发展，形成了多元化的健康产业生态。

4.《关于促进健康服务业发展的若干意见》

《关于促进健康服务业发展的若干意见》（以下简称《意见》）倡导健康服务与体育、农业等领域的深度融合，推动健康旅游、健康食品等新兴业态的发展。

在体医融合方面，《意见》强调支持健康体检咨询、全民健身活动等多元化健康服务的发展。这为体医融合相关产业的协同发展提供了政策引导，推动医疗机构与体育健身机构等加强合作，如医院与健身俱乐部合作开展运动康复项目等。国家体育总局联合相关部门计划制订《运动促进健康行动计划》，强化对运动健康促进工作的政策扶持，积极探索社区健康师等专业人才的培养与建设路径，致力于打造一支兼具体育与医学背景的高素质专业人才队伍，以推动体育与医疗的深度融合。

《意见》明确以维护和促进公众身心健康为核心目标，将医疗服务、健康管理与促进纳入健康服务业范畴，这有助于树立体医融合理念，形成体医结合的疾病管理与健康服务模式，促进体育与医疗的协同发展，为民众提供全面的健康服务。同时《意见》提出完善人力资源保障机制，加大人才培养与职业培训力度，促进人才合理流动，为体医融合所需复合型人才的培养提供了良好的政策环境，有利于吸引和培养既懂体育又懂医学的跨学科人才。如运动康复师、运动营养师等，促进了体育与医学专业人才的交流与合作。

在体工融合的范畴内，《意见》着重指出需培育与健康服务业相配套的支撑产业，鼓励拥有自主知识产权的药品、医疗器械以及其他健康相关产品的研发、生产与应用。这有利于推动体育产业与工业的融合发展，并且为体工融合提供了广阔空间，推动了体育与科技、制造业的深度结合。例如，体育总局在社区运动健康中心试点的建设中，注重智能化体系建设，利用互联网、大数据、人工智能等先进技术为个人和群体提供多种形式的体质监测和健康水平提升服务。例如，推动体育装备制造企业增加研发投入，以提升产品技术含量和品质。同时《意见》强调强化科技支撑，拓展服务范围，鼓励发展新型业态，这将促使工业企业与体育科研机构等合作，加大在体育科技领域的创新力度，从而推动新材料、新技术在体育用品、运动设施等方面的应用，以提高体育产业的信息化、科技化水平。此外，可以打造知名品牌和健康服务产业集群，从而提升国际竞争力，为体工融合企业的品牌建设和市场拓展提供政策支持。这有助于培育具有国际竞争力的体育用品品牌，推动体工融合产业迈向国际市场。

在体农融合方面，《意见》提出加快健康养老服务的发展，促进医疗机构与养老机构的深度合作，提升社区为老年人提供日常护理、慢性病管理和中医保健等医疗服务的能力。由于支持发展健康文化和旅游等多样化健康服务，为农村地区利用自然资源发展体育旅游等产业提供了政策依据，引导农村地区将田园风光、民俗等地方特色与体育活动相结合，开发乡村体育旅游项目，如乡村马拉松、山地户外运动等，推动了农村地区体育与健康服务的协同发展，促进了体农融合的深化。在农村地区广泛开展全民健身活动，完善乡村健身设施建设，为农村体育事业的发展提供了有力支撑。建设乡村健身设施，有助于改善农村地区的基础设施条件，为开展体育活动和发展体育产业创造良好的硬件环境，能够吸引更多人群前往农村地区参与体育赛事活动，进而促进农村经济的发展。发展健康服务业可以带动农村相关产业的多元化发展，除了体育旅游外，还能促进农村餐饮、住宿、农产品销售等产业的发展，从而可以增加农民收入，推动农村经济的繁荣，为体农融合发展提供经济基础和动力支持。

在体医工农融合领域，《意见》强调从刺激消费需求、鼓励扩大供给两个角度，提出促进健康服务业发展的政策措施。这为体医工农融合发展提供了政策保障，推动了体育、医疗、科技、农业等多领域的协同发展。

5.《关于推动先进制造业和现代服务业深度融合发展的实施意见》

《关于推动先进制造业和现代服务业深度融合发展的实施意见》（以下简称《实施意见》）通过促进先进制造业和现代服务业的融合，间接推动了体医工农等多领域的协同发展。

在体医融合领域，《实施意见》强调推动医药制造与健康服务的有机融合，明确提出以"智能+"模式推动远程健康管理、远程门诊、移动医疗以及精准照护等服务业态的拓展。这为体医融合提供了政策支持和技术手段，通过推动新一代信息技术、人工智能等在医疗和体育领域的应用，如可穿戴医疗设备、智能运动监测装备等先进制造业的发展，为体医融合提供技术支撑。同时鼓励发展智能医疗服务、运动健康管理等现代服务业，为人们提供个性化的体医融合服务，从而推动体育与医疗的深度结合，促进运动康复、健康管理等领域的创新发展。通过推动一体化健康管理服务的发展，将体育健身与医疗康复、健康管理等服务深度融合，构建"体医结合"的疾病管理和健康服务模式。例如，鼓励医疗机构与体育健身机构合作，开展运动康复、健康体检、运动处方制定等服务。为了进一步促进医疗设备制造企业与健康服务企业的深度合作，还可推动体育用品制造与运动健康服务的融合发展。例如，运动器材企业与康复机构合作，研发适合康复训练的运动器材，并提供相应的康复指导服务。

在体工融合的背景下，体育装备的智能化发展是重要方向。《实施意见》明确提出，要深化新一代信息技术与制造业、服务业的融合，加速人工智能、互联网、5G以及大数据等前沿技术在相关领域的创新应用，以推动体育装备制造业的智能化升级。通过鼓励制造业企业加大在体育科技领域的研发投入，推动新材料、新技术在体育装备制造中的应用，比如像智能健身器材、智能运动手表等产品的研发制造。这些技术的应用可以为体育产业的智能化发展提供支持，例如，研发智能健身器材和运动健康管理平台，以增强体育产业的科技水平和服务品质。此外，还可优化体育产业供应链，通过提升供应链管理水平，优化体育产品的设计、采购、制造、销售等环节，提高体育产业的整体效率和竞争力。一方面，推动服务衍生制造的发展，鼓励电商、文化等服务类企业向体育制造领域延伸业务，拓展体育产业的多元业态；另一方面，支持具备条件的工业企业、产业园区等深入挖掘工业文化内涵，开发工业文化旅游项目，并将体育活动有机融入其中，如开展工业主题的马拉松比赛、定向越野等，拓展体育产业的发展空间，以促进工业文化与体育的融合。

在体农融合领域，《实施意见》有助于乡村体育旅游的开发，《实施意见》强调推动现代服务业同现代农业的深度融合。这为体农融合提供了政策指引，通过在农村地区推广全民健身活动、建设乡村健身设施，利用农村丰富的自然资源和田园风光发展乡村体育旅游产业等项目，开发具有地域特色的体育旅游产品，能够显著推动农村体育事业与农业经济的协同共进。还可推动农村地区的生态资源与体育、旅游等现代服务业深度融合，打造乡村体育旅游品牌，如举办乡村山地自行车赛、田园马拉松等赛事活动。此外，农村体育基础设施的完善及对相关建设与配套服务政策的优化，有利于提升农村地区体育设施的整体水平，为开展各类体育活动提供基础保障，吸引更多人参与农村体育活动，带动农村餐饮、住宿等相关产业的发展。同时，借助体育赛事、活动等平台，宣传和推广农村特色农产品，实现体育与农业的协同发展。例如，在体育赛事中设置农产品展销区，或者推出与体育主题相关的农产品礼盒等。

在体医工农融合的背景下，《实施意见》首先强调促进先进制造业与现代服务业的深度结合，以提高产业融合的深度与质量。这为体医工农融合发展提供了政策保障，通过支持基础条件好、技术模式领先的企业先行先试，形成一批可推广的经验做法，推动健康产业的多元化发展。其次，《实施意见》提出，通过培育多元化的融合发展主体，支持企业采用多种方式实现资源要素、技术研发以及市场开发的高效整合。这为体医工农融合发展提供了良好的产业生态，推动体育、医疗、科技、农业等多领域的协同创新，形成融合共生的产业生态圈。同时，《实施意见》提出，到2025年培育形成一批市级"两业融合"示范园区和试点企业。这为体医工农融合发展提供了实践平台，通过试点示范项目的实施，探索适合体医工农融合发展的新模式、新路径，为全国范围内走体医工农融合道路提供宝贵经验。

（二）制度创新与完善

健康中国战略是国家发展的关键战略之一，也是健康中国行动的重要组成部分。2018 年 3 月，中共中央办公厅和国务院办公厅发布了《关于强化全民健身公共服务体系建设的意见》，旨在推动健康中国建设，促进群众体育与竞技体育的协调发展，实现从"以治病为中心"向"以人民健康为中心"的转变。体育、卫生、教育部门分别提出了具体的行动计划。体医工农融合发展是推动全民健身与全民健康深度融合的关键路径，具体措施有如下几个方面。

1. 强化顶层设计，完善政策体系

自《"健康中国 2030"规划纲要》提出将体医融合纳入医疗卫生体系后，国务院相继发布了《关于促进健康服务业发展的若干意见》和《关于促进体育产业发展的指导意见》等文件，积极推动体医融合的深入发展。然而，体医工农融合发展作为一个系统工程，涉及的领域众多，需要跨部门协作，才能有效推动。因此，应加强顶层设计，制定相关政策和措施。一是建立政府主导的体医融合发展协调机制。制定体育与卫生健康事业融合发展规划，统筹协调体育、卫生、教育等部门在推进体医融合发展上的职责任务。二是构建完善的体医融合法律法规体系。明确体医融合的目标和原则，健全政策支持体系。三是完善体育、卫生、教育等部门制定的配套政策和措施。

2. 加强部门协作，建立高效管理机制

促进体医工农融合发展需要多个部门的协同合作，在学校体育工作方面，体育部门和教育部门、卫生部门应建立起长期稳定的合作关系，从课程体系构建、教师队伍培育等维度达成资源的共享共用。在促进公众健康领域，卫生行政管理部门与体育主管部门需强化协同合作，共同构建起融合体育、医疗、农业、工业等多领域的健康服务新模式，推动体医工农融合发展，为民众提供更全面、更高效的健康服务。在医疗卫生工作方面，各医疗机构应积极与相关的医疗机构加强联系，并通过资源共享、合作共建等方式实现资源整合和优势互补。在养老服务领域，各类养老服务机构应当积极构建与医疗机构的合作关系。

3. 高度重视知识产权保护工作，以此为基础强化体育产业发展

体育产业作为体育与健康产业的融合体，其在发展中注重知识产权保护，同时

通过市场化机制促进体育产业发展，是适应新形势、深化体医工农融合的重要举措。应健全知识产权保护机制，加强知识产权保护的宣传力度，营造良好的舆论氛围。此外，政府还可以通过知识产权共享平台及交易平台等途径促进体育产业发展。同时，鉴于我国体育产业结构不合理的现状，应制定科学的体育产业发展规划和实施方案。合理配置体育产业结构，利用现有资源推动体育产业结构的优化升级。一方面，要引导社会资本进入体医工农融合发展领域，通过制定相关政策引导社会资本投资体育场地设施和体育产品，支持符合条件的企业上市融资。另一方面，要促进体育产业与健康产业、新零售、科技创新、文化创意等领域的融合，为体医工农融合发展提供产业支撑。另外，还要发挥社会组织的作用，鼓励社会组织参与到体医工农融合发展中来，并为其提供专业技术支持。同时，构建科学的评估体系以对体育产业实施宏观管理与调控。

4. 增加资金投入，优化配套设施建设

资金支持是保障体医工农融合顺利推进的重要保障，应根据不同地区的经济发展水平和财政状况，对体医工农融合发展所需的资金给予适当补助，鼓励社会资本广泛参与相关建设，形成多元化的投入格局。例如，在城市社区中，利用现有的闲置体育场地和设施进行改造，并适当配备医疗服务和体育康复设施，提供相应的运动损伤预防与康复服务。在农村地区，可以利用闲置的体育场地、设施等进行改造和利用，例如，在一些山区、海岛等环境比较复杂、地形崎岖的地方进行体育康复设施建设。此外，还可以通过政府补贴或提供优惠政策等方式，吸引社会资本投入相关建设中来。体医工农融合工作的顺利推进，需要通过多层次的资金支持政策予以保障。

5. 构建多维度的人才培养体系

体医工农融合人才培养体系可以分为两个方面，一是专业体育人才的培养，二是医疗卫生专业人才的培养。专业体育人才的培养应根据不同类型的体育项目设立不同的入学门槛。在此基础上，通过体育院校与综合类大学、医学院校与综合类大学合作等方式，在专业培养过程中兼顾基础训练和运动医学两方面的知识。医疗卫生专业人才的培养在入学门槛上应适当放宽，并设置多个运动医学方向或相关专业。同时，应通过鼓励高校建立体育与医学院校合作平台等方式，将医疗卫生专业人才纳入到体育教育体系中，构建多层级的人才培养机制，为体医工农融合发展提供坚实的智力保障。

中国共产党第十九届五中全会提出，需建立健全覆盖全民、统筹城乡、公平统一、安全规范且可持续的多层次社会保障体系，全面推进健康中国建设。体医工农融合有助于推动医学与体育学的交叉整合，优化体育和卫生系统的资源配置，从而提供更多体育服务产品，满足公众对健康服务日益增长的需求。同时也有利于激发医学、体育及相关学科之间的交叉融合，从而形成资源互补、优势叠加、协同联动的发展新格局。这是一项复杂且长期的系统工程，需要政府、社会各界、高等院校及科研机构等多方面的共同努力参与。

二、跨学科与跨行业的人才培养

体医工农融合发展涉及体育学、医学、工学、农学等多个学科领域，对跨学科、跨行业复合型人才的需求日益迫切。当前，我国在体医融合、医工融合等领域已取得一定进展，但体医工农融合的复合型人才培养仍面临学科壁垒、课程体系不完善、实践能力不足等问题。在 2020 年 10 月举行的党的第十九届五中全会上审议通过的《中华人民共和国国民经济和社会发展第十四个五年规划和 2035 年远景目标纲要》中提出，"要增强高校学科设置的针对性，推动基础学科高层次人才培养模式的改革，加速培养理工农医类专业的紧缺人才"。

首先，在学科设置方面，完善教育培养体系，推动多学科交叉发展。推进新工科、新医科、新农科建设，强化理工结合、工工贯通、医工融合、农工交叉，推进产教融合、校企合作协同育人，培养具有跨学科、跨产业、跨界别整合能力的复合型新工科人才（张良，袁永俊，陈祥贵，等，2018）。《教育强国建设规划纲要（2024—2035 年）》明确提出深化新工科、新医科、新农科建设，建强国家卓越工程师学院和国家产教融合创新平台。例如，为了应对新一轮科技革命和产业转型，合肥师范学院生物技术专业依托新工科建设，构建"政产学研用"融合的人才培养模式，在实践人才培养体系革新的同时，积极促进"理工"融合、推进"工药""工农""工医"等学科交叉，培养跨学科、跨行业、跨岗位的复合型人才（陈金武，齐璐璐，孙娴，等，2023）。

其次，在课程体系建设方面，可鼓励高校打破学科壁垒，设立与体医工农融合相关的跨学科专业，如运动医学与健康管理、体育农业经济、体育装备工程等。整合体育、医学、农业、工业等多学科课程资源，构建跨学科课程体系，让学生在学习过程中能够接触到多领域的知识和技能。促进高校之间、高校与科研机构以及企业间的联合培养项目。例如，体育院校与医学院校合作培养运动康复专业人才；农业院校与体育院校携手培养体育旅游与乡村振兴方向的人才；高校与相关企业开展"定制化"培养，依据企业实际需求制定人才培养方案。

最后，可搭建实践与交流平台。政府、高校和企业共同合作，建立体医工农融合的实践基地。如在体育康养基地、农业体育旅游示范园、体育装备制造企业等地设立实习实训点，为学生和从业人员提供实践机会，让他们在实际工作中积累跨学科、跨行业的经验。还可定期举办体医工农融合领域的创新创业大赛，鼓励不同学科背景的人才组成团队，围绕体医工农融合的热点问题和需求，提出创新性的解决方案和项目策划。通过大赛促进人才之间的交流与合作，激发创新思维，同时为优秀项目提供孵化和落地的机会。鼓励科研人员参加国内外体医工农融合相关的学术会议、研讨会等学术活动，加强与同行的交流与合作。支持跨学科的科研项目申报和研究，促进不同学科之间的知识共享和技术协同创新，推动跨学科理论和实践的发展。

三、国际合作与技术转移的战略路径

创新是推动发展的首要动力，科技是支撑发展的关键要素。党的十九大报告明确提出"加快建设创新型国家"和"增强国家科技创新能力"，并将"实施创新驱动发展战略"纳入党章。在新的历史时期，加速推进创新驱动发展战略，促进科技创新与经济社会的深度融合，已成为一项重要的战略部署。将体育与医学、农业、工业等相关学科有机结合，推进体医工农融合发展，是我国向体育强国转变的关键。因此，加快体医工农融合发展进程，是我国在新时代建设创新型国家的重要内容。

体医工农融合发展的国际合作与技术转移的战略路径包括构建国际技术转移网络、加强跨国产学研合作和举办国际交流活动。首先，应构建国际技术转移网络。建设国际技术转移中心，构建国际技术转移协作和信息对接平台。通过技术引进、技术孵化、消化吸收、技术输出和人才引进，加强国际合作，整合全球技术资源。同时，应将高层次技术转移人才纳入国家和地方的高层次人才特别支持计划。随着

"一带一路"倡议的推进，越来越多的体育产业企业正走向国际舞台，参与到全球市场的竞争中。与共建"一带一路"国家共同建设技术转移中心和创新合作中心，构建覆盖"一带一路"的技术转移协作网络。通过向这些国家转移先进适用技术，发挥其在"一带一路"产能合作中的引领作用。此外，加强跨国界的产学研合作，鼓励高校及科研机构与国际知名伙伴开展联合研究项目，促进技术转移。例如，美国一流大学通过跨学科培养模式，培养学生基于学术研究的创新能力，开展应对全球挑战的跨学科研究（刘晓楠，崔迎春，2024），进一步支持企业与国际科研机构合作，设立海外研发中心，推动技术转移活动。最后，定期组织国际交流活动，如国际技术转移论坛、创新创业大赛等，以促进国际的技术交流与合作。例如，中国（上海）国际技术进出口交易会和浦江创新论坛等活动，通过搭建国际平台加速科技成果的跨境推广和落地。

通过国际合作与技术转移，体医工农融合发展将加速实现全球化布局。通过构建国际技术转移网络、加强跨国产学研合作、举办国际交流活动等战略路径，将为体医工农融合的创新发展提供坚实支撑，助力全球健康和可持续发展目标的实现。

第六章

体医工农融合的实践探索

第一节　国内外案例分析

一、体育与医疗融合的康复中心案例

体医工农融合模式在健康促进与康复治疗领域的重要实践之一，是体育与医疗结合的康复中心。此类康复中心通过整合体育训练与医疗康复的资源与技术，为患者提供基于科学原理、系统化且具有个性化特征的康复服务。该模式不仅在运动员运动能力恢复方面展现出显著成效，亦在慢性病管理、术后康复以及残疾康复等关键领域发挥着重要作用，为不同需求群体提供高效且精准的治疗方案。以下部分将聚焦于体育与医疗融合的运动康复中心案例，对其成功经验及可资借鉴之处进行深入剖析。

1. 案例背景

在健康意识不断增强以及医疗技术持续发展的背景下，传统单一的医疗康复模式已难以满足当前社会对康复治疗多样化需求的日益增长。在此趋势下，运动康复中心作为一种创新的康复模式应运而生。该模式通过深度融合体育训练与医疗康复，针对不同损伤程度及疾病类型的患者群体，设计并实施具有高度个性化特征的康复方案。运动康复中心通常配备先进的高科技医疗设备，并组建由多学科专业人员构成的康复团队，能够在运动医学、运动营养学以及运动心理学等多个领域为患者提供全方位的支持与服务。

2. 成功经验

运动康复中心的服务对象涵盖运动员、术后康复者、慢性病患者以及残障人士等群体。通过对患者进行科学化评估，并制订个性化康复计划，该中心致力于协助患者恢复身体功能并提升其生活质量。这种体育与医疗相结合的模式不仅显著优化了康复效果，还促进了体育学与医学领域的深度交叉与融合。

（1）跨学科团队合作。

运动康复中心的核心竞争力源自其跨学科团队的协作机制。该中心汇聚了涵盖医学、物理治疗、运动科学、营养学以及心理学等多领域的专业人才，构建了一个综合性、多学科协作的团队。此协作模式在多个方面展现出显著优势。

（2）知识融合与创新。

不同学科间知识的交互作用，可催生创新思维与方法。例如，运动科学与医学的融合，能够开发出更具效能的康复训练方案，突破传统单一学科的限制。

（3）资源共享与效率提升。

跨学科团队能够实现资源、设备、数据及专业知识的共享，进而提升工作效率。例如，康复中心可借助医疗设备开展运动数据的分析工作，以此优化康复方案。

（4）综合解决问题的能力。

通过整合各学科的专业优势，跨学科团队能够更全面地应对复杂问题。例如，医生负责进行医学评估，物理治疗师负责设计康复训练方案，运动教练提供运动技巧指导，营养师制订个性化饮食计划，心理咨询师提供心理支持，从而共同为患者提供最优的综合解决方案。

（5）团队综合能力的培养。

通过与不同背景的专业人才交流合作，团队成员能够更好地理解综合性复杂问题，并将其简单化地传递给患者，提升团队的整体能力。

3. 个性化服务

该中心依据每位患者的具体状况，制订针对性的康复计划与高效解决方案。

运动员康复。针对运动员的康复方案可能更侧重于恢复运动能力，包括力量训练、柔韧性训练和专项技能训练。

术后患者康复。针对术后患者的康复方案可能更注重功能恢复，例如关节活动度训练、肌肉力量训练和日常生活能力训练。

慢性病患者康复。针对慢性病患者的康复方案可能更注重长期管理，例如通过有氧运动、力量训练和饮食调整来控制病情。

残疾人群康复。针对残疾人群的康复方案，其重点可能在于提升生活自理能力，例如通过辅助器具训练及适应性活动的实施，以改善患者的生活质量。

个性化服务不仅提高了康复效果，还增强了患者的满意度和参与度。

4. 科技应用

运动康复中心充分利用现代科技手段，为患者提供先进的康复治疗方法。

高科技医疗设备。运用先进的医疗设备，例如等速肌力测试仪、步态分析仪、心肺功能测试仪等，对患者进行全面的科学评估，并据此制订精准的康复计划。

数据分析技术。借助可穿戴设备实时采集患者的运动相关数据，并结合大数据分析方法，对康复训练计划进行优化。例如通过对心率、步数、运动强度等关键指标的监测，及时对治疗方案进行调整。

虚拟现实技术。利用虚拟现实技术为患者提供沉浸式的康复训练体验，例如通过虚拟场景进行平衡训练或心理放松训练。

远程康复服务。通过互联网平台为患者提供远程康复指导，方便患者在家中进行康复训练。

科技的应用不仅提高了康复治疗的精准性和效率，还为患者提供了更便捷的服务。

5. 可借鉴之处

（1）强调团队合作的重要性。

运动康复中心的实践表明，跨学科团队合作是体医融合模式的核心要素。通过促进不同专业领域之间的交流与协作，能够构建一个涵盖多学科的协作团队，从而为患者提供全面的解决方案。例如，医生、物理治疗师、运动教练、营养师和心理咨询师的协同合作，可为患者提供从生理到心理的全方位支持。

（2）建立个性化的服务体系。

个性化服务是提升康复效果的关键因素。通过依据患者的具体需求设计差异化的服务流程，能够为患者提供精准的康复方案。例如，针对不同年龄、性别、疾病类型及康复目标的患者群体，制订个性化的训练计划与饮食方案。

（3）积极应用现代科技手段。

现代科技手段的应用是提升服务效率与效果的关键路径。通过运用先进的医疗设备、数据分析技术以及互联网平台，能够为患者提供更为精准与便捷的康复服务。例如，借助可穿戴设备实时监测患者的运动数据，并结合大数据分析优化康复方案。

体育与医疗融合的康复中心作为体医工农融合模式的典型实践，为其他领域的融合实践提供了重要的参考与借鉴。展望未来，随着科技的持续进步以及健康需求的不断增长，该模式有望在更广泛的领域中得到进一步推广与应用。例如，体医融合的社区健康服务将运动康复中心的模式推广到社区，为居民提供便捷的健康管理和康复服务。体医融合的慢性病管理通过体医结合的方式，为慢性病患者提供长期的健康管理和康复支持。体医融合的老年健康服务针对老年人群的特殊需求，开发适合的康复训练和健康管理方案。

综上所述，体育与医疗融合的康复中心不仅为患者提供了高效的康复服务，还为体医工农融合模式的创新发展提供了重要参考。通过跨学科合作、个性化服务和科技应用，这种模式有望在未来发挥更大的作用，为社会带来更多的健康福祉。

二、农业与工业融合的农产品加工企业案例

在科技快速发展的背景下，现代社会生活节奏的加快促使消费者对农产品的品质和多样性提出了更高要求。传统单一的农业生产模式已难以满足企业快速发展的需求以及消费者日益增长的消费期望。在此背景下，农业与工业的深度融合成为一种必然趋势。以农夫山泉为例，该公司专注于天然水、果蔬汁饮料、特殊用途饮料和茶饮料等软饮料的研发与推广，成功实现了农业与工业的有机融合，成为行业内的领军企业。农夫山泉的成功归功于其秉持的天然与健康的品牌理念。公司凭借先进的生产装备和制造能力，构建了强大的供应链管理体系，并形成了多元化的产品布局与完善的全国性销售网络。这些优势使得农业与工业的结合得以充分展现。通过优质水源和现代化加工技术，农夫山泉在科学管理模式的指导下，实现了原材料的高效利用和产品的快速市场化。这种结合模式不仅推动了工业的升级，也为农业发展注入了新活力，促进了农产品消费，形成了良性循环，实现了"1+1>2"的协同效应。

1. 成功经验

（1）资源整合。

农夫山泉高度重视水源的保护与管理，并通过与农民合作建立紧密的合作关系，保障了原材料的稳定供应。这种资源整合策略不仅显著提升了公司的生产效率，还对当地农业发展起到了积极的推动作用。公司以工业化的思维和管理团队为依托，推动农业的现代化发展，成功构建了工农融合的新模式。

（2）品牌建设。

农夫山泉凭借其高质量的产品以及有效的市场营销策略，成功塑造了具有强大

市场竞争力的品牌形象。该品牌的影响力不仅体现在显著的销售业绩上，更体现在消费者的高度认可与忠诚度上，从而成为消费者心目中的可靠选择。

（3）科技创新。

农夫山泉通过积极引入先进的生产设备与技术，显著提升了生产效率并有效降低了生产成本。科技创新的应用使得公司在产品质量优化与生产流程改进方面取得了显著突破，从而进一步增强了其在市场中的竞争优势。

2. 可借鉴之处

（1）完善的供应链管理体系。

在资源可持续利用的框架下，构建完善的供应链管理体系对于保障原材料的稳定供应与高效利用具有重要意义。此举不仅能够增强企业生产的稳定性，还能有力地促进农业的可持续发展。

（2）品牌建设与市场竞争。

企业通过提供高质量的产品与优质服务，可在激烈的市场竞争中脱颖而出。消费者对品牌的认同感与忠诚度，是影响企业长期发展的关键因素。

（3）强化科技投入。

企业应增加对科技研发的投入，以提升生产效率与产品竞争力。科技进步不仅能够优化生产流程，还能为产品创新提供新的可能性，从而确保企业在市场中保持竞争优势。

（4）衍生产品开发。

围绕消费者的生活需求，开发涵盖多领域的衍生产品，能够有效提升农产品的附加值。这不仅有助于企业在市场中增强存在感，还能进一步提升品牌的知名度与美誉度。

（5）推动农业产业升级。

以工业化思维改造传统农业生产模式，促进农业的规模化与标准化发展。通过科学规划与现代化管理手段，提高农产品的附加值与市场销量，实现农业的高质量发展。

农夫山泉的成功并非单纯的企业成就，而是农业与工业深度融合的典型范例。通过对工农全面互助合作的成功案例进行梳理，并科学地复制其成功经验，可实现这一模式的全面推广，进而构建工农融合发展的良好格局。在未来发展进程中，农业与工业的融合将成为推动经济增长与促进社会进步的关键力量。企业应以农夫山泉为标杆，积极探索多元化的合作路径，推动农业与工业的协同发展，以实现可持续的经济繁荣。

三、体医工融合的高速双平面荧光透视系统

上海体育大学联合哈佛大学与麻省理工学院开发的"高速双平面荧光透视系统"（DFIS），是一项具有深远意义的科技创新成果。该系统能够从不同角度进行高速成像，通过直接记录和追踪骨性结构的动态运动，结合新一代假体植入物、有限元分析、逆向动力学仿真以及医疗机器人系统等前沿技术，为运动员的训练与康复提供个性化策略。高速双平面荧光透视系统以其高精度、不受软组织运动及运动伪影干扰的优势，能够精准捕捉骨骼的动静态运动，有效弥补了传统测量方法的局限性，目前已广泛应用于临床医学与生物力学领域。

1. 成功经验

该系统的研发团队由体育科学、医学、工程技术等多学科领域的专家组成，构建了一种高效的跨学科协作机制。这种多元化的团队结构促进了不同专业知识的交流与融合，为技术创新提供了坚实基础，从而显著提升了研究成果的实用价值。系统的设计以运动员训练及健康监测的实际需求为导向，借助荧光成像技术为运动表现和生物力学特征提供精准分析。这种以实用为导向的研发理念，确保了技术的实用性和可操作性。该系统不仅能够实时监测运动员的动态表现，还能通过数据分析为训练与康复提供科学依据。这种基于数据驱动的决策支持机制，显著提升了运动员的训练效果与健康水平，增强了训练的针对性与有效性，推动了运动医学与运动训练领域的进步。

2. 可借鉴之处

（1）鼓励多学科协作。

上海体育大学的经验表明，跨学科合作能够有效推动技术创新与应用落地。其他领域的研究机构和企业可以借鉴这一模式，组建多学科团队，促进不同领域知识的融合，从而提升研发效率与成果质量。

（2）注重技术研发与实践结合。

在研发新技术时，应将实践需求作为出发点，通过与运动员、教练及医疗人员

的密切合作，确保技术的实用性和有效性。这种以需求为导向的研发模式，可以显著提升研究成果的应用价值。

上海体育大学的高速双平面荧光透视系统通过技术创新与多学科合作，成功实现了运动科学研究的突破，为体育训练和运动医学的发展提供了有力支撑。其成功经验和可借鉴之处，为其他领域的技术研发和应用提供了宝贵参考，推动了科学技术与实际需求的深度融合。这一案例展示了体医工融合在运动防护和康复领域的创新应用，为运动员的伤病预防和康复提供了科学支持，具有重要的示范意义。

四、高校体医工融合平台

华东理工大学成立了体育科学与工程学院，采用"体育学+工学"的创新模式，致力于通过学科交叉推动科学研究与应用的深度融合。首都体育学院则成立了体育人工智能研究院，聚焦于将人工智能技术应用于体育领域。这些平台通过学科的交叉与融合，不仅推动了体育学与医学、工程学的深度结合，还为体医工融合的发展提供了坚实的理论与实践基础。

五、美国 EXOS 康复中心

EXOS 康复中心成立于 1999 年，总部位于美国亚利桑那州，是全球领先的体医融合康复机构。其核心理念是通过运动科学与医学的深度融合，为患者提供基于个体需求的精准康复服务。其实施路径包含以下 3 个方面。

多学科团队。EXOS 组建了包括运动生理学家、物理治疗师、营养师和心理医生在内的多学科团队。

个性化康复计划。根据患者的具体情况，制定包括运动训练、营养指导和心理支持在内的综合康复方案。

科技赋能。利用可穿戴设备和数据分析技术，实时监测患者的康复进展。

六、德国阿迪达斯智能装备制造

1. 背景介绍

阿迪达斯通过将工业 4.0 技术与体育装备制造结合，推出了智能运动装备生产线，实现了从传统制造向智能制造的转型。

2. 实施路径

智能制造。引入机器人和自动化生产线，提升生产效率。

个性化定制。利用 3D 打印技术，为消费者提供个性化运动装备。

可持续发展。采用环保材料和生产工艺，减少碳排放。

3. 成功经验

智能制造。通过技术创新提升生产效率。

个性化服务。满足消费者多样化需求。

绿色生产。践行可持续发展理念。

4. 可借鉴之处

推动智能制造，提升生产效率。

发展个性化定制服务，满足市场需求。

推广绿色生产技术，实现可持续发展。

5. 成功经验

多学科协作。通过跨学科合作，提升服务质量和创新能力。

技术创新驱动。利用先进技术优化流程，提高效率。

可持续发展。注重资源循环利用和环境保护。

产学研合作。通过合作加速技术研发和成果转化。

6. 对我国的启示

发展智能制造。学习阿迪达斯的经验，推动体育装备制造业转型升级。

注重可持续发展。将绿色生产理念融入体医工农融合的各个环节。

体医工农融合是未来健康与可持续发展的重要方向。通过借鉴国外成功经验，我国可在体医融合、农业与工业融合以及智能制造等领域实现突破，推动经济高质量发展。随着我国经济社会发展和人民生活水平的不断提高，人民群众对健康的需求日益增长，体医融合作为推进健康中国建设的重要举措，近年来受到国家和地方政府的高度重视。地方政府作为体医融合的实践主体，其创新发展模式对推动体医融合落地见效具有重要意义。

第二节 多源流理论与代谢组学视角下的 体医工农融合探索

一、多源流理论视角下的体医融合

作为一个全新的征途，"十四五"是我国正处于全面建成社会主义现代化强国、齐头并进新百年的首个五年，这标志着我国正迎接崭新的历史起点。《"健康中国 2030"规划纲要》指出把健康融入所有政策，普及健康生活，全民健身和全民健康要实现深度融合。2021 年 10 月，国家体育总局按照中国共产党第十九届五中全会部署要求以及多项政策文件要求颁布《"十四五"体育发展规划》（下文简称《规划》）。该《规划》指出国家实施全民健身战略，构建全民健身公共服务体系，鼓励和支持公民参加健身活动，促进全民健身与全民健康深度融合，为中国式现代化体育强国建设起到带头作用。全民健身与全民健康这两大民生工程深度融合作为建设健康中国和中国式现代化体育强国举足轻重的任务之一，具有以人为本、范围覆盖广、顺应时代需求、可实践性强等显著特点。《规划》出台伴随着全民健身上升为国家发展重要战略，全民健康作为推进健康中国建设的重要步伐之一，将全民健身与全民健康这两大民生工程深度融合在一起，作为一项以人民健康为核心的新时代重大核心工程备受瞩目，具有借鉴意义的研究成果不断产出。现有研究多以理论构建、内涵阐释、现实与困境等方面作为主要研究方向。

全民健身与全民健康这两大民生工程深度融合相关政策出台的原因是什么？这两大民生工程深度融合演变的动力是什么？如何推动这两大民生工程深度融合？多源流理论由美国著名政策学家约翰·W.金登基于"垃圾桶理论"提出，作为医疗、运输、电信和财政等公共政策领域的分析工具，多源流理论认为，决策者会在执行阶段把问题源流分解，政策源流由竞争性演变为解释性集合，政治源流作为全民健身与全民健康深度融合演变过程中的一种约束力量，其框架的核心要素在执行阶段紧密联系。其一，健康关口前移导致人民群众健康观念发生转变；其二，全民健身与全民健康两大民生工程的融合在社会主义现代化改革中不断深化与完善，呈现出开放化、多元化的局面；其三，全民健身与全民健康这两大民生的融合既从我国实际发展出发，又响应时代发展的需求，涉及多种影响因素，且是多种政策共同影响下的成果。当问题、政治、政策3种源流发展到一定成熟度，即在政策之窗打开后，三大源流在不同层次及地区的演变情况会影响最终的政策结果。基于此，下文以运用文献资料法为主，辅以理论分析法，将相关文献进行整理及分析，以多源流理论作为工具，依照我国基本国情探索多源流理论视域下全民健身与全民健康深度融合的演变动力，探析这两大民生工程融合的深度和路径，推动实现全民健身与全民健康深度融合高质量发展，进而为相关政策提出提供有用建议。

（一）多源流理论的高度适用性

利用多源流理论探究全民健身与全民健康深度融合演变的发展时，一定要注意其适用性，问题源流、政策源流、政治源流本身就是全民健身与全民健康深度融合演变发展过程中关注的最大要素之一。其一，受一些公共卫生事件影响，越来越多人意识到健康生活的必要性，健康关口前移导致越来越多人健康观念发生转变，由"治好病"转向"治未病"；其二，全民健身与全民健康这两大民生工程的深度融合在社会主义现代化改革中不断深化与完善，国家社会主义民主化层次上不断提高，呈现出开放化、多元化的局面；其三，以民政部门以及体育部门为主体，在来自我国多部门、多领域的支持和帮助下，大大加速了全民健身与全民健康的深度融合进程，标志着我国正式步入了全民健身的新时代；其四，全民健身与全民健康这两大民生的融合既从我国实际发展出发，又响应时代发展的需求，涉及多种影响因素，且是多种政策共同商议下的成果。

（二）全民健身与全民健康深度融合政策的演变过程

以"全民健身""全民健康"为关键字，在相关文献系统检索的基础上，依据与之相关的关键决策的出台、全民健身与全民健康两者形态的变化、政策形式变动，将中华人民共和国成立伊始至全民健身与全民健康深度融合的演变发展过程分为4个阶段：基础奠定时期、初步建立时期、融合发展时期、理论成熟高质量发展时期，体现出我国全民健身与全民健康从内涵式发展到高质量发展的演变（图6-1）。

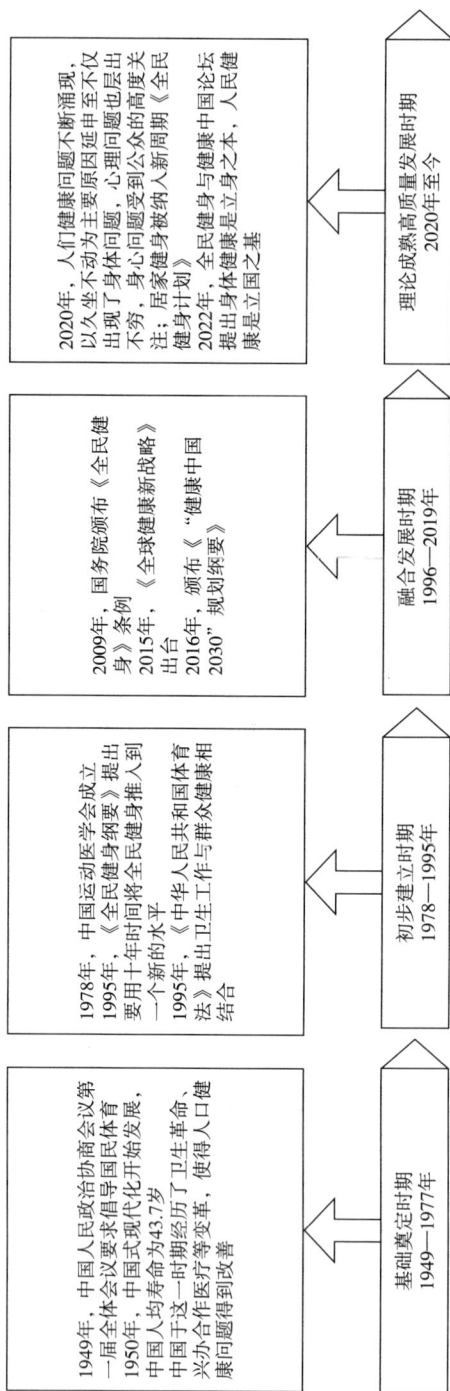

图6-1 全民健康和全民健身深度融合政策的演变过程

基础奠定时期 1949—1977年

1949年，中国人民政治协商会议第一届全体会议要求领导国民体育
1950年，中国武术现代化开始发展，中国人均寿命为43.7岁
中国于这一时期经历了卫生革命、兴办合作医疗等变革，使得人口健康问题得到改善

初步建立时期 1978—1995年

1978年，中国运动医学会成立
1995年，《全民健身纲要》提出要用十年时间将全民健身推入一个新的水平
1995年，《中华人民共和国体育法》提出卫生工作与群众健康相结合

融合发展时期 1996—2019年

2009年，国务院颁布《全民健身》条例
2015年，《全球健康新战略》出台
2016年，颁布《健康中国2030"规划纲要》

理论成熟高质量发展时期 2020年至今

2020年，人们健康问题不断涌现，以久坐不动为主要原因至申延申至不仅出现了身体问题，心理问题受到公众的高度关注；居家健身被纳入新周期《全民健身计划》
2022年，全民健身与健康中国论坛提出身体健康是立身之本，人民健康是立国之基

1. 基础奠定时期（1949—1977 年）

体育运动助力健体强国卫生工作与群众运动结合发展。这一时期，不仅是中华人民共和国成立初期，更是体育助力健体强国的基础奠定时期，我国 1952 年提出"发展体育运动，增强人民体质"，作为新中国的全民健身指导方针。中国式现代化体育助力健体强国处于起始发展时期，中国人均寿命为 43.7 岁。为了改变人口基数大、健康水平低这一现状，毛泽东提出"健康第一、学习第二"口号，周恩来总理在第一届全国卫生工作会议上，在原有的三个医疗基础上提出将卫生工作结合到群众运动中。这一时期，中国历经卫生革命、兴办合作医疗等变革，使得人口健康问题得到改善，卫生工作与群众运动结合发展为全民健身与全民健康奠定形态转变基础，但在这一阶段健康与健身暂时欠缺互动。

2. 初步建立时期（1978—1995 年）

全民健身与全民健康结合的相关政策初步建成，全民健身和与人民身体素质结合发展。这是全民健身与全民健康结合政策初步建成时期。1978 年，为创新中国式人口健康现代化，成立了中国运动医学会。这一阶段大力推出"全民健身与全民健康融合"相关法规及政策，如 1982 年《中华人民共和国宪法》要求大力发展体育事业和大众体育活动来提高人民身体素质，强调国民健康问题与健身活动密不可分。1995 年颁发《全民健身纲要》，提到要用十年时间将全民健身推入到一个新的水平。《中华人民共和国体育法》提出卫生工作与群众运动结合发展，全民健身有了法律保障，通过地方设立改革试点等方式营造全民健身的社会氛围，对全民健身工作进行规划性与方向性指引。这一时期，群众运动形态正式转变成全民健身形态，肯定全民健身工作与人民身体素质协同发展的重要性。

3. 融合发展时期（1996—2019 年）

国家战略的高度支持，全民健身与全民健康融合发展。1996 年，全民健身从口号向实质转变，《关于加快发展体育产业 促进体育消费的若干意见》提出全民健身变为国家战略，运动明确成为促进健康的必要条件，党的十八大践行"提高人民健康水平""坚持预防为主"的实践。2015 年《全球健康新战略》出台后，国家大力落实全民健身变为国家战略，对"提高人民健康水平""坚持预防为主"等方针的实践同样倾注心血。在习近平总书记指导下，许多与全民健身、全民健康等运动促进相关健康政策如同雨后春笋般露面，推动了"全民"系列不断走向现代化，使我国人民拥有了健康的体魄核心，稳固了建设体育强国的基础。全国卫生与健康大会在 2016 年召开，习近平总书记在会上强调，把人民健康放在优先发展战略地位，努力全方位全周期保障人民健康。《全民健康生活方式行动计划》与《全民健身计划（2016—2020 年）》全面落实全民健身国家战略，努力提高全民健康水平，推动群众体育工作再上新台阶。在同一阶段，《"健康中国 2030"规划纲要》又提出将健康与体育这两类管理服务模式相融合，"健康中国 2030"将"大健康"理念与公共政策制定实施的全过程融合到一起，以应对存在广泛的"健康影响因素"。《"健康中国 2030"规划纲要》要求对人民群众的身体健康负责，进行全方位、全生命周期的维护，要实现"全民健身""全民健康"这两大民生工程的深度融合。因此，在国家战略高度支持下，我国全民健身与全民健康这两大民生工程政策走向融合。

4. 理论成熟高质量发展时期（2020 年至今）

全民健身与全民健康深度融合高质量深化发展。这一时期，是全民健身与全民健康深度融合深化发展的理论成熟实践期。2020 年，人们健康问题不断涌现，以久坐不动为主要原因，不仅出现了身体问题，心理问题也层出不穷。身心健康问题受到公众的高度关注。推进将全民健身与全民健康两大民生工程深度融合起来一起发展迫在眉睫。为此，2021 年国家体育总局按照党的十九届五中全会部署要求以及多项政策文件要求发布《"十四五"体育发展规划》，提出推动全民健身与全民健康两大民生工程深度融合，指引中国式现代化建设体育强国稳步前进。《全民健身计划》新周期中，居家健身也包含其中。在这一时期，全民健身路径不断加深，大量居家运动受到人们追捧，"大健康"观念和"未病防治"理念深入人心。2022 年，全民健身与健康中国论坛在线上召开，论坛中提出人民立身之本就是身体健康，中国立国之基就是全民健康，要实现全面建设社会主义现代化国家伟大进程，就需要将运动健身有效融入工作中，寻找准确切入点和关键突破口，切入与突破同时进行，将全民健身在体育强国建设中的独特功能与基础性作用更好展现出来。新《中华人民共和国体育法》指出，国家实施全民健身战略，构建全民健身公共服务体系，鼓励和支持公民参加健身活动，促进全民健身与全民健康深度融合。全民健身与健康中国论坛中提到全民健身运动作为构建健康中国的最好途径之一，只有将我们中国国民健康素养水平提高，我国综合实力提高才能得以实现。将全民健身深度融入全民健康是人民健康需求的集中体现，是卫生健康与体育健康产业进一步发展的必然选择。在我国社会主义现代化时期的进程中，全民健身与全民健康深度融合前景无限，走向融合高质量发展。

（三）多源流理论下全民健身与全民健康深度融合的演变动力

政策是由于多种原因、观点以及意见而制定的，政策演变是一种进化的过程，需多种因素作为动力才能推动其进展。图 6-2 为多源流理论下分析全民健身与全民健康深度融合的演变动力流程图。

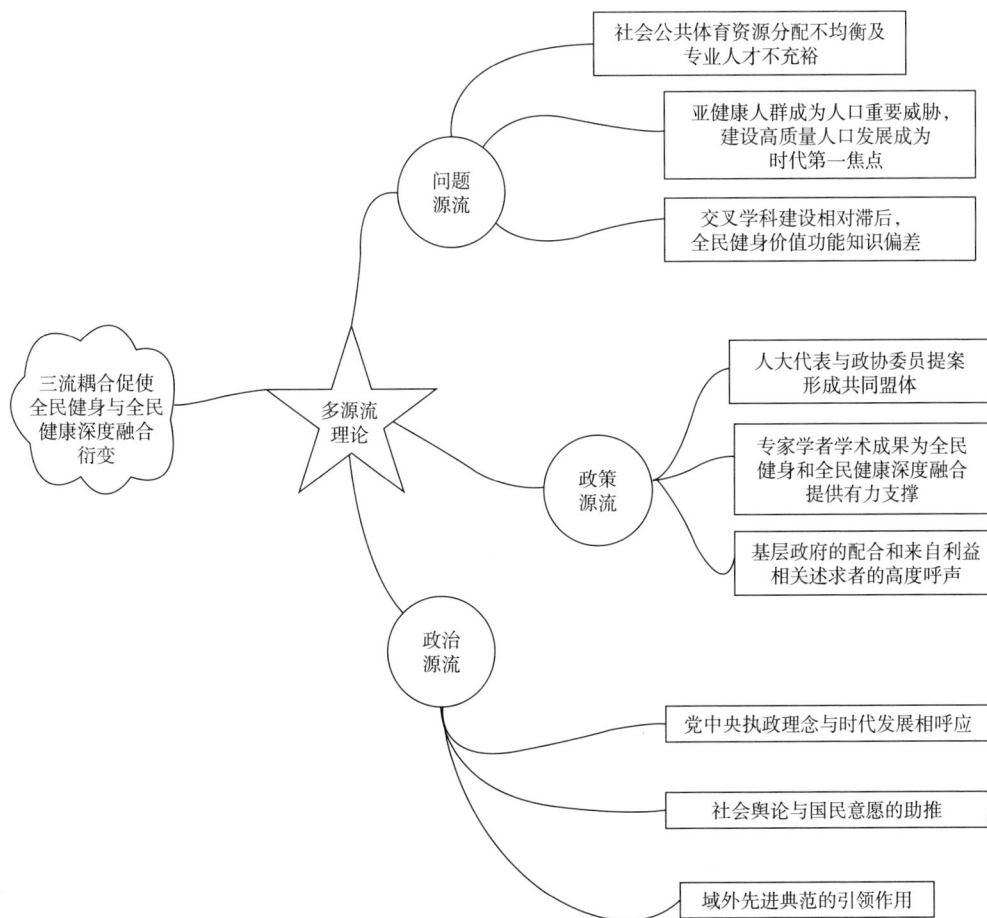

图 6-2　多源流理论下全民健身与全民健康深度融合的演变动力

1. 全民健身与全民健康深度融合演变的问题源流

决策者对民生健康问题和民生健身问题的关注即为全民健康和全民健康深度融

合发展演变的内部决定动力，就我国全民健身和全民健康融合思想以及政策演变而言，在不同时期不同决策被提上议程以及不断变化均受到问题源流的影响。

（1）社会公共体育资源分配不均衡及专业人才不充裕。

新中国成立以来，城乡发展不均衡、地区发展不均衡导致资源结构不均衡，场地设施不完善、活动经费不足、人才自主培养短板问题突出。各省体育公共资源分配呈明显差异，经济发达地区配置水平明显好于欠发达地区，公共服务供给不均及群众对公共服务的享受不均，社会公共体育资源供给的有效程度不高。公共体育资源分配不均将严重影响群众参与全民健身的积极性，制约着全民健身与全民健康融合发展。同时缺乏社会指导员，体育人才向城市流动导致乡村体育人才紧缺，《关于推进"十四五"农民体育高质量发展的指导意见》仅规划人才培养，对专业体育人才服务农村引导和鼓励不足。尽管国家已经采取一系列政策倾斜教育、对口资源等措施推动经济欠发达地区和少数民族地区教育持续发展，但我国西北地区、西南地区教育分化程度也逐步增大。对标国家要求、人民期盼、社会发展需要，与建设全民健身与全民健康融合高质量发展的要求相比，我国学科人才层次差异大、人才自主培养意识薄弱，复合型人才短缺等问题依然突出。银龄时代来袭，如何解决人口老龄化问题成为时代使命。中国作为一个拥有 14 亿人口并且老年人口数量不断攀升的银龄时代发展中国家，优化老龄人口是我国的持续攻坚战，自 2000 年以来，我国老年人口具有高龄化凸显、规模空前庞大等特点，且老龄化程度不断加深的趋势将一直贯穿整个 21 世纪。老年人的身体机能随年龄增长不断下降，老年人罹患疾病数量增加、老年时期失能风险大，社会经济呈负担加重的严峻形势。随着健康意识的不断提升，"运动提高生活质量，安度幸福人生"成为人们生活由物质需求逐步向精神文化需求层面扩大的重要体现，庞大的老年群体从寻医问药到健身锻炼健康新需求如何有效满足、银龄时代健康化、保障老年人健康需求、提高老年人健康余寿、安定老人生活、积极维护老人健康、增强老年人体质、预防和减少疾病发生成为未来国家及基层社会工作服务重点。

（2）亚健康人群成为人口重要威胁，建设高质量人口发展成为时代第一焦点。

高质量人口的根本要义是创造属于人们自己的高品质生活，保持健康是享有高品质生活的前提条件，但随着人们物质生活水平的不断提高，高血压、高血糖、高血脂等由于吸烟、酗酒、久坐不动等不良生活方式造成的慢性疾病使人们的体质健康问题不断涌现。目前，青少年体质健康问题也不断涌现，在应试教育根深蒂固的影响下，青少年脊柱侧弯等不良体态、肥胖、近视等非传染性常见疾病发生率仍居高不下，慢性疾病早发甚至出现青春期高血压症状，体质健康不达标准。没有健康的人民必然没有未来，没有健康的国家必然没有生机，没有全民健康则体育强国不可能实现。慢性病已成为影响国家经济发展现代化进程的重大公共卫生问题。群众心理亚健康发病率逐年上升，高等教育的期望值对青少年表现的要求往往会导致他们承受过多压力，产生焦虑乃至抑郁，容易因自尊自信受挫产生紧张、无助情绪，青少年的心理问题会导致心理、社会、情感功能的严重损害。新时期我国面临着严峻的社会转型挑战，传统社区与单位社区逐渐被商品住宅社区取代，在城市"站稳脚跟"成为大多数成年人的奋斗目标，快节奏生活和长期屏幕使用引发人们焦虑，使人没有归属感。离退休后，生活方式的改变和社会作用的降低容易造成老年人安全感缺乏，进而会产生孤独、寂寞的情绪，影响心理健康。健康治理问题成为我国建设中国式现代化健康中国过程中面临的巨大挑战，虽然我国居民平均寿命延长，但国民身体素质一直下降，慢性病亚健康人口的增加不仅成为中国卫生医疗的负担，同时对国民健康、快乐生活也造成了严重的影响。身体活动缺乏已经成为 21 世纪全球最大的公共卫生问题之一，健康危机加重人口高质量发展负担事件愈发激烈，如何实现创造属于人们自己的高品质生活，引领高质量人口发展成为时代一大焦点。

（3）交叉学科建设相对滞后，全民健身价值功能知识存在偏差。

新中国成立至今，体育等于竞技、运动等于比赛观念深入人心，相关部门针对《"健康中国 2030"规划纲要》整合资源，建立生命科学、运动科学和社会科学"三位一体"的运动促进健康研究，并围绕全民健身的安全性、有效性和自主性展开深入研究。但目前我国全民健身事业仍处于起始阶段，体育与健康学科交叉建设较晚导致人们维护健康的方式依然着重于医疗卫生。一是"防治未病"观念尚未普及全民，人民的关注点多集中于衣、食、住、行四大基本层面。虽竞技体育带动全民健身、体旅带动全民健身等培养全民健身意识举措正在实施，但文化氛围不足且人们选择性忽略全民健身的内涵与价值导向。二是全民健身促进全民健康观念并非人人买单。国民体质健康问题明显，从全民健身到促进全民健康，虽提高人们锻炼意识，但难以体现全民健身与全民健康交叉学科建设的科学性、现代性，落实主动性与有效性。作为行动促进健康新型交叉学科，重新认识全民健身与全民健康本身独特的价值功能成为重要问题源流。

健康不仅仅是身体健康无病痛，还是身体、心理、社会能力三方面都健康才得以圆满，"民生三感"代表获得感、幸福感、安全感。现阶段，全年龄段人群都面临着来自自我、家庭、社会的沉重负担。体育与大众的幸福感密切相连，体育锻炼能够优化健康状况，自我调节情绪，从而强化心理韧性，体育锻炼有助于增强个人情绪增积削消，进而提高"民生三感"。

2. 全民健身和全民健康深度融合演变的政策源流

以国家颁布的政策提案和专家学者的学术研究作为政策制定源流。这些外部动力将国家战略汇聚起来，体现出全民健身和全民健康深度融合具有实践性，在全民健身和全民健康深度融合演变中起到关键推动作用。

(1) 人大代表与政协委员提案形成共同盟体。

以法定权威性和资源专业性保证议程的建立，《"十四五"体育发展规划》明确提出推动全民健身与全民健康两大民生工程深度融合，指引中国式现代化建设体育强国稳步前进。其中，全国政协委员表示让健身成为必不可少的生活内容和专门存在的生活方式，组成健康文明生活方式和实践的重要部分。专家学者强调将信息技术与传统健身深度融合，应用人物动作识别等高科技手段，搭建一套健康与科学健身结合的闭环运营平台，实现全民健康发展质的飞跃，是民生民心工程，是"实施健康中国战略"的重要步骤。全国人大代表提出防治未病，在疾病尚未发生之时就做到未病先防，对于我国人民群众健康水平的提升意义重大。国家体育总局运动医学研究所指出，要创新办赛观赛，探索非对抗性体育项目的实时网联、异地比赛的新模式和新规则，探索应用虚拟现实技术的线上观赛与现场比赛实时互动的新的观赛模式，带动体育产业发展。同时改进场馆条件，将室内体育馆的通风系统由循环通风模式改为送风换风模式，为大型体育场馆设置救治伤病等多功能的技术接口，使之能够应对运动中突发伤害事件，并在突发公共卫生事件中发挥积极作用。在此基础上，建议推出相应的运动健康类保险产品，在运动伤害的防护、救护、赔付等方面积极完善。政策建议有助于"软化"公众思想，使政策共同体的相关建议逐渐上升为社会共识。

(2) 专家学者学术成果为全民健身和全民健康深度融合提供有力支撑。

首先，在对"全民健康""全民健身"等关键词进行检索时，发现北大核心期刊高达五千余篇，CSSCI 八百余篇，这些结果都为全民健身与全民健康深度融合的演变提供了重要参考依据。其次，关于"全民健康""全民健身""全民健身与全民健康融合"相关部门召开系列相关学术会议众多，如 2021 年天津市体育局与天津体育学院共同举办全民健身高峰论坛、2022 年江苏举办"新时代全民健身与全民健康的融合保障"学术讨论会、2023 年 10 月成功举办全民健身与健康中国论坛、首届东盟国民体质与健康促进国际学术会议等，会议中相关学者稿件高达三千五百余篇。他们利用专业知识展开争鸣，借此开展政策建议的可行性和公众可接受性研究。众多以全民健身与全民健康融合的国家、省部级课题被立项，如张笑世立项 2022 年国家社科基金项目"全民健身与全民健康深度融合的法制保障研究"、祖雅桐立项 2023 年国家社科基金年度项目"社区居民体育健康行为的生态性生成和协同治理研究"、夏晨晨立项 2023 年国家社科基金青年项目"共生理论视角下我国全民健身与民族传统体育融合发展研究"。体育与健康学者的研究多集中于"全民健身与全民健康如何融合"和"如何更好实现全民健身与全民健康深度融合"，以此研究政策建议的可行性和公众可接受性，为相关政策出台以及行动落实提供理论及实践基础。

（3）基层政府的配合和来自利益相关诉求者的高度呼声。

"全民健身与全民健康融合"的相关利益者由公共、政策执行及目标受益群体共同构成，保障在将全民健身融入全民健康的实践过程中，无论是中央还是基层政府，都在保障集体利益最大化。通过召开会议、发布通知、征集各方群体意见与建议，对全民健身与全民健康融合的人大建议与政协提案进行整理分析，对人大建议与提案答复认真贯彻落实。按照党中央、国务院部署要求，结合建议，联合相关部门启动规范性文件研制工作，广泛开展以"农体旅""体育+""体养+"等以改革作为契机的全民健身活动，不断推动普及面广且参与度高的群众体育健身活动，进一步激发社会积极参与，推动形成全民健身与全民健康深度融合的长效机制。如 2023 年 6 月 2 日体育总局征集《全民健身条例（修订草案）》意见，对收集资料进行整理筛选后结合目前实际情况展开工作。以群众民主为根本，整个过程的起草做到了充分发扬人民做主、广泛吸纳各族群众意见。开通市长热线、网络信条以及网站留言途径，吸取经验及建议，利用基层政府的配合和利益相关诉求者的高度呼声切实保证政策执行的科学性、民主性和可持续性。

3. 全民健身和全民健康深度融合演变的政治源流

政治源流由政府和立法机构、国民情绪（公共心态）等政治性因素组成，对于议程决定具有重大影响。

（1）党中央执政理念与时代发展相呼应。

由全民健身与全民健康深度融合的演变过程可知，党和国家历来重视国民身体素质和体育工作。中国共产党第十八次全国代表大会以来，以习近平同志为核心的党中央高度重视体育强国建设，始终把人民健康放在首要发展位置，推动全民健身与全民健康深度融合。毛泽东同志提出要增强人民体质就要发展体育运动，习近平同志提出建设体育强国，这不仅是构建社会主义和谐社会的必然要求，更是建设功在当代、利在千秋的事业的前进动力。2016 年，习近平总书记全国卫生与健康大会上提出，要建立健全健康教育体系，提升全民健康素养，推动全民健身和全民健康深度融合。2020 年，在教育文化卫生体育领域专家座谈会上，习近平总书记指出，要推动健康关口前移，建立体育和卫生健康等部门协同、全社会共同参与的运动促进健康新模式。2022 年，习近平总书记在中国共产党第二十次全国代表大会报告中强调，要广泛开展全民健身活动，促进群众体育和竞技体育全面发展，加快建设体育强国。这些来自国家最高领导人的讲话，代表着最广泛的民意与方案，对如何满足人民对健康日益增长的需求，制定全民健身与全民健康多领域结合的政策是我国的必由之路。搭建将全民健身融入多领域的理论体系，成为全民健身与全民健康这两大民生主题深度融合发展的必要条件之一。党中央对体育建设工作高度重视，深化推动体育与健康相关产业改革发展，习近平同志多次重要讲话，其中就包括开展全民健身、提升人们身体素质、提高人民健康水平。伴随着中国共产党第二十次全国代表大会召开，将对发展运动新兴产品、体育新业态、新产业模式起到一定积极性，在体医融合、健康中国背景下充分发挥运动健身对身体、心理疾病的预防作用，加大力度推进健康关口前移。在党和国家的高度重视下，全民健身与全民健康深度融合走上了可持续发展道路，由粗犷式发展走向内涵式发展，为有力支撑全民健身与全民健康在不同时期融合提供有力支撑。

（2）社会舆论与国民意愿的助推。

群众路线是我们党长期革命和建设经验的归纳，全民健身与全民健康深度融合是我国公共服务高质量发展不可或缺的一部分。一是作为一个拥有 14 亿人口并且老年人口数量不断攀升的银龄时代发展中国家，优化老龄人口是我国的持续攻坚战，自 2000 年以来，我国人口老龄化具有高龄化凸显、规模空前庞大等特点，且老龄化程度不断加深的趋势将一直贯穿整个 21 世纪。二是身体活动缺乏已经成为 21 世纪全球最大的公共问题之一，健康危机事件愈发激烈。随着健康意识的不断提升，"运动提高生活质量，安度幸福人生"成为人们生活由物质需求逐步向精神文化需求层面扩大的重要体现。如参加"中国式健身"的广场舞人群已经超过 1 亿，十五分钟健身圈提升大众的幸福感，体育锻炼能够优化健康状况、自我调节情绪，从而强化心理韧性。"十四五"规划建议稿进行起稿的过程中，充分发扬人民做主、广泛吸纳各族群众意见，综合采用了多种方式让群众所盼"有始有终"，让群众意愿"落地有声"，可以体现出共建意识的显著作用。在"人人都有麦克风"的当下，群众可以通过多种方式关注决策焦点，在论坛发表相关意见，广开言路使得群众的呼声可以得到回应，体现我国坚持"以人为本"的核心理念。

（3）域外先进典范的引领作用。

我国全民健身与全民健康深度融合政策经历了从无到有、从有到优及从抽象化到具体化的发展历程，每一次更迭都代表着我们国家又迈出了一大步。欧美国家城镇化加速使得全民健康水平发展受到威胁，美国、英国、日本等国家在拓展全民健身空间上给予了举措与经验。如英国高斯林体育公园为 50 岁以上的中老年人安排户外健身课程和适老化设施，为青少年儿童设置专门的青少年健身房、儿童主题活动日、青少年体育技能培训并定期举办青少年体育赛事，为女性群体专门设置女性水疗室，且每个月固定日期对其免费开放，按照服务范围将体育公园划分成小型公园、街区公园、社区公园、管区公园和地区公园。日本根据各都、道、府、县的区域面积以及下设市、町、村的人口数量设置不同规模的社区体育中心。域外先进典范为我国城乡化建设、与市民相匹配的全民健身新载体建设、开拓全民健身新空间、健全相关制度、推进数字化技术落实、建设数字协同结构、完善信息服务平台、搭建智慧新场景等提供了重要启示。

4. 三流耦合促使全民健身与全民健康深度融合演变——"政策之窗"开启

问题源流、政策源流和政治源流汇合在一起时，会产生一种联合，也称耦合。每当政治源流被提升为主导地位的时候，问题源流就凸显出来成为焦点。专家学者学术成果完备，基层政府相互配合，利益相关者呼声高涨，此时"政策之窗"便会打开。政策窗口有其时效性。所以，决策者应该起到积极的作用，把握关键时间节点，促使三股源流相互耦合，促进全民健身和全民健康融合。全民健身与全民健康深度融合的"政策之窗"开启通常会有利益相关者矛盾、执行部门配合度不高等问题，因此决策者需要重视相关政策的融合过程，将各方相关政策的需求与矛盾进行全面分析，打破传统阻力，消除多部门合作之间的"隔阂"。决策者可以抓住社会事件或重大事件发生的焦点进行分析，"政治+问题"源流可以促进"政策之窗"打开，"政策之窗"开启需要一定的动力，社会焦点事件发生的偶然性以及事件严重程度等则成为问题源流。决策者应把握时机，通过互联网时代，借助媒体势力对焦点问题加大宣传，使政治系统能够对民意有一个较为全面的认识。抓住这种机遇，就可以推断以及增加"政策之窗"的开启次数。决策者必须对全民健身与全民健康这两大民生问题深入融合作为重点关注对象，将政治建议提前准备充分，将焦点事件放大，以便把握关键时刻，将"建议"转变为"议程"，为其他相关政策的提出提供新的思路与想法。

多源流理论视域下，全民健身与全民健康这两大民生问题的深度融合成为人人关注的焦点，为相关政策演变提供保障。政策源流汇聚形成政策共同体，这一交汇为政策演变提供有力合理的依据。群众的意愿以及党中央与时俱进的执政理念为全民健身深度融入全民健康中点亮了一盏明灯，指明了方向，政策变迁是良好政治环境的开端。三大源流实现相互作用、相互耦合、相互汇聚、最后碰撞出火花，开启"政策之窗"，进而促成全民健身与全民健康深度融合演变。伴随着问题不断出现、政策不断丰富、政治环境更迭，全民健身与全民健康深度融合这一重要思想的一系列相关政策在时代发展中也必将不断进步、优化和完善。

（四）多源流理论视角下我国全民健身与全民健康深度融合政策演变的新路径

1. 密切关注民生所需问题源流，持续监督社会焦点事件

依托数字化建设构建服务新场景，打造全民健康"5G+"新生态社会。焦点事件为政策出台积蓄舆论张力，密切关注社会亟须解决的现实问题，持续监督与反馈全民健身与全民健康融合过程中的矛盾，通过评估、监测、宣传等手段解决社会焦点事件。一方面，可通过采用"平衡计分卡"方法，分别从利益相关者维度、财务维度、学习与成长维度和内部流程维度设置指标，对全民健身与全民健康融合进行发展指数评估。以《广西全民健身和全民健康深度融合试点工作实施方案（2017—

2020 年）》系列文件为例，对全民健身和全民健康融合制定标准评估、指标区间为参照标准，对获得数据进行处理和分析，计算评估体系中各指标的均数、标准差、变异系数以及权重，根据全民健身与全民健康融合的演变需求，定期公开数据指标源头、发布评估结果，及时反馈信息，加强政策融合，实现政策整合、叠加效应。另一方面，体育系统与健康系统相关决策部门应建立专业的问题评估系统，定期收集居民对健身活动满意程度，暗访社区体育中心社区和健身服务设施完善情况，对单元化居民健康体质测试等进行统计与调查，相关部门和研究人员通过收集的数据指标变化，对政策执行现状进行评估，保障体系可以提升全民健身与全民健康融合的执行力。此外，应正确看待全民健身与全民健康深度融合相关政策实施过程中出现的焦点事件及负面舆论，焦点事件与舆论出现可反映现行政策尚存问题，需要各部门重视并及时调整完善政策，消除负面影响，确保政策实施顺利进行。政府应高度重视全民健身与全民健康融合过程中的利益主体、资源调配等问题源流，预判出下次"政策之窗"开启的关键时间点。场景作为一种由特定时间、特定地点、特定主角等多维度构造的小世界，我国居民身体活动不足最主要原因是公共基础设施不健全，不足以实现全民健身活动常态化。可由解决场地问题或实现便捷式体育入手，引入外部资金，以此拓展全民健身新空间，使全民健身突破时空限制的牢笼，满足公民传统需求，不断增加健身基础设施的数量及质量。或以挖掘新兴需求为目标，打破传统体育局限，以信息化服务体育，以数据为导向，依托数字化构建服务新场景，利用智慧体育建立完善数据库，加快智能化"5G+"高端体育设备研发进程，以便捷式锻炼解决服务供给不足，给予全民参与感、满足感，灵活、协调、高效保障服务基础供给，致力打造全民健康服务"5G+"新生态。

2. 践行国家发展需求，以政策源流为中心，利用网格化发展战略搭建充分的利益表达平台

公众政策为分配公众资源、规范社会行为提供保障，因此，在全民健身与全民健康的融合战略实施过程中需要密切关注国民意愿。为此，应搭建充分的利益表达平台，征集不同领域利益相关者的建议与想法，最大程度优化全民健身与全民健康融合路径。第一，可以搭建网格化利益表达平台，基层治理是基石，网格治理是基层社会治理的"神经末梢"，网格治理体系主动深入群众，以过往治理形式为经验，搭建创新发展网格化利益表达平台，及时把矛盾化解在基层，充分发挥党委领导、

政府职能以及"以人为本"的中心发展理念。第二，全民健身与全民健康融合的受众群体为社区居民、社会组织、社会体育企业等单位，提高全民健身与全民健康融合可持续发展性，减少相关政策实施的阻力。应搭建互联的利益交流平台，可将社区、社会组织、企业单位织成一张网，邀请专家学者举办座谈会、定期开展成果交流讨论会议，进一步提升全民健身与全民健康融合的价值功能和认知程度。第三，不断完善激励制度，利用绩效奖金、绩效工资、假期福利等物质奖励和表扬、授予荣誉称号等精神奖励对在促进全民健身与全民健康深度融合方面取得突出成效的单位、个人及时给予奖励，让更多人参与到全民健身与全民健康融合中。一方面，可调动有关利益主体积极参与，另一方面，可将全民健身与全民健康融合中的焦点和利益相关者的意见相结合，促使相关政策及条例出台。

3. 不断完善治理体系的建设，四位一体共同治理

创造具有良性互动的韧性治理机制，以政治源流为核心，优化问题治理路径。在全民时代，全民健身和全民健康深度融合治理不能仅依托一个部门，其涉及体育、卫生、民生等多个领域，政策的执行需要经历多个复杂的历程，各个部门的独立治理机制易受多种因素的影响，难免造成"失灵"现象。因此，建立一个由政府、市场、社会、居民四位一体共同治理的多元主体协同参与机制有利于保障相关制度的顺利实施。第一，有关部门在全民健康与全民健身深度融合执行过程中应注意主动发挥各组织部门优势，呼应时代诉求，法律是维护社会稳定的基础保障，也是全民健身与全民健康融合相关政策出台与衍进的重要保障。因此需要积极应对治理中主体和资源配置，创建更加完善的治理体系，如完善《中华人民共和国体育法》中关于全民健身设施资源的维护准则、健身指导与紧急救治设备采购等内容。此外，要加强健康指导员身份互认制度、避免人才培养难导致人才流失。第二，要坚持多层次结合，积极清除执行障碍，完善协同管理制度。各部门不仅要"因地制宜"，更需要做到取长补短，相关决策者要提高政治思维，深入学习党中央执政理念，积极完善全民健身和全民健康深度融合工作，利用韧性治理机制提高政策风险的可防范力度。第三，重视舆意民情，国民情绪对政策的变迁具有重要影响，将全民健身融入全民健康过程中，人们生活方式和健康观念发生转变，加强青少年、慢性病人群、老年人等重点人群的参与，从国民情绪出发进一步优化政策内容。

多源流理论是由外国引进的理论分析工具，基于多源流理论视域下，全民健身

与全民健康深度融合得到的关注来自社会各界。这为我国与"体育+健康"相关政策落地提供了更多理论指导和实践路径，并且不断优化健康、健身产业融合机制。抓住"政策之窗"，打开关键时期，全民健身与全民健康的深度融合不仅可以提高体育运动、全民健身及健康联动产业转化率，同时也可以提高我国治理机制的互动率，顺应了有关健康中国建设的时代需求，促进全民健康向新高度迈进，为全民健康的"活力中国"建设打响攻坚战。

二、代谢组学在体医工农融合中的进展

水果和蔬菜富含矿物质、维生素、抗氧化剂及膳食纤维等，在人体健康饮食中不可或缺，而风味是果蔬最重要的感官品质指标之一，其特征性风味也是影响消费者选择的重要因素。果蔬风味受其内生因素（基因型）和环境因素（纬度、天气条件和采后处理）的影响（曾凡斌，潘思轶，2011）。果蔬风味物质的组成复杂、种类繁多，包括挥发性呈香物质和非挥发性呈味物质。前者体现了果蔬的气味，后者体现了果蔬的滋味，这两者共同构成果蔬的风味体系。其中，挥发性呈香物质主要为 $C6 \sim C9$ 的醛类和醇类化合物，此外还包括酯类、酸类、酮类和萜类化合物等，这些挥发性风味物质被鼻腔黏膜上的嗅觉受体识别来引起感受，呈现出花香、甜香、果香等。非挥发性风味物质是味感物质，果蔬中的非挥发性物质主要包括可溶性糖和有机酸，可溶性糖包括蔗糖、果糖和葡萄糖等，有机酸则包括苹果酸、喹酸和柠檬酸等。随着高通量组学技术的发展，多种挥发性风味物质的生物合成酶基因被成功分离，为深入探究果蔬风味物质产生涉及的分子调控途径提供了可能。代谢组学可以被定义为是一种非选择性的、全面的分析方法，用于鉴定和定量生物系统中的代谢物。代谢组学可以识别各种代谢途径的底物和产物。对果蔬进行代谢组学的研究可以确定其化学成分，并阐明影响果蔬风味或营养品质的关键成分，包括各种糖、有机酸、氨基酸、脂类和胺类等小分子化合物。代谢组学分析果蔬中化合物尤其是风味物质，进而探究这些化合物的生物合成途径和分子调控机制可为果蔬风味及品质调控、遗传育种、食品开发及加工的健康发展提供重要的理论基础。基于现有研究，下文从果蔬风味物质的产生、代谢组学技术及其在果蔬风味物质分析中的应用进行了综述，旨在为代谢组学在智能体医工农融合中的进展提供研究思路。

（一）果蔬风味物质的产生

许多因素会影响果蔬风味物质的产生，如生长环境条件、成熟度、采后的储存方式和加工方式等。不同品种果蔬的风味不同。果蔬风味物质主要是在果蔬成熟阶段产生的，其生成过程是果蔬将来自外界环境或者自身细胞内储存的一些大分子物质在酶的催化下，转化成一些糖类、酸类及挥发性化合物。

果蔬风味物质的合成途径主要是碳水化合物代谢，植物通过光合作用吸收能量，将二氧化碳转变成糖类，再代谢为其他的养分，因此果蔬中的大部分挥发性香气成分属于碳水化合物次生代谢产物。脂肪酸是果蔬合成香气成分的主要前体物质，脂肪酸氧化也是果蔬风味产生的重要途径，脂肪酸氧化可产生醇、醛、酮和酯类风味化合物。在多种果蔬的研究中已证明脂肪酸氧化主要通过 β 氧化和酶促氧化两种途径形成香气成分，如梨中亚麻油酸经 β 氧化产生癸二烯酸酯，葡萄中脂肪酸 β 氧化增加乙酸乙酯的含量，桃果实在脂肪氧化酶的作用下合成己醛、反-2-乙烯醛等己醛类和醇类芳香化合物，猕猴桃经酶促氧化产生酯类和醛酮类风味物质，玉米在储存期间产生不良风味也是酶促氧化产生。水果的香气成分也可通过氨基酸代谢产生。水果中的氨基酸（如丙氨酸、缬氨酸、亮氨酸、异亮氨酸、苯丙氨酸和天冬氨酸）可直接作为前体参与芳香化合物合成，它们经脱氨、脱羧、脱氢过程产生包括醛、醇、酯类等风味物质。萜类化合物是植物体内的一类次级代谢产物，也是果蔬中挥发性香气成分的重要组成部分，萜类香气物质来源于 C5 单位异戊烯焦磷酸和它的丙烯基异构体二甲基丙烯基焦磷酸，可通过甲羟戊酸途径和 2-C-甲基-D-赤藓糖醇-4-磷酸（2-C-methyl-D-erythritol 4-phosphate，MEP）途径两种不同途径合成。果蔬采摘后在运输和贮藏期间也会通过内源性乙烯和自身呼吸作用产生风味物质（图 6-3）。

（二）代谢组学技术

代谢组学是一种新兴的组学技术，可灵敏、高效、快速地发现生物体内的代谢产物并进行鉴定分析，进而研究生物体系的代谢情况。代谢组学根据研究内容不同分为靶向代谢组学和非靶向代谢组学。靶向代谢组学分析特定代谢物，研究一种或几种代谢物代谢通路，而非靶向代谢组学广泛分析多种代谢物，更全面分析研究对象中整体代谢物。目前代谢组学已被广泛应用于食品领域，如食品成分分析、食品质量鉴别、食品消费监控、饮食营养监控等。代谢组学在果蔬中的应用主要是通过

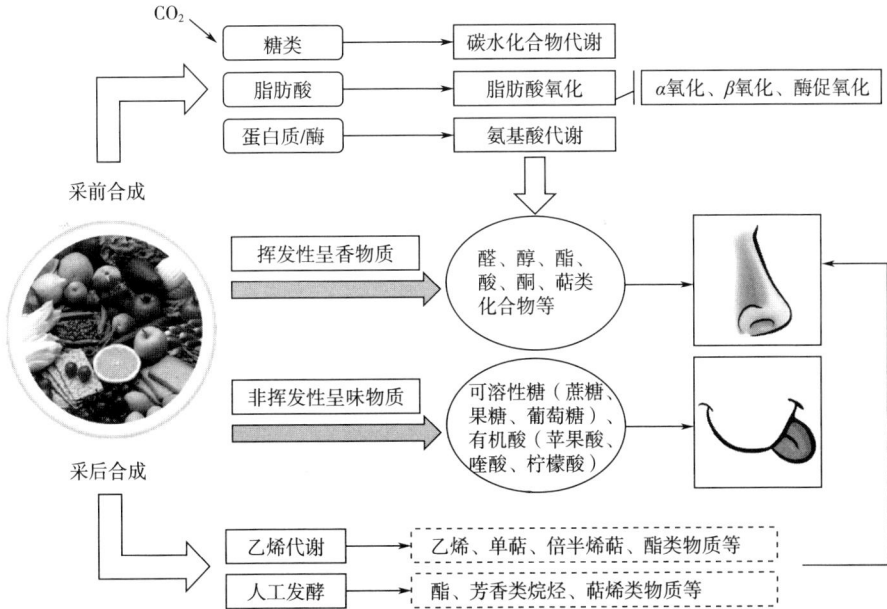

图 6-3　果蔬风味物质合成途径

代谢组学技术鉴定果蔬的代谢产物，进而研究果蔬风味的形成机制。研究这些风味和基质的相互作用使我们能够更好地理解食物中风味化合物的形成和释放的动态。此外，风味化合物和基质相互作用不仅是风味释放研究的关键步骤，而且对代谢组学的分析方法开发具有高度的相关性。目前，常用于果蔬代谢组学的高通量分析方法主要有气相色谱—质谱联用技术（gas chromatography-mass spectrometry，GC-MS）、液相色谱—质谱联用技术（liquid chromatography-mass spectrometry，LC-MS）和核磁共振技术（nuclear magnetic resonance，NMR），3 种分析技术各有优缺点，相互补充，其特点与应用详见表 6-1。

表 6-1　不同代谢组学分析技术的特点和应用

分析技术	适用范围	特点	优势	缺点	应用
GC-MS	全组分分析，识别挥发性小分子代谢物	最有效、可重复和使用最广泛的代谢组学研究技术	具有可重复性和选择性，精度高	不适用于固体，样品预处理烦琐	农产品产地溯源、香气研究

续表

分析技术	适用范围	特点	优势	缺点	应用
LC-MS	广泛应用,提取物分析、代谢物分析	对代谢物的定性和定量分析	灵敏度高、特异性好、能够量化大量的代谢产物,灵敏度高	有明显的离子抑制效应,仪器昂贵	分析农产品代谢物、产地溯源
NMR	广泛应用,食品掺假检测	样品的快速无损检测	高度重现性、样品无须烦琐的前处理、可同时测定多种物质	灵敏度相对较低,仪器昂贵	可实现农产品的地理区分

1. 液相色谱—质谱联用技术

LC-MS 与 NMR 相比,LC-MS 的优点是适用性广、灵敏度高、特异性强、检测的线性范围宽且可实现高通量分析,因此被广泛应用于代谢组学研究中。相较 GC-MS,LC-MS 的样品不需要衍生化处理。基于 LC-MS 的方法通常用于检测次生植物代谢物,包括生物碱、皂苷、酚酸、苯丙素、黄酮类化合物、硫代葡萄糖苷、多胺及其衍生物。LC-MS 同时也广泛应用于鉴定植物性食品中新的生物活性化合物。

2. 气相色谱—质谱联用技术法

GC-MS 是代谢组学领域的另一个重要分析技术,尤其是在植物代谢轮廓分析中。与 LC-MS 或 NMR 相比,GC-MS 由于其成本相对较低、数据重现性好、稳定性强和方便的数据处理等特点被广泛应用于代谢组学研究,主要适用于沸点较低、热稳定性好的小分子化合物的分析。然而,在 GC-MS 应用于非挥发性化合物(糖、有机酸、氨基酸)分析中,样品需要进行衍生化的前处理可能成为该技术的一个缺点。衍生化处理可能导致样品中氨基酸的不稳定,致使其几何异构体产生两个或多个糖峰,从而影响准确的定量和鉴定,或产生额外的反应。GC-MS 已应用于鉴别和认证食品样品,包括食品真伪、描述独特的食品样品的代谢物特征、评估食品生产链的压力、优化水果和蔬菜的采后过程、监控植物生长或食品加工,通过观察代谢物的变化来了解所涉及的过程,评价和预测食物的质量,并评估食物的储存条件和保质期。

3. 核磁共振技术

核磁共振技术,特别是 1HNMR,因其高效性、普适性,样品前处理简单也是代谢组学中常用的分析技术。此外，使用核磁共振可以同时检测初级和次生代谢物，而基于NMR的技术通常能够识别植物样本中的30～150种代谢物。核磁共振的主要局限性是其灵敏度较低。由于其灵敏度较低，检测的动态范围有限，很难同时检测同一样品中含量相差很大的物质，故需要更大的样品量。尽管如此，与质谱方法相比，较低的灵敏度使NMR成为不需要高灵敏度的质量控制应用的理想选择。核磁共振也受到光谱上大量信号重叠的限制，重叠信号使复合识别更加困难，降低了峰值积分的精度。然而，与传统的1HNMR相比，二维核磁共振的信号重叠显著减少。核磁共振已成功地用于许多研究，以检测食品中因农业实践、基因系、加工和储存而变化的主要化合物。

（三）代谢组学在果蔬风味物质研究中的应用

1. 代谢组学在不同品种产地的果蔬风味物质研究中的应用

代谢物在植物的生长发育过程中发挥着重要作用，不同品种中代谢物的数量和类型决定了其风味和营养价值，气候和地理条件都影响果蔬品种间不同的表型特征。因此，不仅要寻找特定地理区域的关键化学物质，而且要确定其来源，从而提高果蔬的风味品质。代谢组学可作为研究果蔬与不同品种产地的代谢组学特征的有效工具，NASCIMENTO等通过代谢组学分析了不同地区收获的成熟香蕉果实的代谢差异，发现γ-氨基丁酸和腐胺水平变化明显，以及不饱和脂肪酸含量的变化会影响成熟果实的营养及感官质量。BAKY等采用顶空固相微萃取（HS-SPME）技术结合气相色谱—质谱联用技术（GC-MS）研究了花椰菜、萝卜、豆瓣菜、白菜等6种十字花科蔬菜的香气和营养成分的成分异质性，发现葡萄糖在可食用叶片中含量最丰富，而山梨糖主要存在于十字花科叶片中。此外，所有十字花科叶片中均含有醛、酮和氧化物。在非食用十字花科叶中，萝卜叶的硫源异硫氰酸酯含量丰富，氮化合物含量最高，可以确定十字花科叶片间生物活性次生代谢产物谱的差异，并进一步阐明十字花科蔬菜对健康的影响。SIRIJAN等运用GC-MS代谢组学技术对不同草莓品种进行鉴定，发现蔗糖、单宁酸（原花青素）、黄酮类化合物、挥发性酯含量均有变化，表明不同品种之间的香气形成存在遗传差异，因此通过代谢组学鉴定含量变化的化合物有利于区分草莓品种。也有学者采用超高效液相色谱—高分辨质谱（UHPLC-HRMS）非靶向代谢组学方法对3种秘鲁本地辣椒进行了鉴别和生物标志物的鉴定，结果发现黄酮类化合物是主要影响辣椒来发挥其独特的颜色和香味的化合物。而 MI 等的研究也证实了黄酮类化合物是辣椒发挥独特风味的主要差异化合物。SAINI 等采用靶向代谢组学（LC-MS）对 7 个不同气候条件下的水果样品的次生代谢物进行了糖、有机酸、维生素、多酚和柠檬酸等代谢物的鉴定和定量分析，表明在亚热带气候不同亚型下生长的果汁中几种代谢物（多酚、柠檬素等）的浓度存在显著差异，了解气候条件对代谢谱的影响，有助于确定新鲜和加工用柑橘水果的适宜性和来源。除此之外，也有许多学者利用代谢组学对常见的果蔬进行品种与产地的差异分析（表 6-2）。

表 6-2　不同果蔬品种和产地的代谢组学分析

检测样品	检测方法	检测的代谢产物	检测结果
中国北方 5 个主要栽培地区的蜜桃	UPLC-QTOF/MS	槲皮苷、植物苷、3-p-香豆素酰奎宁酸、原花青素、奎宁酸等	上述代谢产物是影响蜜桃风味和营养特性的关键因素
不同品种的杜果	广泛靶向代谢组	有机酸、酯、萜烯、糖和醇，柠檬酸循环、氨基酸、类胡萝卜素等	不同品种的杜果风味与其代谢产物存在相关性
不同果肉颜色木薯品种的根（白色、浅黄色和黄色）	LC-ESI-MS/MS	黄酮、苯丙素和生物碱，氨基酸和衍生物，类黄酮、铟衍生物	浅黄色果肉木薯中次生代谢物含量较高，黄肉木薯的氨基酸和衍生物含量较高，白肉木薯中初级代谢产物含量较高
不同欧洲气候下生长的 4 种覆盆子品种	GC-TOF-MS、HPLC-MS、RP-HPLC/UV	花青素、鞣花单宁	相关代谢物会影响风味
大蒜	UHPLC-QTOF	含硫二肽（γ-Glu-Phe、γ-Glu-甲基-cys 衍生物）、功能低聚糖（1-雌糖、水苏糖、甲二糖）、脂质和植物激素（β-谷甾醇、β-3-乳酸）和挥发性分子（大蒜肽）	上述代谢产物是影响大蒜复杂香气和风味的主要化合物
枇杷新品种果实	HS-SPME-GC-MS	挥发性化合物代谢图谱	羧酸、酯类、醛类、酮类和醇类是主要的挥发性成分

续表

检测样品	检测方法	检测的代谢产物	检测结果
不同枇杷品种	广泛靶向代谢组	碳水化合物、有机酸、氨基酸和酚类物质	品种间的味觉差异受代谢产物组成和丰度的差异变化影响
净种植和露天条件种植的番茄品种	HS-SPME/GC-MS	挥发性代谢物	大多数挥发性物质在净种植的番茄中显著较高，香叶乳酮和D-柠檬烯对保存或改善番茄理想的香气性状起重要作用
不同产地的柚子品种（井冈蜜柚、沙田柚、琯溪蜜柚）	UPLC-QTOF-MS	柚皮素、柚皮苷	柚皮素和柚皮苷在井冈蜜柚中含量最高，但蔗糖相对最低，说明井冈蜜柚的微苦风味主要来源柚皮苷和柚皮素

2. 代谢组学在不同发育阶段及采后贮藏的果蔬风味物质研究中的应用

在果实的成熟过程中，风味、香气代谢物、颜色、质地和植物激素会发生显著的变化，果实代谢程度可以作为其成熟度的指标。而果蔬风味的形成是一个动态过程，果蔬采摘后在运输和贮藏期间也会通过自身呼吸作用产生风味物质，代谢物是采后果实保质期和对贮藏环境响应的感官和营养质量属性的生化和生理结果。通过代谢组学分析可以更好地理解果蔬生理活动的相关组成，阐明果蔬成熟、衰老、对储存环境和采后处理的感官和营养质量以及保质期的机制，有助于促进采后果实发育和成熟的研究。使用外源乙烯可以迅速均匀地加速果实成熟到最佳食用阶段，外源乙烯通过显著加速成熟来增强口感（特别是甜味、软化度、酸味和多汁性）和风味，大量的脂质、有机酸和酚酸在百香果果肉成熟过程中减少，糖醇含量增加，这些化合物含量的变化与百香果的味道和香气有关，为影响百香果品质的主要代谢物提供新的思路。

采后果实在贮藏过程中对贮藏环境的响应所引发的代谢变化不当会导致品质恶化，包括质地软化、颜色不均匀、风味流失和营养减少。例如，果皮褐变就是果实采后贮藏过程中的一种重要生理现象，严重影响果实的风味品质和市场价值。许多研究已经探讨了采后果实果皮褐变的原因和机制，低温胁迫、失水、多酚氧化酶被认为是导致果皮褐变的主要因素。代谢组学分析已成功应用于研究多种果蔬的变质和褐变机制中，例如，石榴对低温敏感，果皮褐变被认为是寒伤的典型症状，而温度是延长果蔬保质期的重要因素，采后果实在贮藏过程中会受贮藏温度的影响，导致果蔬香气形成的相关酶活性发生变化，较低的贮藏温度会抑制酶活性进而导致果蔬挥发性香气成分减少。有研究利用代谢组学技术及电子舌分析发现有机酸和部分游离氨基酸含量与桃果实的风味有关，甘氨酸甜菜碱处理可以提高低温贮藏时桃果实的风味品质和耐寒性（表6-3）。

表6-3　不同果蔬发育阶段及采后贮藏的代谢组学分析

发育阶段	检测样品	检测方法	检测的代谢产物	检测结果
果实成熟	甜瓜	FTIR、NMR	蔗糖、脂肪酸和β-胡萝卜素、葡萄糖、果糖、柠檬酸、氨基酸和多酚	果实成熟度的增加会导致蔗糖、脂肪酸和β-胡萝卜素含量的增加，同时葡萄糖、果糖、柠檬酸、氨基酸和多酚含量的降低
果实成熟	山竹	GC-MS	果皮、果肉和种子的代谢物（2-氨基异丁酸、青糖和氨基酸）	代谢物增加与山竹果成熟的进程有关
不同成熟阶段	樱桃	代谢谱分析	未成熟和成熟的樱桃中化学物质	氨基酸、黄酮类、脂类和萜类主要积累在成熟果实中，参与风味形成
采后衰老	葡萄	超高效液体色谱串联质谱	差异类黄酮（天竺葵素3-O-葡萄糖苷、槲皮素-3-O-葡萄糖苷和花色素3-O-葡萄糖苷）、酚酸（反式-4-羟基肉桂酸甲酯）	采后衰老过程中大多数差异类黄酮和L-天冬氨酸的水平下降，酚酸和泛醇的含量增加
采后衰老	香蕉	核磁共振波谱	初级和次生代谢物（有机酸、氨基酸、碳水化合物和酚类物质）	多巴胺转化产生盐酚醇，是香蕉果实采后衰老的特征标志物

续表

发育阶段	检测样品	检测方法	检测的代谢产物	检测结果
果皮褐变	荔枝	PLS–DA、OPLS-DA	氨基酸、可溶性糖、倍半萜和部分游离氨基酸	褐变后氨基酸含量增加，果皮褐变可诱导代谢产物从氨基酸转化为萜烯

3. 代谢组学在不同加工方式的果蔬风味物质研究中的应用

切割是果蔬最主要的加工方式，在切割过程中，会造成果蔬组织破损、细胞破裂、水分丧失、乙烯生成增加、呼吸上升，并诱发各种次生代谢过程。这些次生代谢过程的发生会产生大量香气成分，影响果蔬的风味，代谢组学可为评估切割技术对果实品质的影响提供依据。冷冻和脱水是果蔬储存和加工方式，冻融产品的质量会受到许多因素的影响，热加工对其他关键黑树莓化合物基团鞣花素含量也有着重要影响。多酚对食物的味道也有重要贡献，主要包括儿茶素、类黄酮、花青素、绿原酸等，在茶、咖啡、可可和许多植物源食品中含量丰富，热处理会对果蔬中的多酚的转化有显著影响。果蔬加工储存中，常用的包括烟熏、干燥、罐装、腌制和冷冻，而腌制是果蔬中常用的延长保质期的重要加工方法之一，目前在果蔬加工中，对腌制过程中代谢变化的详细分析，尤其是在长期储存后，仍然很少，因此代谢物分析为腌制过程提供了更深入的见解，并解释了腌制水果的感官特性的改善，能够作为果蔬腌制过程中质量控制、风味调控做理论基础。

发酵是果蔬醋及果酒的主要加工方式，风味也是决定果醋质量和可接受性的最重要因素之一。在发酵过程中，水果本身所含的物质发生巨大变化。相关性分析表明 FAME 与甾醇、糖、高级醇、酮、醛、萜烯和挥发性酸之间存在很强的正相关关系。因此，通过代谢组学技术手段有助于深层次发现果蔬在深加工中风味物质的变化，为果蔬深加工中品质的控制提供有力支撑（表6-4）。

表6-4 不同果蔬加工方式的代谢组学分析

加工方式	检测样品	检测方法	检测的代谢产物	检测结果
切割	整体甜瓜和鲜切甜瓜	LC–MS	水杨酸-D-葡萄糖苷（SAG）、类黄酮（MEG，吡喃氰素 A）	鲜切甜瓜中 SAG 和类黄酮生物合成增加，甜瓜的细胞膜组成物［磷脂酸（PAs）、磷脂酰肌醇（PIs）、磷脂酰甘油（PGs）和 MGDGs］的含量增加，Lyso 类物质含量降低

加工方式	检测样品	检测方法	检测的代谢产物	检测结果
腌制	未腌制和腌制橄榄	GC-MS、UHPLC-MS	糖和糖醇	发现品种间的差异主要发生在糖、糖醇、二环烯醚和黄酮之间，除二环烯醚外，糖和糖醇是橄榄果实的主要代谢物，其中半环醚可作为酸洗过程的标记物，脱氧橄榄苦苷可以解释不同品种间适口性和健康益处的差异
发酵	白菜醋	非靶向、NMR、GC-MS	水溶性和挥发性化合物分析	白菜发酵产生焦谷氨酸和巴豆酸，胆碱、甲烷、硫化物、腈和3-己烯-1-醇来源于白菜自身，这些化合物是白菜醋独特的味道和风味的关键物质
发酵	哈密瓜汁	1HNMR	发酵和非发酵哈密瓜汁的23种代谢物	发酵哈密瓜汁中含乳酸、GABA、乙酰蛋白、乙酰乙酸、纤维二糖和丙氨酸，非发酵哈密瓜汁中含蔗糖、葡萄糖、甘露糖和表儿茶素

4. 代谢组学在不同培育方式的果蔬风味物质研究中的应用

农药和肥料能够提高果蔬的产量和品质，结果表明，农药与叶面肥混合施用可显著提高叶绿素、氮和有机酸含量。在不添加叶面肥料的情况下，黄瓜果实的莽草酸—苯丙素途径上调（1.3倍）。而用叶面肥料施用农药后，三羧酸循环量上调了1.1倍，提高了其抗氧化能力，促进了农药的消散，提高了黄瓜果实风味品质。利用代谢组学技术分析不同农药及肥料对果蔬培育过程中代谢产物的变化，能够更精确了解果蔬栽培过程中影响果蔬风味物质的变化，提高果蔬培育中的关键技术。

无土栽培系统，即在装满无土基质的容器中种植植物，在一些土壤不适合的果蔬生产区越来越受欢迎。通过使用适当的营养和水分管理策略，植物质量很容易控制，然而果蔬在不同无土有机基质中生长的性能，现有信息仍然有限。综合转录组学和代谢组学数据表明，4个差异基因，VcPAL、VcHCT、VcF14G24.3和VcCHS的表达与类黄酮生物合成密切相关。该结果为蓝莓生长在不同基质中的适应性与调节机制提供了思路。营养液的配制和管理是无土栽培的关键环节，有机营养液对樱桃番茄成熟果实风味具有影响，发现添加营养液的樱桃番茄果实中可溶性糖、有机酸和香气挥发物含量改变，此外，苯丙氨酸及其下游酚类挥发物含量增加，水杨酸甲酯下降，还观察到有机酸代谢和果糖和葡萄糖的合成得到了促进，这有助于进一步优化无土番茄栽培的营养液配方（图6-4）。

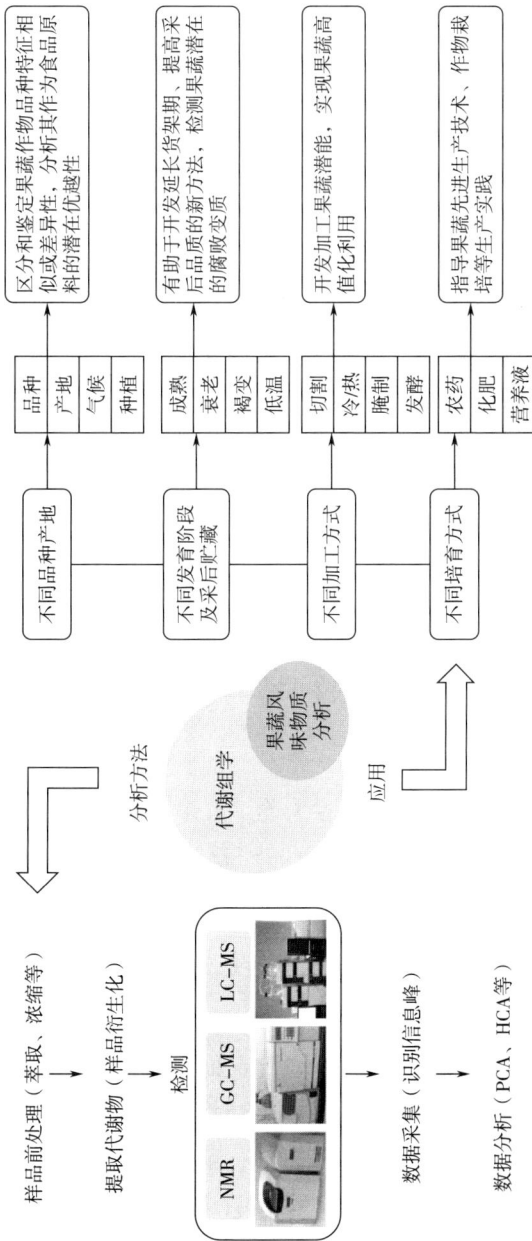

图6-4 代谢组学在果蔬风味物质中的分析及应用

风味质量是消费者选择蔬菜和水果的最重要的标准之一，更全面地了解与果蔬风味相关的代谢物及其改进应该是育种计划的一个重要目标。代谢组学在食品科学领域的快速发展表明了其鉴别、预测和信息分析的潜力，并为食品工业提供重要的信息。利用代谢组学评估果蔬中的风味相关代谢物变化将广泛应用于果蔬质量评估、新产品开发和优化育种等方面，是体医工农融合的典型实践案例。

然而，利用代谢组学方法研究果蔬品质性状也存在一些问题和瓶颈。首先，果蔬中代谢物高度多样化，有数千种代谢物，大量数据难以进行分析和比较。大多数研究只集中在共同性状（果蔬的味道、颜色和大小）背后的遗传机制上，而许多其他有用的性状仍未被破译，如活性功能成分等。此外，相对较少的果实性状可以归因于单基因，而由基因网络控制的复杂生物表型现仍难以阐明。目前，通过代谢组学研究能够阐明影响果蔬挥发性呈香物质和非挥发性呈味物质的重要化学成分和影响因素，可为果蔬风味物质形成的基因功能研究提供理论基础，同时为果蔬风味品质调控、遗传育种，食品加工的健康发展提供了未来研究方向。

第三节　药食同源在体医工农领域的研究进展

药食同源，源自《黄帝内经》"五谷为养，五果为助"的思想，强调食物与药物的同源性。唐代《黄帝内经太素》提出"空腹食之为食物，患者食之为药物"，奠定了食疗理论基础。中医食疗是基于中医理论体系以及"四气五味""阴阳平衡"的理论，通过食物性味调节人体机能的传统医学实践。药物与食物界限模糊，药物纠偏力强，食物安全性高。

药食同源食品是指那些既具有营养价值，又能调节机体功能、预防疾病或促进健康的食品，其定义强调食物与药物在本质上并无绝对界限，二者在来源、成分和功能上具有相似性。这类食品通常来源于自然界中的植物、动物或矿物等，经过科学提取、加工和配比，不含有化学合成的添加剂。

药食同源食品的主要成分包括多种天然营养素（如维生素、矿物质、氨基酸、碳水化合物）和具有生物活性的植物化学物质（如多糖、皂苷、黄酮类化合物多酚等）。这些成分不仅提供营养，还具有一定的药理作用，如抗氧化、抗炎、调节免疫、改善消化等。山药、枸杞、红枣、黑芝麻、菊花、生姜、蜂蜜等都是常见的药食两用食材，既可作为日常食材，也可用于调理身体、预防疾病。

药食同源的理念源自古代中医养生理论，强调食物和药物之间的相互关联，以食补药，以药补食，从而达到促进身体健康和长寿的目的。其理论的形成是一个漫长的过程，早在《黄帝内经》《金匮要略》等典籍中均体现了中医食疗养生和药食同源的思想。经过长期的饮食理论积累和发展，某些"食物"不但可以充饥，而且具备了养生、预防疾病的诸多功能，把具备此功能的食物定义为药食同源的食物。药食同源食品的开发和应用体现了传统中医"以食为药"的理念，同时也结合了现代食品科学和营养学的内容，成为现代健康产业的重要组成部分。

药食同源指某些物质兼具食物与药物的双重属性，理论基础包括①同源性：食物与药物均来源于自然界，成分与功能存在重叠（如多糖、黄酮类化合物等）。②理论共通性：均遵循中医阴阳五行、性味归经理论指导应用。③应用差异化：药物偏重"纠偏治病"，食物侧重"养生防病"，药效强度与副作用大于食物。

目前标准将此类物质定义为"按照传统既是食品又是中药材的物质"，欧美称其为"健康食品"，日本称其为"功能食品"。

药物是用来预防、治疗疾病，或者能有目的地调节人的生理功能的物质；食品是指可供人类食用或饮用的物质，能够补充人体需要的能量和营养，而不能用于治疗疾病。如何界定具有现代科学内涵的药食同源物质，是必须要厘清的科学问题。丛斌院士提出："药食同源物质是指兼具药效物质与营养物质功能共生于一体的天然物质，且其中药效物质对机体应不具有毒性作用，可长期食用"。医学、生命科学、药学、食品科学和营养学交叉融合，聚焦探明药食同源药效物质和营养物质健康效应的科学机理，为开发兼具营养、保健、治疗功能的健康产品提供理论基础。旨在以前沿科学研究引领学科发展，将我国博大精深的药食同源理念在全世界范围内广泛传播，基于该理念，促进建立药食同源物质的相关标准，服务于人类健康，推动健康产业发展、中医药文化传承，将为科技和产业界提供重要交流平台。

一、药食同源在体育领域：提升运动表现与恢复机制

（一）作用机制与成分研究

肌肉与骨骼健康：人参皂苷、黄芪多糖可通过调节能量代谢和抗炎途径增强肌

肉功能、促进运动后恢复；藏红花酸可改善骨骼肌氧化应激损伤。

运动表现提升：红景天苷通过激活 HIF-1α 通路提高缺氧耐受力，黄精多糖可增强运动耐力。

技术应用：生物信息挖掘技术用于筛选药食同源成分的潜在运动健康靶点（如 NF-κB、AMPK 通路等）。

（二）产品开发与市场趋势

运动营养食品：含人参、红景天的能量棒和运动饮料已商业化，侧重提升耐力与抗疲劳。

研究缺口：多数研究局限于动物试验，需加强人体临床试验及量效关系验证。

运动疲劳的生理机制主要包括能量物质耗竭、代谢产物堆积、自由基损伤、内环境稳定性失调以及中枢和外周神经系统的功能障碍。具体而言，运动过程中，ATP、磷酸肌酸等高能磷酸物的减少，乳酸等代谢产物的积累，以及 pH 下降，都会影响肌肉收缩功能，导致运动性疲劳。此外，中枢神经系统中的保护性抑制、神经递质变化和代谢产物堆积也可能引发中枢性疲劳。近年来，研究还发现神经炎症途径可能参与运动疲劳的产生。针对运动疲劳的干预手段主要包括运动恢复、营养补充、物理治疗和药物干预等。例如，积极休息、整理活动、睡眠和物理手段（如按摩等）有助于恢复体力。营养学手段包括补充能量物质（如碳水化合物、蛋白质等）和维生素、矿物质，以促进疲劳的恢复。此外，中药、针灸等传统中医疗法也被认为对缓解运动疲劳有一定效果。现代研究还探索了经颅电刺激（tDCS）等新技术在缓解运动疲劳中的应用。

（三）药食同源食品在运动营养领域的应用案例

人参、黄芪、枸杞等中药材的使用：研究表明，人参、黄芪、枸杞等药食两用中药材能够改善能量代谢，提高运动表现，减少运动疲劳。例如，杨文领等研究发现，这些成分能提高游泳动物的血糖和肝糖原水平，减少蛋白质分解，具有抗运动性疲劳的功效；田诗彬等研究也表明，由肉桂、人参、白术、茯苓等制备的中药提取物能降低大鼠骨骼肌 MDA 含量、提高 SOD 活性，从而缓解运动疲劳、提高机体运动能力。

魔芋多糖和低聚糖的抗疲劳作用：魔芋多糖水解物能选择性增加双歧杆菌和乳酸菌的数量，改善肠道菌群，间接达到保健功能。周中凯等研究表明，魔芋低聚糖干预可以抑制高脂饮食小鼠体重增加，降低血液中的 TC、TG、LDL-C 水平，升高

HDL-C 水平，达到降血脂效应。

药食同源成分在运动饮料中的应用：药食同源植物原料如决明子，以及多糖类、蛋白类、多肽类和黄酮类等物质被研究用于抗疲劳效果。这些成分通过多种机制，如降低自由基水平、促进糖原合成等，帮助缓解运动疲劳。近年来，药食同源物质在运动营养领域的应用日益广泛，如人参、黄精等被用于开发新型运动营养产品。此外，植物发酵液也被用于功能性运动饮料中，以提供更全面的营养支持。

（四）药食同源食品在运动疲劳方面的生理机制

在体医工农融合框架下，结合药食同源食品与运动疲劳的生理机制及干预手段进行交叉研究，可以从以下几个方面展开。

药食同源食品的生理机制研究：药膳作为"药食为伍"的膳食形式，其作用机制主要体现在以食物、药物的偏性来矫正脏腑的偏性，以食物、药物的寒热温凉特性来增强机体的抵抗力和免疫力，调节气血、脏腑功能，从而改善运动性疲劳。例如，人参、枸杞、黄芪等药食两用中药材已被证实能提高能量代谢、改善运动耐力、降低血乳酸和血尿素氮水平。

运动疲劳的生理机制分析：运动疲劳的产生机制主要包括能量耗竭、代谢产物蓄积、氧化应激等。研究表明，运动引起的疲劳与能量底物的利用、代谢物的清除、线粒体功能、钙稳态、神经递质调节等密切相关。同时，运动疲劳还涉及中枢神经系统和外周组织的协同作用。

药食同源成分的抗疲劳作用机制：食源性抗疲劳活性成分，如多糖、多酚、维生素 C 等，可通过抗氧化、调节能量代谢、改善氧化应激、增强抗氧化能力等方式发挥抗疲劳作用（表6-5）。例如，多糖类成分可通过增强运动机体的抗氧化水平，延缓疲劳的产生。此外，一些中药成分如红景天、三七等，也被证实能有效提升肌糖原、肝糖原含量，提高运动耐力。

体医工融合的交叉研究路径：在体医融合的背景下，应结合工学技术手段（如基因组学、免疫组学、自动化微流控技术等）对运动与营养对体质健康的促进作用进行深入研究。同时，应加强运动监测手段的精准性和全面性，引入可穿戴设备、生物力学分析等技术，实现对运动状态的实时监测和精准评估。此外，应注重不同基质中"药食同源"食品组分的互作机制研究，优化配方设计，系统阐明其健康效应机理。

表6-5 食源性抗运动疲劳活性成分及主要来源

功能	活性成分	来源	剂量	评价模型	作用机理
能量供应	苹果多糖	苹果	200mg/kg	昆明种小鼠负重游泳	上调糖原合成酶基因水平,增加糖原含量
	北柴胡多糖	北柴胡	200mg/kg	小鼠负重游泳	上调腓肠肌 PGC-1α 表达水平,增强肌肉功能和肌肉能量代谢
	枸杞多糖	枸杞	120mg/kg	大鼠负重游泳	通过 AMPK/PGC-1α 信号通路改善线粒体功能,提高能量代谢水平
减少代谢产物的积累	银鲈蛋白	银鲈	1.98 g/kg	小鼠负重游泳	支链氨基酸转化为葡萄糖,增加机体糖原储存
	水飞蓟素	乳蓟	100mg/kg	小鼠负重游泳	减少血液中乳酸、氮等物质的积累,降低 BUN、BLA 含量
	蓝靛果多酚	蓝靛果	250mg/kg	小鼠跑台模型	降低血清中 LDH、BUN 含量,减少乳酸积累和蛋白质分解
氧化应激调节	带鱼糖蛋白	带鱼	500mg/kg	小鼠负重游泳	提高血清中 CAT、GPX 和 SOD 的活性,降低 MDA 含量
	三七发酵叶	三七叶	200mg/kg	小鼠负重游泳	激活 Nrf2 通路和抗氧化系统抑制 ROS 水平
	蛹虫草酸性多糖	冬虫夏草	400mg/kg	小鼠负重游泳	促进 PI3K、AKT 蛋白磷酸化和 Nrf2 核移位,提高机体抗氧化能力

续表

功能	活性成分	来源	剂量	评价模型	作用机理
氧化应激调节	蜜环菌子实体多糖	蜜环菌	100mg/kg	小鼠跑台模型	改善肠道菌群，提高产丁酸细菌丰富度，调控氧化应激
抑制炎症反应	茶多酚	茶叶	400mg/kg	小鼠负重游泳	降低小鼠血清中 $IL-1\beta$、$IL-2$、$IL-6$ 和 $TNF-\alpha$ 的含量
	玛卡酰胺	玛卡	10mg/kg	小鼠握力测试	上调 $HO-1$ 基因的表达，降低血清中炎症因子 $IL-1\beta$ 和 $IL-6$ 的分泌
	天麻素	天麻	200mg/kg	小鼠负重游泳	促进 $Nrf2$ 的磷酸化，并正向调节其下游基因 $HO-1$ 和 $NQO1$
缓解神经疲劳	咖啡因	咖啡豆	6mg/kg	昆明种小鼠负重游泳	兴奋中枢神经系统，增加神经肌肉和神经元兴奋性的传导速度
	谷氨酸	谷类及动物大脑	50mg/kg	大鼠负重游泳	中枢神经系统中主要的兴奋性神经递质，增强神经传递速度

　　药食同源食品与运动干预的协同作用：药膳可作为运动员的一日三餐，根据其身体状态调整体质，减少服用运动补剂的烦琐操作与副作用，同时逐步改善过度疲劳状态。此外，药膳与运动干预的结合，可通过调节脏腑功能、增强免疫力、改善能量代谢等机制，实现对运动疲劳的综合干预。

　　在体医工农融合框架下，结合药食同源食品与运动疲劳的生理机制及干预手段进行交叉研究，应从药食同源成分的抗疲劳机制、运动疲劳的生理机制、工学技术手段的应用、药膳与运动干预的协同作用等方面入手，推动新型抗疲劳保健产品的开发与应用。

（五）药食同源食品中的相关活性物质对运动疲劳的调控作用

能量代谢调节：多种食源性活性成分，如多糖、多酚、皂苷、生物碱等，能够通过促进糖原合成、提高能量储备和改善能量代谢，从而延缓运动疲劳的发生。例如，苹果多糖通过上调糖原合成酶基因表达水平，增加糖原含量，延长小鼠的游泳时间。人参皂苷、黄精多糖、甘草黄酮等成分也显示出改善氧化应激、增强抗氧化能力的作用。

抗氧化作用：天然多酚类化合物（如茶多酚、黄酮、咖啡因等）具有显著的抗氧化活性，能够减少自由基的产生，从而降低氧化应激对运动疲劳的影响。此外，一些皂苷类化合物（如红景天、人参中的皂苷）也能增强抗氧化酶［如超氧化物歧化酶（SOD）］的活性。

减少代谢产物积累：运动过程中，乳酸、尿素氮等代谢产物的积累是导致疲劳的重要因素。研究表明，某些活性成分（如枸杞多糖、黑木耳多糖等）可以减少血乳酸和血尿素氮的含量，从而缓解疲劳。例如，人参水煎液能显著提高疲劳综合征模型动物的体重和食物利用率，改善各系统的功能状态。

调节肠道菌群：天然多糖（如决明子、灵芝、枸杞多糖等）可通过调节肠道菌群的多样性和组成，改善肌肉功能，从而发挥抗疲劳作用。此外，肠道菌群的调节还可能通过短链脂肪酸的生成来影响运动耐力。

信号通路调控：天然活性成分通过激活 AMPK、PI3K/Akt、Nrf2/ARE、NF-κB、PINK1/Parkin 和 BDNF/TrkB 等信号通路，调节能量代谢、氧化应激稳态、线粒体生物合成和修复等过程，从而对抗运动疲劳。例如，AMPK 信号通路的激活可促进脂肪酸和葡萄糖的利用，提高运动耐力。

抗炎与神经保护：一些活性成分（如水飞蓟素、蓝靛果多酚等）能够抑制炎症反应，减少炎症因子的释放，从而减轻运动引起的炎症反应和疲劳。此外，一些成分还能通过调节中枢神经系统，抑制神经递质的累积，缓解中枢疲劳。

多靶点协同作用：药食同源物质通常具有多靶点作用，如调节能量代谢、抗氧化、抗炎、改善肠道菌群等，这些机制共同作用，增强了抗疲劳效果。例如，人参、黄芪、麦冬等中药提取物能改善能量代谢，提高游泳动物的血糖和肝糖原水平，减少蛋白质分解。

综上所述，药食同源食品中的活性成分通过多种机制对抗运动疲劳，为开发高效、安全、价廉的抗疲劳食品提供了理论基础和技术支持。

（六）跨学科技术在药食同源食品开发中的应用

生物技术与基因工程：通过基因工程技术，可以改良食材的药用特性，提高其活性成分含量，如黄精、魔芋等药食同源植物的加工与改良。此外，基因工程还被用于培育高产、优质、抗逆的新品种，提高作物产量和品质。

现代生物技术与食品科学结合：利用分子标记辅助选择、发酵工程等技术，提高食品的营养价值和功能性。例如，通过益生菌发酵、酶转化等技术，提升中草药的活性成分，从而实现提高食品营养和功能性的目的。同时，现代生物技术还被用于开发新型食品材料，如可降解塑料、生物传感器等。

大数据与人工智能：AI 和大数据技术被用于整合海量文献和数据，提取无偏差且有效的信息，为产品开发和优化提供科学依据。例如，Metanovas 四大核心技术平台结合 AI 和大数据，深度整合数据，提高产品临床功效/支持证据。

精准营养与个性化健康管理：通过多组学指标与跨模态大数据，构建基于代谢内稳态的精准营养评估体系、预测与干预技术体系，从而实现个性化营养推荐。此外，精准营养管理技术还被用于开发针对心血管疾病、衰老及肿瘤人群的精准功能性食品。

跨学科融合与协同创新：药食同源食品的研发需要医学、营养学、食品科学、材料科学等多学科交叉合作，共同推动药食同源资源的深入研究和广泛应用。例如，将中医学、营养学、护理学等多个学科的知识和方法相结合，可深入分析药食同源功能性营养食品的特点和优势。

新型加工技术与包装材料：应用超临界萃取、微囊化技术等新型加工技术，提高有效成分的提取率和稳定性；同时，新型包装材料的应用可以延长产品的保质期和维持营养成分稳定性。

传统与现代结合：药食同源食品的开发不仅注重传统食疗智慧，还结合现代科技手段，如利用合成生物学技术提升果蔬中黄酮类物质含量，实现"从农田到药物"的产业升级。

这些跨学科技术的应用不仅提升了药食同源食品的科学性和可信度，还推动了相关产业的发展，对现代医药学和健康食品产业产生了深远的影响。

体医工农融合是体育、医学、工程技术和农业资源的跨学科整合，旨在通过协同创新提升健康服务水平。核心目标："体"为根基，通过科学运动增强体质，实现体育强国目标；"医"为基础，运用医学知识指导疾病预防与康复，服务健康中国战略；"工"为黏合剂，利用生物工程、数据分析等技术优化运动与营养干预手段；"农"为资源支撑，开发药食同源农产品，提供安全有效的功能原料。实践模式以主动健康为导向，整合运动处方、营养干预、工程技术，实现对全人群全生命周期的健康管理。

药食同源食品在运动营养领域的应用涵盖了抗疲劳、增强运动表现、调节能量代谢、改善肠道健康等多个方面，具有广阔的市场前景和发展潜力。

二、药食同源在医学领域：疾病防治与机制创新

（一）慢性病防治

肾病领域：55 味药食同源中药（如薏苡仁、茯苓）通过调节尿酸代谢、抑制肾小管炎症防治尿酸性肾病，相比西药（如别嘌醇）具有多靶点调节优势，且避免了其潜在的肝肾毒性。

神经退行性疾病：枸杞多糖、葛根黄酮抑制 $A\beta$ 蛋白沉积和 tau 蛋白磷酸化，延缓阿尔茨海默病进程。

肝损伤修复：葛根异黄酮、枳椇子皂苷通过抗氧化应激（Nrf2 通路）和抑制脂质过氧化缓解酒精性肝损伤。

糖脂代谢调节：酚酸类成分（如丹参丹酚酸 B）通过肠道菌群调控改善糖尿病。

心血管健康：黄精多糖定向酶解工艺提升生物活性，辅助降压降脂。

（二）消化系统与免疫调节

胃肠道功能：山药、生姜提取物调节肠道菌群平衡，促进短链脂肪酸生成，改善功能性消化不良。

免疫增强：玉竹多糖与益生菌联用可激活巨噬细胞，提升免疫低下模型小鼠的抗体水平。

（三）功能食品产业化

经方现代化：以桂枝汤为基础开发益气补血米糊，融合传统方剂与现代食品

工艺。

全球市场趋势：2024 年全球药食同源产品产值达 476 亿美元。

三、药食同源在工业领域：技术创新与产品开发

（一）组学技术与分子育种

基因组学：紫苏、芝麻等作物的基因组测序完成，揭示有效成分（如迷迭香酸）合成通路，指导高产品种培育。

发酵技术：益生菌发酵黄精、山药等提升活性成分（多糖、皂苷）生物利用率，应用于功能性饮料开发。

纳米技术：脂质体包裹姜黄素，生物利用率提升 32 倍。

（二）产品创新与产业链延伸

健康食品：药食同源冰激凌、奶酪、佐料等专利产品涌现（如 CN202010573017.1）。

香辛料深加工：白芷、肉桂提取物用于天然防腐剂，替代化学添加剂（如 BHT）。

数据库建设：中国药食同源数据库整合资源分布、功效成分和药理数据，支撑精准产品开发。

四、药食同源在农业领域：资源栽培与功能农业

（一）规范化种植与资源保护

特色资源开发：林下经济模式采用平卧菊三七"林—药—菜"复合种植，延伸产业链。红苹产业化，贵州习水县订单农业（20 元/公斤），推动酒业和文旅融合。

功能农业拓展：五峰土家族自治县"粮药套种"模式为天麻、黄精林下轮作，兼顾生态与经济效益。推进富硒功能农业标准化，提升作物微量元素含量。

道地药材栽培：白芷在四川、浙江等地建立标准化种植基地，制定 DB51/T 2558—2018 等技术规程。

问题与对策：种子发芽率低、异地引种导致种质混杂，需加强种质资源保护和病虫害监测。

（二）功能农业与畜牧业应用

"隐性饥饿"解决方案：通过土壤营养强化（如硒、锌富集）种植药食同源作

物，改善农产品微量营养素缺乏状况。

畜牧饲料添加剂：党参、杜仲提取物增强生猪免疫力，降低抗生素使用量。

区域资源开发：广西依托罗汉果、八角等资源发展有机农业，衔接乡村振兴与大健康产业。

五、挑战与未来方向

基础研究：需阐明多组分协同机制（如网络药理学）及长期安全性。

标准体系：完善药食两用物质名录（如白芷、黄精等）的毒理学评价和食用限量标准。

跨学科融合：结合合成生物学技术提升活性成分产量，利用 AI 预测新资源功效。

政策支持：在"健康中国 2030"战略下，推动药食同源纳入慢性病防控体系。

药食同源在"体医工农"领域的应用已从传统经验向现代化、科学化转型。

体育聚焦运动机能提升；医学侧重慢性病多靶点防治；工业通过技术创新驱动产品升级；农业依托资源禀赋发展功能种植。未来需强化"产学研用"协同，深化机制研究并拓展全球化市场，使传统智慧成为大健康产业的核心支柱。

第四节　融合模式与路径

一、地方政府的体医融合创新发展模式

随着我国经济社会的持续发展以及人民生活水平的显著提升，公众对健康的需求呈现出持续增长的态势。体医融合作为推动健康中国建设的关键举措，近年来已受到国家和地方政府的高度关注。地方政府作为体医融合实践的重要主体，其创新性发展模式对于促进体医融合的有效落地具有至关重要的意义。下文将以我国25 个省（自治区、直辖市）的体医融合政府工作报告为研究基础，深入探讨了地方政府在推进体医融合创新发展中的实践模式、职责体系、现实困境以及优化策略（刘宇泷，卢文云，陈佩杰，2023）。

（一）地方政府探索体医融合创新发展的实践模式

研究表明，依据运行主体关系和资源整合方式的不同，地方政府的体医融合创

新实践模式主要包括以下 3 种。

1. 功能延伸模式

功能延伸模式是以医疗卫生机构为主体，将体育健身服务融入医疗卫生服务体系，为患者提供运动处方、康复训练等体医融合服务。该模式的优势在于能够充分发挥医疗卫生机构的专业优势，为患者提供科学、安全、有效的体医融合服务。例如，北京市部分医院开设了运动康复门诊，为慢性病患者提供个性化的运动处方和康复训练指导。

2. 联合运营模式

联合运营模式是指体育部门与卫生健康部门联合成立体医融合服务机构，通过整合双方资源，共同开展体医融合服务。该模式的优势在于能够实现资源共享与优势互补，从而提升体医融合服务的效率与质量。例如，上海市成立了体医融合促进中心，整合体育与卫生健康部门的资源，为市民提供体质监测、运动处方、健康咨询等体医融合服务。

3. 网络辐射模式

网络辐射模式是指以社区为基础，建立体医融合服务网络，将体医融合服务延伸至基层，为居民提供便捷、可及的体医融合服务。该模式的优势在于能够覆盖更广泛的人群，提高体医融合服务的可及性与公平性。例如，浙江省部分社区建立了体医融合服务站，为居民提供体质监测、运动指导、慢性病防治等体医融合服务。

（二）地方政府构建体医融合创新发展的职责体系

地方政府在推进体医融合创新发展过程中，应明确自身职责，构建完善的职责体系，主要包括以下 5 个方面：加强顶层设计，制定体医融合发展规划和政策措施；加大财政投入，保障体医融合服务体系建设；加强部门协同，形成推进体医融合发展的合力；加强人才培养，为体医融合发展提供人才支撑；加强宣传引导，营造良好的体医融合发展氛围。

（三）地方政府面临体医融合创新发展的现实困境

尽管地方政府在推进体医融合创新发展方面取得了一定成效，但仍面临一些现实困境，主要包括：思想认识不足，对体医融合的重要性认识不够；体制机制不健全，部门协同机制有待完善；专业人才匮乏，体医融合服务能力不足；资金投入不足；体医融合服务体系建设滞后。

（四）地方政府体医融合创新发展的优化策略

针对上述现实困境，地方政府应采取以下优化策略：提高思想认识，将体医融合纳入政府工作重要议事日程；健全体制机制，建立部门协同推进体医融合发展的长效机制；加强人才培养，建立健全体医融合人才培养体系；加大资金投入，完善体医融合服务体系建设；加强宣传引导，提高人民群众对体医融合的认知度和参与度。

体医融合是推进健康中国建设的重要举措，地方政府作为体医融合的实践主体，应积极探索创新实践模式，构建完善的职责体系，破解现实困境，推动体医融合落地见效，为人民群众提供全方位、全周期的健康服务。

二、社区的体医融合服务模式

随着我国人口老龄化进程的加速以及慢性病发病率的上升，人民群众对健康服务的需求不断增长。体医融合作为一种新型健康服务模式，通过将体育运动与医疗卫生有机结合，对于疾病预防、健康促进以及生活质量提升具有重要意义。社区作为居民日常生活的重要场所，是体医融合服务的关键载体与平台。近年来，我国各地积极探索社区体医融合服务模式，取得了一定成效，但在实践中仍面临诸多现实困境。以下总结了我国社区体医融合服务的典型模式，分析其存在的现实困境，并提出完善社区体医融合服务的路径和建议，以期为相关研究和实践提供参考（王一杰，王世强，李丹，等，2021）。

（一）我国社区体医融合服务的典型模式

目前，我国社区体医融合服务主要形成了以下 3 种典型模式。

1. 社区卫生服务中心主导模式

该模式以社区卫生服务中心为主体，整合社区体育资源，为居民提供体质监测、运动处方、慢性病运动干预等体医融合服务。例如，北京市部分社区卫生服务中心开设了运动康复门诊，为慢性病患者提供个性化的运动处方和康复训练指导。

2. 社区体育俱乐部主导模式

该模式以社区体育俱乐部为主体，与社区卫生服务机构合作，为居民提供健身指导、运动康复、健康咨询等体医融合服务。例如，上海市部分社区体育俱乐部与社区卫生服务中心合作，开展体医融合健康促进项目，为社区居民提供科学健身指导服务。

3. 社区社会组织主导模式

该模式以社区社会组织为主体，整合社区资源，为居民提供形式多样的体医融合服务。例如，浙江省部分社区成立了体医融合志愿服务队，为社区居民提供体质监测、运动指导、健康知识普及等服务。

（二）我国社区体医融合服务存在的现实困境

尽管我国社区体医融合服务取得了一定进展，但仍面临着一些现实困境，主要包括以下4个方面。

1. 服务供给总量不足

目前，我国社区体医融合服务供给总量不足，难以满足人民群众日益增长的健康需求。一些社区缺乏专业的体医融合服务机构和人员，服务内容单一，服务水平有待提高。

2. 部门协同不畅

体医融合涉及体育、卫生健康等多个部门，但目前部门之间缺乏有效的协同机制，资源整合力度不够，制约了社区体医融合服务的开展。

3. 专业人才匮乏

体医融合服务需要既懂体育又懂医学的复合型人才，但目前我国这类人才十分匮乏，难以满足社区体医融合服务的需求。

4. 资金保障不足

社区体医融合服务需要一定的资金投入，但目前一些地方财政投入不足，制约了社区体医融合服务的可持续发展。

（三）完善我国社区体医融合的路径和建议

针对上述现实困境，建议从以下5个方面完善我国社区体医融合服务。

1. 加强顶层设计，完善政策体系

制定出台促进社区体医融合发展的政策措施，明确社区体医融合服务的目标任务、服务内容、保障措施等，为社区体医融合发展提供政策支持。

2. 加大财政投入，保障服务供给

加大对社区体医融合服务的财政投入力度，支持社区体医融合服务设施建设、人员培训、服务开展等，保障社区体医融合服务的有效供给。

3. 加强部门协同，形成工作合力

建立健全体育、卫生健康等部门协同，推进社区体医融合发展的机制，加强部门间的沟通协调，形成工作合力，共同推动社区体医融合服务发展。

4. 加强人才培养，提升服务能力

加强体医融合人才培养，鼓励高校开设体医融合相关专业，培养既懂体育又懂医学的复合型人才，为社区体医融合服务提供人才支撑。

5. 加强宣传引导，营造良好氛围

加强对社区体医融合服务的宣传推广，提高人民群众对体医融合的认知度和参与度，营造良好的社会氛围。

社区体医融合服务是推进健康中国建设的关键举措，对于提升人民群众健康水平具有重要意义。应坚持以人民健康为中心的发展理念，强化顶层设计，加大财政投入，完善部门协同机制，加强专业人才培养，强化宣传引导，不断完善社区体医融合服务体系，为人民群众提供全方位、全周期的健康服务。

三、首都体育学院的体医工融合高精尖创新中心

随着健康中国战略的深入推进以及全民健身国家战略的实施，体育与健康领域迎来了新的发展机遇。在此背景下，体医工融合作为新兴交叉学科方向，正成为推动体育学科创新发展的重要突破口。首都体育学院率先创建的体医工融合高精尖创新中心，为这一新兴学科的发展提供了重要的实践平台。

（一）体医工融合学科的理论基础

1. 学科定位

体医工融合学科以体育学为本体，医学为理论基础，工学为技术手段，构建了"三位一体"的学科体系架构。其中，体育学提供运动训练与运动康复等领域的核心理论支撑，医学为运动损伤预防及运动康复提供必要的医学依据，工学则为运动监测与运动装备研发提供关键技术支持。

2. 学科特征

交叉性：融合体育、医学、工学等多个学科领域。

创新性：突破传统学科界限，创造新的知识体系。

应用性：注重理论与实践相结合，解决实际问题。

前沿性：关注新兴技术应用，推动学科创新发展。

（二）体医工融合学科的实践探索

1. 首都体育学院的实践

首都体育学院通过建立体医工融合高精尖创新中心，在以下方面开展了积极探索：构建了跨学科研究团队、建立了先进的实验研究平台、开展了多项产学研合作项目、培养了复合型创新人才。

2. 主要研究方向

运动损伤预防与康复、运动表现提升与优化、运动装备研发与创新、运动健康监测与评估、运动大数据分析与应用。

3. 体医工融合学科向高精尖学科发展的路径

理论体系建设。构建完整的学科理论框架、完善学科知识体系、建立学科评价标准。

实践应用创新。推进产学研深度融合、加强科技成果转化、服务健康中国战略。

人才培养模式。创新人才培养方案、构建跨学科课程体系、强化实践能力培养、发展建议与展望。

加强顶层设计。制订学科发展规划、完善政策支持体系、建立协同创新机制。

推进平台建设。建设高水平研究平台、完善资源共享机制、加强国际交流合作。

深化产教融合。加强校企合作、推进成果转化、服务社会发展。

（三）满足社会重要实践需求的必然选择

1. 健康中国战略的必然要求

健康中国战略强调"预防为主"，倡导全民健身，旨在通过多学科协同推动全民健康水平提升。体医工融合学科通过整合体育学、医学和工学等多学科资源，为运动损伤预防、慢性病运动干预以及亚健康状态改善提供科学依据和技术支持，是落实健康中国战略的重要抓手。

2. 体育产业升级的迫切需要

随着体育产业的快速发展，运动装备智能化、运动训练科学化以及运动康复精准化等需求日益凸显。体医工融合学科通过科技创新，推动体育产业向高端化、智能化、个性化方向，为体育产业转型升级提供强劲动力。

3. 竞技体育水平提升的重要保障

竞技体育水平的提升离不开科学训练和科技支撑。体医工融合学科通过运动生物力学分析、运动生理生化监测以及运动营养干预等手段，为运动员科学选材、训练监控、伤病预防和康复提供全方位保障，助力竞技体育水平提升。

体医工融合学科作为新兴交叉学科，是体育学科创新发展的重要方向。通过强化顶层设计、推进平台建设、创新人才培养模式以及加强国际交流合作，推动体医工融合学科向高精尖学科发展，为服务健康中国战略、推动体育产业升级以及提升竞技体育水平做出积极贡献。

四、日本的体医融合健康促进体系

随着人口老龄化进程的加速以及慢性病发病率的上升，健康促进已成为全球关注的焦点。体医融合作为一种新兴的健康促进模式，通过整合体育与医疗资源，为疾病预防与健康促进提供了新的思路与方法。日本作为全球老龄化程度最高的国家之一，在体医融合健康促进方面起步较早，已形成了一套较为完善的体医融合健康促进体系，积累了丰富的经验，值得我国借鉴。

（一）日本体医融合健康促进的主要模式

1. 福利型模式

（1）特点。

由政府主导，以社区为基础，面向全体居民，特别是老年人和慢性病患者，提供免费或低收费的体医融合健康促进服务。

（2）典型案例。

"健康日本 21"计划。"健康日本 21"计划是日本政府于 2000 年启动的全民健康促进计划，旨在通过以多维度的健康干预措施提升国民健康水平。该计划将体医融合作为重要内容，通过建立健康促进中心、开展健康讲座和运动指导等方式，提高居民健康素养和运动参与率。

"介护预防"项目。"介护预防"项目是日本针对老年人群体开展的预防性健康服务，旨在通过运动疗法、营养指导、口腔护理等综合措施，延缓老年人身体机能衰退，降低护理需求。该项目通过早期干预和健康管理，帮助老年人维持自主生活能力，减少对长期护理服务的依赖。

（3）成效。

福利型模式覆盖面广，惠及人群多，有效提高了居民健康水平，降低了医疗费用支出。

2. 整合医疗型模式

（1）特点。

以医疗机构为主体，将运动疗法、康复训练等体医融合手段纳入疾病预防、治疗和康复的全过程，实现医疗和体育资源的有效整合。

（2）典型案例。

"运动处方"制度。医生根据患者的身体状况开具运动处方，由专业运动指导师指导患者进行科学锻炼，辅助疾病治疗和康复。

"运动康复中心"制度，是指设立于医院或社区的专门机构，旨在为患者提供基于运动康复理念的个性化康复方案。其核心功能是通过系统的运动疗法、物理治疗、手法治疗等手段，结合运动生物力学和康复医学的理论，帮助患者恢复身体机能，提高生活质量。运动康复中心的服务对象包括运动损伤患者、术后康复者、慢性病患者以及亚健康人群。

（3）成效。

整合医疗型模式将体医融合与医疗服务紧密结合，提高了疾病治疗效果，缩短了康复时间，降低了复发率。

3. 商业型模式

（1）特点。

由企业或民间机构运营，以市场需求为导向，提供个性化、多样化的体医融合健康促进服务，如健康管理、运动康复、体能训练等。

（2）典型案例。

"健康俱乐部"。健康俱乐部是一种提供健身设施、运动课程、健康咨询等服务的商业机构。近年来，此类机构开始引入体医融合理念，通过整合体育与医学的专业资源，提供更加专业化和个性化的健康促进服务，以满足不同人群的健康需求。

"健康科技公司"。健康科技公司利用互联网、大数据、人工智能等前沿技术，开发体医融合的健康促进产品和服务。其产品和服务包括可穿戴设备、健康管理平台、在线运动指导等，旨在通过技术创新提升健康促进服务的效率和精准性。

（3）成效。

商业型模式满足了不同人群的个性化需求，推动了体医融合健康促进服务的市场化发展。

（二）日本体医融合健康促进的经验借鉴

1. 政府主导，政策支持

日本政府高度重视体医融合健康促进工作，制定了一系列政策措施，如"健康日本 21"计划和《运动基本法》等，为体医融合健康促进事业的发展提供了坚实的政策保障。

2. 资源整合，协同发展

日本注重整合体育、医疗、养老等资源，建立跨部门协作机制，形成体医融合健康促进的合力。

3. 科技赋能，创新发展

日本积极利用科技手段，推动体医融合健康促进服务的智能化、个性化和便捷化发展。

4. 人才培养，专业服务

日本重视体医融合专业人才的培养，建立了完善的人才培养体系，为体医融合健康促进事业的发展提供人才保障。

（三）对我国体医融合健康促进的启示

1. 加强顶层设计，完善政策体系

我国应借鉴日本经验，制定体医融合健康促进的专项规划，完善相关政策法规，为体医融合健康促进事业的发展提供政策支持。

2. 整合资源，构建协同机制

我国应打破部门壁垒，整合体育、医疗、养老等资源，建立跨部门协作机制，形成体医融合健康促进的合力。

3. 科技赋能，推动创新发展

我国应积极利用互联网、大数据、人工智能等技术，开发体医融合健康促进产品和服务，推动体医融合健康促进服务的智能化、个性化和便捷化发展。

4. 加强人才培养，提升服务水平

我国应加强体医融合专业人才的培养，建立完善的人才培养体系，为体医融合健康促进事业的发展提供人才保障。

日本在体医融合健康促进领域的经验对我国具有重要的借鉴意义。我国应结合自身国情，积极探索体医融合健康促进的新模式与新路径，为推进健康中国建设做出积极贡献。

五、体医融合的历史演进、国际经验和现实启示

随着社会经济的发展以及人民生活水平的提升，健康问题已成为公众关注的焦点。体医融合作为一种将体育与医疗有机结合的健康促进模式，在疾病预防与健康促进方面发挥着日益重要的作用。下文将从历史演进、国际经验和现实启示三个方面，探讨体医融合的发展历程及其未来发展方向。

（一）体医融合的历史演进

1. 萌芽阶段（古代—19世纪末）

特点：体医融合思想萌芽于古代，中医理论中的"治未病"思想、古希腊的"运动医学"理念等都体现了体医融合的雏形。

代表性事件：中国古代的"五禽戏""八段锦"等健身功法。古希腊医生希波克拉底提出"运动是良药"的观点。

2. 探索阶段（20世纪初—20世纪70年代）

特点：随着现代医学和体育科学的发展，体医融合进入探索阶段，运动疗法、康复医学等新兴学科逐渐兴起。

代表性事件：20世纪初，美国医生 Dudley Sargent 提出"运动疗法"概念。20世纪50年代，德国医生 Hermann Krauss 提出"运动医学"概念。

3. 发展阶段（20世纪80年代—21世纪初）

特点：体医融合进入快速发展阶段，相关理论体系不断完善，实践应用日益广泛。

代表性事件：1985年，美国运动医学学会发布《健康成人体力活动指南》。1996年，世界卫生组织（WHO）提出"体医结合"概念。

4. 融合阶段（21世纪初至今）

特点：体医融合进入深度融合阶段，呈现出多学科交叉、多领域融合的发展

趋势。

代表性事件：2016 年，中华人民共和国国务院发布《"健康中国 2030" 规划纲要》，将体医融合作为重要内容。2019 年，美国运动医学学会发布 "运动是良药" 全球行动计划。

（二）体医融合的国际经验

1. 美国：运动是良药

核心理念：将运动作为预防和治疗慢性病的有效手段，并将其纳入医疗体系。

主要做法：建立 "运动是良药" 全球行动计划，推广体医融合理念。鼓励医生开具运动处方，并将其纳入医疗保险报销范围。建立体医融合专业人才培养体系，培养运动医学专业人才。

2. 德国：运动疗法

核心理念：将运动疗法作为疾病预防、治疗和康复的重要手段，并将其纳入医疗保险体系。

主要做法：建立完善的运动疗法体系，涵盖心血管疾病、代谢性疾病、骨科疾病等多个领域。将运动疗法纳入医疗保险报销范围，鼓励患者积极参与运动治疗。建立运动疗法从业者的资格认证制度，确保运动治疗的专业性和安全性。

（三）对我国体医融合发展的启示

1. 加强顶层设计，完善政策体系

制定体医融合发展规划，明确发展目标、重点任务和保障措施。

完善相关政策法规，为体医融合发展提供政策支持。

2. 整合资源，构建协同机制

打破部门壁垒，整合体育、医疗、教育等资源，建立跨部门协作机制。

鼓励社会力量参与体医融合服务供给，形成多元化服务格局。

3. 科技赋能，推动创新发展

利用互联网、大数据、人工智能等技术，开发体医融合产品和服务。

推动体医融合服务智能化、个性化和便捷化发展。

4. 加强人才培养，提升服务水平

加强体医融合专业人才培养，建立完善的人才培养体系。

鼓励高校开设体医融合相关专业，培养复合型人才。

5. 加强国际交流合作，借鉴先进经验

积极参与国际体医融合交流与合作，学习借鉴国外先进经验。

引进国外体医融合专业人才和技术，提升我国体医融合服务水平。

体医融合是推进健康中国建设的关键举措。通过强化顶层设计、整合多领域资源、赋能科技应用、优化人才培养体系以及深化国际交流合作，推动体医融合的高质量发展，为人民群众提供全方位、全周期的健康服务。

第五节　创新实践与挑战

体医工农融合作为一种创新的健康管理模式，近年来在我国得到了广泛关注和实践探索。《我国地方政府体医工农融合创新发展研究》一文以我国 25 个省（自治区、直辖市）的政府工作报告为基础，深入分析了地方政府在体医工农融合创新实践中的模式、职责体系、面临的挑战及优化策略（刘宇泷，卢文云，陈佩杰，2023）。

一、体医工农融合的创新点

1. 模式创新

研究表明，地方政府在体医工农融合实践中主要采用功能延伸、联合运营和网络辐射三种模式。功能延伸模式通过拓展体育或医疗系统的既有功能，实现两者的初步融合；联合运营模式则强调体育部门与医疗机构的深度协作，共同开展健康服务项目；网络辐射模式则通过构建覆盖广泛的体医工农融合服务网络，提升服务的可及性与覆盖面。例如，扬州市实施的"体医工农融合个十百千工程"，通过建设体育康复医院、体医工农融合服务中心、全民健身驿站等设施，形成了纵向到底、横向到边的服务网络，为居民提供全方位的健康服务。

2. 技术与数据驱动

部分地区通过数字化技术推动体医工农融合。例如，荷兰采用"医疗系统+运动经纪人"和"体医工农融合数字化平台"模式，构建了公民健康数据库，实现了医院、康复机构和健康中心等部门的信息资源共享。该模式为我国提供了有益借鉴，部分城市也开始尝试利用大数据和人工智能技术优化体医工农融合服务。

3. 政策支持与协同治理

政府在体医工农融合中发挥了重要的引导作用。通过制定政策、提供资金支持以及推动多部门协同，地方政府为体医工农融合创造了良好的政策环境。例如，青海省在 2025 年政府工作报告中提到，通过建设高原康养中心和推进医体共建，提升了医疗服务能力。

二、面临的挑战

1. 技术壁垒问题

体育与医疗领域在知识体系与技术应用方面存在显著差异，这种差异构成了天然的技术壁垒。例如，体育领域的运动康复技术与医疗领域的疾病诊疗技术虽需深度融合，但在理论基础与实践方法上存在较大差异，导致两者难以实现无缝衔接。

2. 利益协调困境

体医工农融合涉及体育、医疗、保险等多个部门，各部门的利益诉求存在显著差异，协调难度较大。例如，医疗机构通常更关注疾病的治疗效果，而体育部门则侧重于运动促进健康的效果，二者在资源分配和服务目标上存在冲突，难以达成一致。

3. 资源整合不足

目前，体医工农融合在资源整合方面仍面临诸多挑战。尽管部分地区已开展体医工农融合试点项目，但在人才、资金和设备等关键资源的整合上仍存在不足。例如，专业复合型人才短缺，制约了体医工农融合服务的质量与效率提升。

4. 政策支持的系统性不足

尽管各地政府出台了一系列支持体医工农融合的政策，但整体政策的系统性与协同性仍显不足。部分地区的政策缺乏连贯性，导致体医工农融合项目难以实现持续发展。

三、应对挑战的建议和解决方案

1. 加强技术协同创新

政府应强化对体医工农融合技术研发的支持力度，推动高校、科研机构与企业开展跨学科研究。例如，通过设立专项科研基金，促进运动康复技术与医疗技术的深度融合。

2. 优化利益分配机制

构建多部门协商机制，明确各方在体医工农融合中的职责与利益分配方式。例如，借助医保政策支持运动康复项目，激励医疗机构与体育部门协同参与。

3. 强化资源整合与共享

政府应整合现有资源，搭建体医工农融合服务平台，实现人才、设备与资金的共享。例如，通过建设体医工农融合数据中心，提升资源利用效率。

4. 完善政策支持体系

加强政策的系统性和连贯性，形成从中央到地方的政策协同机制。例如，通过制定长期的体医工农融合发展规划，明确阶段性目标和任务。

5. 推动数字赋能

利用大数据、人工智能等技术，提升体医工农融合服务的精准性和个性化。例如，通过数字化平台，弱化条块分割，开放参与渠道，提升服务效率。

第七章

总结与展望

一、对体医工农融合研究的系统总结

（一）理论成果回顾

体医工农融合的理论研究在近年来取得了显著进展。从理论基础来看，多学科理论为其提供了有力支撑。经济学中的产业融合理论指出，体医工农融合是产业发展到一定阶段的必然趋势，通过融合可以实现资源的优化配置，降低生产成本，提高产业的整体竞争力（周文，何雨晴，2024）。在体医工农融合中，医疗产业的专业医疗资源与体育产业的运动健康资源相结合，能够拓展健康服务市场，实现资源共享和优势互补，创造更大的经济效益。

管理学中的协同理论强调各产业间协同合作的重要性。体医工农融合过程中，各产业需要打破壁垒，实现信息、技术、人才等要素的共享与协同，才能发挥出"1+1>2"的协同效应（管智超，付敏杰，杨巨声，2024）。智能体医工农融合平台的搭建，整合了体育、医疗、工业和农业领域的数据和技术，通过协同运作，为用户提供一站式的健康管理、医疗服务、农产品供应等综合服务，提升了整体的服务效率和质量。

在融合的内涵和特征方面，研究认为体医工农融合是一种深度的产业交叉融合，不仅包括技术层面的融合，还涉及产业组织、市场需求、政策支持等多个层面（王子朴，秦丹，刘海元，等，2022）。它具有创新性、协同性和综合性等特征。创新性体现在融合催生了新的产品、服务和商业模式，如运动康复医疗服务、智能农业与健康食品的结合等；协同性表现为各产业之间相互协作、相互促进；综合性则体现在融合涵盖了多个领域的资源和要素，满足了人们多样化的需求。

（二）实践经验总结

在实践方面，体医工农融合已经在多个领域展开了积极探索，并取得了一定的成果。在体医融合领域，运动康复产业发展迅速。一些医疗机构与体育机构合作，建立了运动康复中心，为运动损伤患者提供专业的康复服务（王子朴，秦丹，刘海元，等，2022）。这些中心结合了医学的诊断和治疗技术以及体育科学的运动训练方法，为患者制定个性化的康复方案，提高了康复效果。

工业与农业的融合也呈现出多种模式。在农业生产中，工业技术的应用实现了农业生产的智能化和自动化。智能灌溉系统利用传感器监测土壤湿度和气象数据，实现精准灌溉，提高水资源利用效率（胡莹，2024）。农产品加工领域，工业的标准化生产和质量控制技术提升了农产品的附加值。一些农产品加工企业采用先进的加工设备和工艺，将农产品加工成高附加值的产品，如水果制成的果汁、果脯等，不仅延长了农产品的保质期，还提高了经济效益。

然而，实践过程中也暴露出一些问题。技术融合方面，不同产业的技术标准和规范存在差异，导致技术融合难度较大。医疗设备的技术标准与体育智能装备的技术标准不同，使得两者在融合应用时需要进行大量的适配工作（王璐，马峥，许晓阳，等，2019）。人才短缺也是一个突出问题，体医工农融合需要既懂专业知识又具备跨学科能力的复合型人才，但目前这类人才的培养机制尚不完善，难以满足实际需求。政策支持方面，相关政策的配套性和协调性不足，部分政策在实际执行过程中存在困难，影响了融合的推进速度。

（三）研究的主要发现与贡献

本研究通过对体医工农融合的深入探讨，有以下主要发现：①新质生产力是推动体医工农融合的重要动力。新质生产力带来的科技创新，如人工智能、物联网等技术，为体医工农融合提供了技术支撑，促进了各产业之间的深度融合（周文，何雨晴，2024）。②融合模式的选择对融合效果至关重要。不同的产业组合和融合方式会产生不同的效果，需要根据各地区的资源优势、市场需求和产业基础来选择合适的融合模式。在市场需求大、科技资源丰富的地区，可以发展高端的智能体医融合产业；而在农业资源丰富的地区，则可以重点发展工农融合的生态农业、农产品加工产业等。

本研究的贡献在于，构建了一个较为系统的体医工农融合理论框架，为后续研究提供了理论基础。通过对实践经验的总结和问题的分析，提出了针对性的发展策略，为政策制定者和企业决策者提供了参考依据。研究还强调了跨学科研究和复合型人才培养的重要性，为相关领域的人才培养和学科建设提供了思路。

二、未来研究的重点领域与方向

（一）技术创新与融合深化

未来体医工农融合的发展，技术创新将起到核心推动作用。人工智能技术在融合中的应用前景广阔。在医疗领域，人工智能可以进一步优化疾病诊断模型，提高诊断的准确性和效率。通过对大量医学影像和病例数据的学习，人工智能系统能够快速识别疾病特征，为医生提供更可靠的诊断建议（胡莹，2024）。在体育领域，人工智能可以用于运动员的训练分析和伤病预测。通过分析运动员的训练数据和生理指标，预测运动员可能出现的伤病风险，提前采取预防措施。

物联网技术将实现体医工农各产业的全面互联。在农业中，物联网传感器可以实时监测农作物的生长环境、病虫害情况等信息，实现精准农业管理（胡莹，2024）。在医疗领域，物联网技术可以实现医疗设备的远程监控和管理，提高医疗设备的使用效率和安全性。通过物联网，医生可以实时了解患者的生命体征，及时调整治疗方案。在体育领域，物联网技术可以应用于智能运动装备，实现运动数据的实时采集和分析，为运动员提供个性化的训练建议。

区块链技术在体医工农融合中的应用也值得关注。区块链的去中心化和不可篡改特性可以保障数据的安全和可信度。在医疗领域，区块链技术可以用于患者医疗数据的管理，确保患者数据的隐私和安全。在农产品溯源方面，区块链技术可以记录农产品从生产到销售的全过程信息，消费者可以通过扫描二维码等方式查询农产品的来源和质量信息，增强消费者对农产品的信任。

然而，技术创新与融合深化也面临着一些挑战。技术的快速发展可能导致技术更新换代频繁，企业和机构需要不断投入大量资金进行技术升级。技术的安全性和隐私保护问题也需要得到重视。在数据共享和融合过程中，如何确保个人信息和商业机密的安全是亟待解决的问题。不同技术之间的兼容性和协同性也需要进一步优化，以提高技术融合的效果。

（二）政策支持与保障体系

政策支持对于体医工农融合的发展至关重要。政府应制定统一的产业融合政策，明确各部门的职责和分工，加强政策的协调性和配套性。设立专项扶持资金，支持体医工农融合项目的研发和推广。政府可以对智能农业、运动康复等融合项目给予资金补贴，鼓励企业和机构积极参与融合发展。出台税收优惠政策，对从事体医工农融合的企业给予税收减免，降低企业的运营成本。

建立健全的监管机制也是保障融合发展的关键。在体医融合领域，要加强对医疗服务质量和运动健康产品的监管，确保消费者的安全和权益。制订严格的产品标准和服务规范，对不符合标准的产品和服务进行严厉处罚。在工农融合方面，要加强对农产品质量和食品安全的监管，保障消费者的健康。建立农产品质量追溯体系，对农产品的生产、加工、销售等环节进行全程监管。

人才培养政策同样不可或缺。高校和职业院校应加强跨学科专业建设，培养既懂体育、医疗知识，又具备工业和农业技术的复合型人才。开设体医工农融合相关的课程，如智能医疗设备研发、智慧农业与健康产业等，提高学生的跨学科素养和实践能力。加强企业与高校、科研机构的合作，建立人才培养基地，为学生提供实践机会，培养适应市场需求的实用型人才。

（三）可持续发展与社会影响

体医工农融合的可持续发展是未来研究的重要方向。从资源利用角度来看，融合发展应注重资源的高效利用和循环利用。在农业与工业融合中，利用工业废弃物生产农业肥料，实现资源的循环利用，减少环境污染（周文，何雨晴，2024）。在体医融合中，合理配置医疗和体育资源，避免资源浪费。

在生态保护方面，体医工农融合应与生态环境相协调。发展生态农业，减少农药和化肥的使用，保护土壤和水资源。在体育产业中，推广绿色运动设施和环保型运动装备，减少对环境的影响。在医疗领域，研发环保型医疗设备和可降解的医疗用品，降低医疗废弃物对环境的污染。

体医工农融合对社会公平、就业和民生等方面也有着深远影响。在社会公平方面，融合发展应注重保障不同地区、不同群体都能享受到融合带来的成果。加强农村地区的体医工农融合发展，提升农村居民的健康水平和生活质量，缩小城乡差距。在就业方面，融合发展将创造大量新的就业机会，如智能装备研发、运动康复服务、农产品电商等领域都需要大量专业人才。政府和企业应加强对就业人员的培训，提高他们的就业能力，促进就业增长。在民生方面，体医工农融合可以为人们提供更优质的健康服务、农产品和体育体验，提升人们的生活品质，促进社会的和谐发展。

三、融合发展对社会经济的深远影响和意义

（一）经济增长与产业升级

体医工农融合对经济增长具有显著的推动作用。融合发展催生了新的产业形态和商业模式，创造了新的经济增长点。智能健康管理产业融合了体育、医疗和信息

技术，通过为用户提供个性化的健康管理方案，实现了商业价值的提升（周文，何雨晴，2024）。一些智能健康管理平台整合了运动监测设备、医疗诊断服务和健康数据分析，为用户提供全方位的健康管理服务，吸引了大量用户，带动了相关产业的发展。

在产业升级方面，体医工农融合促进了传统产业的转型升级。农业通过与工业和信息技术的融合，实现了从传统农业向智慧农业的转变。智慧农业利用物联网、大数据等技术，实现了精准种植、养殖，提高了农业生产效率和农产品质量（胡莹，2024）。工业与医疗、体育的融合，推动了工业产品的智能化和高端化发展。智能医疗设备的研发和生产，提高了医疗服务的水平，也提升了工业企业的竞争力。

融合发展还促进了产业链的延伸和拓展。体医融合带动了运动康复、健康保险等相关产业的发展，形成了完整的健康产业链。工农融合促进了农产品加工、农业旅游等产业的兴起，延长了农业产业链，提高了农业的附加值。一些地区发展农产品加工产业，将农产品加工成特色食品、保健品等，不仅增加了农民的收入，还推动了地方经济的发展。

（二）社会福祉与生活质量提升

体医工农融合对提升社会福祉和生活质量有着重要意义。在健康方面，体医融合为人们提供了更全面、更科学的健康管理服务。通过运动与医疗的结合，人们可以更好地预防和治疗疾病，提高身体素质。运动康复服务帮助运动损伤患者快速恢复健康，提高生活自理能力；健康管理平台通过监测人们的运动和健康数据，及时发现潜在的健康问题，提供个性化的健康建议（王子朴，秦丹，刘海元，等，2022）。

在体育文化生活方面，融合发展丰富了人们的体育体验。智能体育设备和虚拟现实技术的应用，让人们可以在家中享受沉浸式的运动体验。一些智能健身设备可以模拟各种运动场景，为用户提供个性化的健身课程，增加了运动的趣味性和互动性。

在农产品质量安全方面，工农融合保障了人们的饮食健康。通过工业技术在农业中的应用，实现了农产品的标准化生产和质量追溯，让消费者能够购买到安全、放心的农产品。农产品加工企业采用先进的加工技术和质量控制体系，生产出高品质的农产品加工品，满足了消费者对多样化、高品质食品的需求。

（三）创新生态与区域协调发展

体医工农融合有助于促进创新生态的形成。融合过程中，不同产业的技术、人才和理念相互碰撞，激发了创新的活力。在智能体医工农融合领域，医疗领域的精准诊断技术与体育领域的运动监测技术相结合，可能催生新的健康监测产品和服务（管智超，付敏杰，杨巨声，2024）。企业、高校和科研机构之间的合作也更加紧密，形成了产学研用协同创新的良好局面。一些高校和科研机构为企业提供技术支持，企业则为高校和科研机构提供实践平台和资金支持，共同推动技术创新和产品研发。

在区域协调发展方面，体医工农融合可以发挥不同地区的资源优势。在农业资源丰富的地区，可以发展以农业为基础的体医工农融合产业，如农产品与健康食品开发、乡村体育旅游等。通过发展这些产业，促进农村经济发展，缩小城乡差距。在科技资源集中的地区，可以重点发展智能体医融合的高端产业，如智能医疗设备研发、健康大数据分析等，带动区域经济的快速发展。体医工农融合还可以促进区域间的产业合作和协同发展，实现优势互补，共同推动经济的发展。

参考文献

［1］胡莹．新质生产力的内涵、特点及路径探析［J］．新疆师范大学学报（哲学社会科学版），2024，45（5）:36-45.

［2］管智超，付敏杰，杨巨声．新质生产力研究进展与进路展望［J］．北京工业大学学报（社会科学版），2024，24（3）:125-140.

［3］王璐，马峥，许晓阳，等．中国医工结合发展现状与对策研究报告（2019年版）[J]．实用临床医药杂志，2019，23（5）:1-6.

［4］王子朴，秦丹，刘海元，等．体医工融合:交叉学科背景下体育高精尖学科发展探索［J］．首都体育学院学报，2022，34（6）:581-591.

［5］周文，何雨晴．新质生产力:中国式现代化的新动能与新路径［J］．财经问题研究,2024（4）:3-15.

［6］王丽梅，李露，罗倩，等．体医融合模式在慢性病管理中的应用研究进展[J]．全科护理,2023,21(12):1641-1645.

［7］张伟国，卢文云．数字赋能体医融合治理:现实价值、实践困境与推进策略[J]．沈阳体育学院学报,2023,42(4):54-61.

［8］毛阳涛，田俊龙．人工智能促进体医融合的价值、现实困境与实施路径[J]．沈阳体育学院学报,2024,43(3):69-76.

［9］黄丽，何焕生，彭莉，等．基于数字网格化管理的社区体医融合的现实困境与实践路径[J]．沈阳体育学院学报,2024,43(4):66-72.

［10］孟维福，郑素兰，刘婧涵．数字经济促进农村产业融合的影响机制与实证检验[J]．财经理论与实践,2023,44(5):84-91.

［11］孙玮，程博．智能体:迈向媒介的个体化——基于媒介学视域的分析[J]．新闻记者,2024(10):3-14.

［12］李盼，罗宏，邓之婧，等．积极老龄化背景下农村体医融合的现实意义、困境与发展路径[J]．体育视野,2024(18):11-13.

[13] 刘吉莉,李关海. 深化体医融合发展赋能山西老龄健康[J]. 前进,2024(6):52-53.

[14] 张良,袁永俊,陈祥贵,等. 新工科背景下地方高校生物工程类专业多学科交叉共建的探索与实践[J]. 读与写(教育教学刊),2018,15(8):79-81.

[15] 陈金武,齐璐璐,孙娴,等. 新工科背景下生物技术专业"政产学研用"融合的人才培养模式探索[J]. 安徽工业大学学报(社会科学版),2023,40(2):75-77.

[16] 刘晓楠,崔迎春. 美国一流大学跨学科培养研究生的实践路径及启示[J]. 世界教育信息,2024,37(5):63-72.

[17] 曾凡斌,潘思轶. 食品加工中风味规律的探索[J]. 农业工程学报,2011,27(S2):316-320.

[18] 叶东强. 基于高速双平面荧光成像探究着鞋与触地模式对跑步时距上关节和距下关节在体运动学的影响[D]. 上海:上海体育学院,2022.

[19] CLARK M A,SUTTON B G,LUCETT S. NASM essentials of personal fitness training[J]. 2014.

[20] BOEKEL M A J S V. Kinetic Modeling of Food Quality:A Critical Review[J]. Comprehensive Reviews in Food Science & Food Safety,2010,7.

[21] KAGERMANN H,WOLFGANG W,HELBIG J. Securing the future of German manufac-turingindustry. Recommendations for implementing the strategic initiative INDUSTRIE 4.0. Final report of the Industrie 4.0 Working Group[J]. 2013.

[22] 刘宇泷,卢文云,陈佩杰. 我国地方政府体医工农融合创新发展研究[J]. 体育科学,2023,43(9):26-39.

[23] 王一杰,王世强,李丹,等. 我国体医工农融合的社区实践:典型模式、现实困境和发展路径[J]. 中国全科医学,2021,24(18):2260-2267.

[24] 刘宇泷,卢文云,陈佩杰. 我国地方政府体医工农融合创新发展研究[J]. 体育科学,2023,43(9):26-39.

[25] 王琴,王定宣. 体医工农融合健康服务模式的经验与启示[J]. 体育世界,2024,(9):18-21.

[26] 张伟国,卢文云. 数字赋能体医工农融合治理:现实价值、实践困境与推进策略[J]. 沈阳体育学院学报,2023,42(4):54-61.

[27] 康涛,王明义. 体医工农融合的历史演进与现实启示[J]. 中国医学前沿杂志

（电子版），2022,14（6）:1-5.

[28] 王丽梅,李露,罗倩,等. 体医工农融合模式在慢性病管理中的应用研究进展[J].全科护理,2023,21（12）:1641-1645.

[29] WU Y C,LIAN Y Z,ZHAO H,et al. Ginsenosides,salidroside,and syringin complex exhibits anti－fatigue in exhaustive exercise rats [J].Int J Med Sci,2025,22（1）:17-26.

[30] 李梦民,刘涛,罗婷,等. 疲劳评价与食源性抗运动疲劳成分研究进展[J].食品工业科技,2025,46（2）:394-402.

[31] LI C G,ZHU X J,ZHANG J X,et al. Polysaccharides from apple pomace exhibit anti－fatigue activity through increasing glycogen content[J].Journal of Food Science and Technology,2022,60（1）:283-291.

[32] JIANG P,JI X,XIA J,et al. Structure and potential anti－fatigue mechanism of polysaccharides from bupleurum chinese DC[J].Carbohydrate Polymers,2023,306:120608.

[33] PENG Y F,ZHAO L L,HU K,et al. Anti－fatigue effects of lycium barbarum polysaccharide and effervescent tablets by regulating oxidative stress and energy metabolism in rats[J].Int J Mol Sci,2022,23（18）:10920.

[34] LEE M C,HSU Y J,LIN Y Q,et al. Effects of perch essence supplementation on improving exercise performance and anti－fatigue in mice[J].International Journal of Environmental Research and Public Health,2022,19（3）:1155.

[35] JIA L M,ZHAO F. Evaluation of silymarin extract from silybum marianum in mice:Anti－fatigue activity[J].Food Science and Human Wellness,2022,11（4）:914-921.

[36] LIU S W,MENG F N,ZHANG D,et al. Lonicera caerulea berry polyphenols extract alleviates exercise fatigue in mice by reducing oxidative stress,inflammation,skeletal muscle cell apoptosis,and by increasing cell proliferation[J].Frontiers in Nutrition,2022,9:853225.

[37] LU X D,CHEN J Q,HUANG L Y,et al. The anti－fatigue effect of glycoprotein from hairtail fish（trichiurus lepturus）on BALB/c mice[J].Foods,2023,12（6）:1245.

[38] YANG M,TAO L,ZHAO C C,et al. Antifatigue effect of panax notoginseng leaves

fermented with microorganisms: In vitro and in vivo evaluation［J］. Frontiers in Nutrition,2022,9:824525.

［39］ BAI L D,TAN C J,REN J,et al. Cordyceps militaris acidic polysaccharides improve learning and memory impairment in mice with exercise fatigue through the PI3K/NRF2/HO-1 signalling pathway［J］. International Journal of Biological Macromolecules,2023, 227:158-172.

［40］ SUN H H,SHU F,GUAN Y,et al. Study of anti-fatigue activity of polysaccharide from fruiting bodies of Armillaria gallica［J］. International Journal of Biological Macromolecules,2023,241:124611.

［41］ BI Y X,LIU A J,LIU Y,et al. Molecular and biochemical investigations of the anti-fatigue effects of tea polyphenols and fruit extracts of lycium ruthenicum murr. on mice with exercise-induced fatigue［J］. Frontiers in Molecular Biosciences,2023, 10:1223411.

［42］ ZHU H K,WANG R Y,HUA H Y,et al. The macamide relieves fatigue by acting as inhibitor of inflammatory response in exercising mice:from central to peripheral［J］. European Journal of Pharmacology,2022,917:174758.

［43］ ZHOU Y P,WU Q,YU W,et al. Gastrodin ameliorates exercise-induced fatigue via modulating Nrf2 pathway and inhibiting inflammation in mice［J］. Food Bioscience, 2023,51:102262.

［44］ ZENG W B,SUN L,ZHU H M,et al. A composite arctigenin/caffeine/glucose formulation enhances anti-fatigue effect［J］. Food Bioscience,2022,49:101878.

［45］ RÖNNBÄCK L,JOHANSSON B. Long-lasting pathological mental fatigue after brain injury-a dysfunction in glutamate neurotransmission? ［J］. Frontiers in Behavioral Neuroscience,2022,15:791984.

［46］ 王旭东.“药食同源”的思想源流、概念内涵与当代发展［J］. 南京中医药大学学报,2023,39(9):809-813.